本书系河南省软科学研究计划项目（项目编号：212400410
社会科学研究一般项目（项目编号：2021-ZDJH-032）的

经济管理学术文库·管理类

政府补助与公用事业企业财务政策研究

Research on Government Subsidy and Financial
Policy of Public Utility Enterprises

苏　明／著

经济管理出版社
ECONOMY & MANAGEMENT PUBLISHING HOUSE

图书在版编目（CIP）数据

政府补助与公用事业企业财务政策研究/苏明著. —北京：经济管理出版社，2021.6
ISBN 978-7-5096-8071-1

I.①政… Ⅱ.①苏… Ⅲ.①政府补贴—影响—公用事业—企业管理—财务管理—研究—中国 Ⅳ.①F299.241

中国版本图书馆 CIP 数据核字（2021）第 116245 号

组稿编辑：杨　雪
责任编辑：杨　雪　程　笑
责任印制：黄章平
责任校对：张晓燕

出版发行：经济管理出版社
　　　　　（北京市海淀区北蜂窝 8 号中雅大厦 A 座 11 层　100038）
网　　址：www. E-mp. com. cn
电　　话：（010）51915602
印　　刷：唐山昊达印刷有限公司
经　　销：新华书店
开　　本：720mm×1000mm /16
印　　张：13.5
字　　数：249 千字
版　　次：2021 年 7 月第 1 版　　2021 年 7 月第 1 次印刷
书　　号：ISBN 978-7-5096-8071-1
定　　价：79.00 元

前　言

　　财务资源的竞争与安排是提升企业核心竞争力的关键因素。科学、合理的财务政策是优化企业财务资源配置的基础和前提。公用事业是关系国计民生的行业，具有较强的公益特征。政府补助是公用事业企业的一项重要资金来源，也是政府进行产业政策调控的重要手段。在政府补助的激励下，公用事业企业财务政策具有何种特点？其财务政策经济后果如何？公用事业企业公司治理结构、市场化问题会如何影响政府补助的财务政策效应？这些问题都将为我们所关注。

　　本书旨在通过揭示政府补助与财务政策之间的关系，为公用事业企业有效利用政府补助资金，建立更为科学、合理的财务决策机制提供合理化建议。与以往有关财务政策研究相比，本书具有以下特点：

　　一是研究领域涉及公益性行业。虽然财务政策是一个非常传统的研究领域，但目前大多数学术研究主要针对非公益性企业。公用事业作为关系国计民生的行业，在社会经济发展中具有不可替代的重要作用。关注公用事业企业的财务政策，关注公用事业企业政府补助资金的使用情况有利于促进公用事业的健康、可持续发展，也有利于整个社会福利资源分配的优化。

　　二是研究内容比较系统。传统财务学中，投资政策、融资政策和利润分配政策被列为企业的三大财务政策。许多财务政策方面的研究将营运资本政策排除在外，考虑到营运资本政策在现代财务中的作用日益重要，本书将营运资本政策也涵盖进来。将四大财务政策纳入到同一研究框架体系，有利于读者更清晰地认识到不同类型的财务政策之间的联系，也有利于企业树立系统化的财务决策观念。

　　三是研究视角涉及股权结构问题。我国公用事业企业股权较为集中、国有控股比例较高，对政府补助资金的使用特点与非公用事业企业具有显著差异。目前从股权结构视角对政府补助的财务政策效应进行研究相对较少，尤其是实证研究。本书实证研究部分表明，股权结构的确对政府补助和财务政策的关系有重要影响。研究成果有利于企业充分发挥主观能动性，从自身治理结构角度寻求利用政府补助资金、优化企业财务政策的途径和具体办法。

　　本书的主要内容包括：①公用事业企业政府补助和财务政策现状的调查和研

究。②公用事业企业股权结构现状的调查研究。③政府补助与企业营运资本政策、投资政策、融资政策、利润分配政策关系的实证研究。④进一步提高政府补助的财务政策效应的思路和措施，包括财务政策绩效事前评估机制、公用事业企业创新、市场化改革等。

公用事业企业财务政策影响因素众多，本书仅从政府补助角度研究了公用事业企业财务政策的特点。受时间、精力和笔者学识所限，本书难免存在疏漏与不足，恳请各位读者朋友批评指正！

目　录

1　研究背景 ……………………………………………………………… 1

2　相关理论和文献回顾 ………………………………………………… 4

  2.1　相关理论 ………………………………………………………… 4

    2.1.1　信号传递理论 …………………………………………… 4

    2.1.2　外部性理论 ……………………………………………… 4

    2.1.3　委托代理理论 …………………………………………… 5

  2.2　文献回顾 ………………………………………………………… 6

    2.2.1　公用事业的含义和特征 ………………………………… 6

    2.2.2　政府补助与财务政策 …………………………………… 7

    2.2.3　股权结构、政府补助与财务政策 ……………………… 9

    2.2.4　公用事业企业股权结构特征 …………………………… 10

    2.2.5　文献评述 ………………………………………………… 11

3　我国公用事业企业政府补助和财务政策现状 …………………… 12

  3.1　我国公用事业企业政府补助现状 …………………………… 15

    3.1.1　公用事业企业政府补助整体情况 ……………………… 15

    3.1.2　公用事业企业政府补助行业情况 ……………………… 20

    3.1.3　公用事业企业政府补助地区情况 ……………………… 26

  3.2　我国公用事业企业财务政策现状 …………………………… 33

    3.2.1　营运资本政策 …………………………………………… 33

    3.2.2　投资政策 ………………………………………………… 35

    3.2.3　融资政策 ………………………………………………… 40

3.2.4　利润分配政策 ……………………………………… 44

　　3.3　本章小结 ………………………………………………… 46

4　我国公用事业企业股权结构特征 ……………………………… 48

　　4.1　我国公用事业企业股权结构整体情况分析 ………………… 48

　　　　4.1.1　股权集中度分析 …………………………………… 48

　　　　4.1.2　股权性质分析 ……………………………………… 59

　　4.2　我国公用事业企业股权结构分行业情况分析 ……………… 67

　　　　4.2.1　股权集中度分析 …………………………………… 67

　　　　4.2.2　股权性质分析 ……………………………………… 85

　　4.3　企业股权结构差异的理论阐释：投资者、投资动机和投资能力 … 106

　　　　4.3.1　投资者类别及特征 ………………………………… 106

　　　　4.3.2　投资动机与股权结构差异 ………………………… 107

　　　　4.3.3　投资能力与股权结构差异 ………………………… 110

　　4.4　本章小结 ………………………………………………… 110

5　政府补助与营运资本政策 …………………………………… 112

　　5.1　理论分析与研究假设 …………………………………… 113

　　　　5.1.1　政府补助与营运资本政策 ………………………… 113

　　　　5.1.2　股权集中度、政府补助与营运资本政策 ………… 114

　　　　5.1.3　国有第一大股东、政府补助与营运资本政策 …… 115

　　5.2　研究样本、变量及模型 ………………………………… 117

　　5.3　实证检验与分析 ………………………………………… 118

　　　　5.3.1　描述性统计 ………………………………………… 118

　　　　5.3.2　相关性分析 ………………………………………… 119

　　　　5.3.3　回归分析 …………………………………………… 121

　　　　5.3.4　稳健性检验 ………………………………………… 125

　　5.4　本章小结 ………………………………………………… 129

6　政府补助与投资政策 ………………………………………… 131

　　6.1　理论分析与研究假设 …………………………………… 133

　　　　6.1.1　政府补助与投资政策 ……………………………… 133

　　　　6.1.2　股权集中度、政府补助与投资政策 ……………… 134

    6.1.3　国有第一大股东、政府补助与投资政策 ·········· 136

  6.2　研究样本、变量及模型 ······················· 137

  6.3　实证检验与分析 ···························· 139

    6.3.1　描述性统计 ························· 139

    6.3.2　相关性分析 ························· 140

    6.3.3　回归分析 ·························· 142

    6.3.4　稳健性检验 ························· 147

  6.4　本章小结 ······························· 156

7　政府补助与融资政策 ························· 158

  7.1　理论分析与研究假设 ························· 160

    7.1.1　政府补助与融资政策 ···················· 160

    7.1.2　股权集中度、政府补助与融资政策 ·········· 160

    7.1.3　国有第一大股东、政府补助与融资政策 ········ 162

  7.2　研究样本、变量及模型 ······················· 163

  7.3　实证检验与分析 ···························· 164

    7.3.1　描述性统计 ························· 164

    7.3.2　相关性分析 ························· 164

    7.3.3　回归分析 ·························· 166

    7.3.4　稳健性检验 ························· 169

  7.4　本章小结 ······························· 178

8　政府补助与利润分配政策 ······················ 180

  8.1　理论分析与研究假设 ························· 180

    8.1.1　政府补助与利润分配政策 ················· 180

    8.1.2　股权集中度、政府补助与利润分配政策 ········ 181

    8.1.3　国有第一大股东、政府补助与利润分配政策 ······ 182

  8.2　研究样本、变量及模型 ······················· 183

  8.3　实证检验与分析 ···························· 184

    8.3.1　描述性统计 ························· 184

    8.3.2　相关性分析 ························· 184

    8.3.3　回归分析 ·························· 186

    8.3.4　稳健性检验 ························· 190

8.4 本章小结 ……………………………………………………… 193

9 结论、启示和建议 ………………………………………… 195

9.1 结论 …………………………………………………………… 195

9.2 启示和建议 ………………………………………………… 197

9.2.1 建立基于政府补助的财务政策绩效事前评估机制 ………… 197

9.2.2 基于创新驱动发展战略，优化公用事业企业财务政策 …… 197

9.2.3 合理、有序推进公用事业企业的市场化改革，实现"公益—商业"双赢 ……………………………………………… 199

参考文献……………………………………………………………… 201

1 研究背景

从广义上讲，财务（Finance）行为研究涉及三个重要学术领域的活动：金融学、投资学和财务管理。金融学是研究市场经济条件下各个金融子市场的运行机制及其各主体行为的科学。投资学主要研究个人及专业机构的投资活动。财务管理是指企业为实现既定目标所进行的筹集资金和运用资金的活动。狭义的财务行为即指财务管理，也是我们这里要讨论的财务行为。具体而言，财务管理包括营运资本活动、筹资活动、投资活动和利润分配活动等。现代公司治理结构下，企业财务活动应以股东财富最大化为目标。

财务政策是企业董事会、管理当局根据基本的财务理论、财务规则以及企业的发展战略、行业惯例与客观的内外部环境所制定的进行财务管理工作必须遵循或采用的基本的原则、程序和方法等内容的总称。财务政策一般包括融资政策、投资政策、股利政策与营运资本政策。通常认为，融资政策、投资政策及股利政策为企业具有战略意义的三大财务政策（Baker 等，2011）。财务政策是企业理财行为的规范，对企业理财目标的实现具有重要意义。许多企业因为财务决策不当引发财务危机，如新华信托投资湖州港城置业失败引发的 2016 年破产债权纠纷案、2016 年中国宏芯投资基金收购爱思强公司失败案和 2019 年江南水务发行可转债融资失败案等。

政府补助在企业经济发展中具有重要意义。市场经济下，由于信息不对称、公共物品、垄断、外部性等多种因素的影响，社会资源配置实际上处于一种低效率状态。要改变这种状态，就需要政府这只有形的手进行宏观调控，政府补助即是一种重要的宏观调控方式。2020 年全球新冠肺炎疫情暴发，很多国家进一步加强了政府补助力度。如 2020 年 3 月，新西兰财政部长格兰特·罗伯逊（Grant Robertson）宣布，政府将为经济注入 121 亿新西兰元（相当于国内生产总值的 4%），以防止疫情引发的经济衰退。2020 年 3 月，法国总统马克龙（Emmanuel Macron）宣布，法国政府将拿出 3000 亿欧元用于抗疫，不让任何一家法国企业倒闭。2020 年 3 月，西班牙首相佩德罗·桑切斯（Pedro Sanchez）宣布将实施 2000 亿欧元（相当于西班牙国内生产总值的 1/5）的经济刺激计划，以应对疫情对经济的影响。英国财政大臣苏纳克（Rishi Sunak）2020 年 9 月宣布，政府将直接补贴 2/3 工资给那些由企业需求下降导致工时减少的雇员，以避免员工被裁员，帮助缓解疫情带来的失业困境。

政府补助的提高不可避免地会引起企业财务决策的变化。公用事业（Public Utility）属于典型的受政府规制的公益类行业，涉及电力、废物处理、供水、燃气供应、污水处理和通信交通等，与社会公共利益、人民生活基本需求密切相关，故公用事业属于政府补助力度相对较大的行业。根据国泰安（CSMAR）及万得（WIND）数据库的统计数据进行的一项调查表明，公用事业上市公司中占比较大的电力、热力、燃气及水生产和供应业行业在 2003～2019 年各年政府补助额度均远高于上市公司整体水平①，如图 1-1 所示。121 家公用事业上市公司虽然占全部上市公司数量的比例不足 3%，但政府补助总额占全部上市公司政府补助总额的比例却在 6.51% 左右，各年情况见表 1-1。如何制定科学合理的财务政策，如何高效使用政府补助资金，这是公用事业企业尤其需要关注的问题。

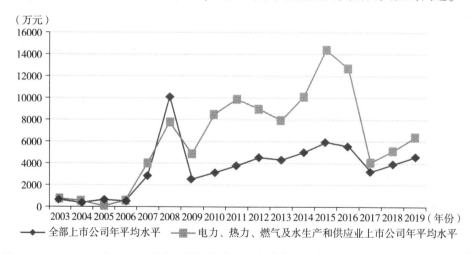

图 1-1　2003～2019 年电力、热力、燃气及水生产和供应业与全部上市公司政府补助对比图②

---

① 政府补助的会计处理有总额法和净额法。总额法是在确认政府补助时，将其全额一次或分次确认为收益，与日常活动相关的政府补助，最终记入"其他收益"，与非日常活动相关的政府补助，最终记入"营业外收入"。净额法是将政府补助确认为对相关资产账面价值或者所补偿成本费用等的扣减。财政部 2018 年 2 月发布的《关于政府补助准则有关问题的解读》（本章以下简称《解读》）指出，企业应当根据经济业务的实质，判断某一类政府补助业务应当采用总额法还是净额法。通常情况下，对同类或类似政府补助业务只能选用一种方法。在《解读》发布之前的较长时间内，政府补助只适用于总额法。考虑到企业不得随意变更政府补助的会计处理方法，并且表中政府补助调查时间较长，为保证历年数据的可比性，表中涉及的政府补助数据为总额法下记入"其他收益"和"营业外收入"的政府补助之和。以后各章的政府补助统计方法除非特殊说明，均与本章相同。

② 根据 CSMAR 和 WIND 数据统计整理。调查涉及 121 家公用事业上市公司，全部 A 股上市公司为 4145 家。WIND 数据采用 GICS（全球行业分类系统）行业分类标准对公司归属的行业进行分类。GICS 由标准普尔（S&P）与摩根士丹利公司（MSCI）于 1999 年 8 月联手推出。

表 1-1 2003~2019 年电力、热力、燃气及水生产和供应业政府补助占全部上市公司比重

年份	占比（%）	年份	占比（%）	年份	占比（%）
2003	3.43	2009	9.42	2015	8.35
2004	8.60	2010	10.91	2016	7.63
2005	0.65	2011	9.51	2017	3.50
2006	8.09	2012	7.29	2018	4.22
2007	6.43	2013	6.72	2019	4.42
2008	4.08	2014	7.35	—	—
整体占比（%）			6.51		

资料来源：根据 CSMAR 和 WIND 数据整理。

　　公用事业企业由于具有比较突出的公益性特征，故其项目建设资金的来源相对单一。由于公用事业企业长期以来主要依赖国家财政资金，故其股权结构具有明显的国家控股特色。在股东利益最大化的理财目标下，财务政策作为股东意志的体现，必将因股权结构的不同产生差异。相较于其他行业，公用事业企业的财务政策具有什么样的特点？政府补助如何影响公用事业企业的财务政策？公用事业企业的股权结构特征是否会影响政府补助和财务政策二者的关系？如何完善公用事业企业的政府补助体系？这一系列问题都有待我们进一步深入研究。

2 相关理论和文献回顾

2.1 相关理论

2.1.1 信号传递理论

作为信号传递理论的奠基人和开拓者，经济学家迈克尔·斯宾塞（A. Michael Spence）1973 年在《经济学季刊》（*The Quarterly Journal of Economics*）杂志上发表 *Job Market Signaling* 一文，提出了第一个信号传递模型。信息不对称是信号传递理论成立的前提条件。在一个不完全有效的证券市场中，投资者无法"看透"公司所有的信息。企业的信息分为历史信息、公开信息和内部信息。企业一般通过向外界传递利润、股利、融资方面的信息来影响外部信息者的反应和财务决策。

政府补助一定程度上代表着国家的政策倾向和战略选择，对企业的财务政策具有积极的引导和激励作用。傅利平和李小静（2014）对我国 A 股市场 2009～2012 年的战略性新兴产业上市公司进行的研究表明，政府补助对企业创新发展有着非常显著的信号传递效应。

2.1.2 外部性理论

外部性（Externality）又称溢出效应或外部影响。英国经济学家马歇尔（Alfred Marshall）在 1890 年出版的《经济学原理》中最早提出了外部性这一概念。马歇尔的学生庇古（Arthur Pigou）在《福利经济学》（1932）一书中，对正外部性（也称外部经济）和负外部性（也称外部不经济）做了区分。他们认为，外部性指某一市场主体的行动和决策使其他市场主体受益或受损的情况。正外部性是某一市场主体的行动和决策使其他市场主体受益，而做出正外部性行为的市场主体却没有得到任何补偿。负外部性是某一市场主体的行动和决策使其他市场主体受损，而造成负外部性的市场主体并不为此支付相应的赔偿。

公用事业企业具有明显的正外部性。但公用事业企业中涉及投资规模较大的基础设施建设，这些项目投资成本高，回收期长，一定程度上导致私人主体不愿意进入该行业。此外，公用事业企业具有较强的公益性质，这也使得许多盈利能力较弱的企业难以涉足。政府对公用事业企业进行财政补贴，一方面可以吸引私人投资主体投资该领域，另一方面可以增加公共产品和服务的供给，充分发挥其正外部性效应，同时也有利于公用事业企业制定积极的财务政策，扩大公用事业企业规模。

2.1.3 委托代理理论

关于代理的含义，詹森与梅克林（Jensen and Meckling）在其 1976 年发表的《企业理论：经理行为、代理成本与所有权结构》一文中指出："我们把代理关系定义为一份合同，在这一合同关系中，一个或多个人（委托人）雇佣另一个人（代理人）为他们进行某些活动，并把某些决策权交给这个代理人。"代理人须根据法律及其与被代理人所订立的合同契约行事，服从于被代理人的利益要求。确切地说，代理行为应该是关于被代理人效用的一个函数。但是否如此呢？詹森与梅克林指出："如果双方当事人都是效用最大化者，我们有很好的理由相信，代理人并不总是根据委托人的最大利益行事。"代理人效用函数和被代理人效用函数的不同将导致代理行为通常背离被代理人效用最大化的目标，因此产生代理冲突（Agency Conflict）问题。

代理冲突产生代理成本。按照詹森（1976）的定义，委托人为防止代理人损害自己的利益，需要通过严密的契约关系和对代理人的严格监督来限制代理人的行为，而这需要付出代价，即代理成本。代理成本可划分为三部分：①委托人的监督成本，即委托人激励和监控代理人，以图使后者为前者利益尽力的成本。②代理人的担保成本，即代理人用以保证不采取损害委托人行为的成本，以及如果采用了那种行为，将给予赔偿的成本。③剩余损失，它是委托人因代理人代行决策而产生的一种价值损失，等于代理人决策和委托人在假定具有与代理人相同信息和才能情况下自行效用最大化决策之间的差异。①和②是制定、实施和治理契约的实际成本，③是在契约最优但又不完全被遵守、执行时的机会成本。

现代公司治理结构下，公司所有权和控制权的分离是代理问题存在的重要原因，信息不对称是产生代理问题的前提。无论管理者与投资者之间，债权人与股东之间，还是控股股东与少数股东之间的代理冲突，如果不存在信息不对称问题，代理冲突便不会持久，因为当事人十分清楚自己应得利益与实际利益之间的差距，没有哪个理性的经济人会在自己利益被侵犯的时候，不去争取正当权益或用脚投票退出企业。从长期来看，委托人与代理人的利益会达到一种均衡状态，在这种均衡状态下，双方或许没有达到各自效用的最大化，但却实现了各自满意的效用。如何解决信息不对称问题呢？信息作为一种信号，向外界传递了关于企业财务状况、经营成果、现金流量等方面的信息，其必须客观、真实，并能被充分、及时地披露。企业的信息披露包括两部分：自愿性信息披露和强制性信息披露。以自身效用最大化为目标的管理者不可能过多地自愿披露企业的负面信息，但却会大肆宣扬企业的利好消息。所谓负面或利好自然是站在管理层的角度而言。在缺乏外部监督机制的情况下，片面寄希望于管理者对投资者的衷诚，是不可能有效解决代理问题的。

企业各利益相关者包括管理者、股东、债权人等，相应代理冲突包括管理者和股东之间的冲突、股东和债权人之间的冲突、控股股东和少数股东之间的冲突、管理者和债权人之间的冲突等。代理冲突的存在使经理人在选择财务政策时很可能与股东、债权人或其他企业利益相关者的理财目标发生矛盾。

2.2 文献回顾

2.2.1 公用事业的含义和特征

公用事业是各国政府补助的主要领域，是一个国家生存与发展的基础。公用事业企业的发展在很大程度上代表着国家的文化水准与居民的生活水平，反映了国家的经济发展水平与现代化水平。基于化解自然垄断缺陷和保障社会公益等目标，政府需要对公用事业企业实施必要的规制。公用事业企业兼顾公益性与绩效性双重目标，因而成为各国政府规制的主要对象。

根据《韦氏英语大词典》（1998），公用事业指"提供某种基本的公共服务并且接受政府管制的行业"。詹姆斯等（2000）提到公用事业是受政府严格管制的一组厂商，该组厂商一般由电力、天然气和通信行业厂商构成。史际春和肖竹（2004）从公用事业的服务对象角度提出"公用事业大致而言是指为公众或不特定的多数人提供产品或服务，或由他们使用的业务或行业"。肖兴志和陈艳利（2004）认为公用事业是基于公共利益考虑而通过网络传输系统提供民众必需产品和服务的产业，主要包括为社会提供电力、天然气、人工煤气和自来水等服务的产业及其活动。邢鸿飞与徐金海（2009）关于公用事业的界定为"政府在基于公共利益的规制下，由公用事业企业通过基础设施向公众提供普遍服务的公共性事业的总称"。严骥（2018）也指出公用事业一般是指基于公共利益提供通信、电力、自来水、天然气等特定产品和服务的基础行业。国家工商行政管理局

1993 年颁布的《关于禁止公用企业限制竞争行为的若干规定》[①] 中所称的公用事业，包括"供水、供电、供热、供气、邮政、电讯、交通运输"等行业。住建部发布的《关于加强市政公用事业监管的意见》[②] 中指出市政公用事业是为城镇居民生产生活提供必需的普遍服务的行业，主要包括城市供水排水和污水处理、供气、集中供热、城市道路和公共交通、环境卫生和垃圾处理以及园林绿化等。

综合现有文献，关于公用事业企业的概念虽不统一，但普遍认为公用事业是以社会发展、进步为前提，以实现公众整体利益为目的，为生产、生活提供基础设施和公共条件的，直接提供公共产品和公共服务或协调各个方面利益关系的产业。整体而言，一般认为公用事业具有以下特征：①服务内容与公众利益密切相关。公用事业服务内容与居民生活、交通、通信等日常生活密切相关，直接关系到社会公众利益和人民群众的生活质量。②服务范围较广。公用事业侧重于城镇基础设施与服务，服务对象为全体社会公众，受益对象较广。③服务目的具有较强的公益性质。公用事业提供的多为公共产品和服务，相较于其他行业，更应关注社会公平问题，其经营必然有较强的公益目的。④服务方式具有一定程度的自然垄断特征。公用事业涉及的产品和服务通常耗资较多，重复建设难度较大，产品和服务需求弹性较小，容易形成自然垄断。

2.2.2　政府补助与财务政策

财政部 2017 年修订的《企业会计准则第 16 号——政府补助》指出："政府补助指企业从政府无偿取得货币性资产或非货币性资产"。政府补助具有如下特征：①属于来源于政府的经济资源。企业收到的来源于其他方的补助，有确凿证据表明政府是补助的实际拨付者，其他方只起到代收代付作用的，该项补助也属于来源于政府的经济资源。②具有无偿性。企业取得来源于政府的经济资源，不需要向政府交付商品或服务等对价。

目前，政府补助与财务政策的研究多集中在投资政策方面。Beason 和 Weinstein（1996）对日本 1955～1990 年的一项研究发现政府补助并不能促使企业高速增长，相反却导致了企业规模报酬的下降，政府补助使得企业的投资规模出现了负增长。Antonelli（1988）、Busom（1999）从政府科技补助角度分别针对意大利 20 世纪 80 年代和西班牙 1988 年的实证研究均表明，政府科技补助有效地增加了企业的研发投入规模。范定祥和来中山（2019）针对上海、山东、浙江、江

[①]　国家工商总局令 1993 年第 20 号。

[②]　建城〔2005〕154 号。

西、福建、江苏、安徽 7 个省份 2013～2018 年高新技术上市公司进行的研究也支持了政府补助能有效促进企业研发投资规模的观点，尤其是年轻型的或成长型的企业，这种促进作用更为明显。任海云和聂景（2018）针对 2015 年 A 股制造业上市公司进行的实证研究，也支持了政府补助对企业研发投入规模的积极效应，但认为政府补助强度不能超过 4.5%，否则将起不到对企业研发强度的正向效应。逯东等（2012）对我国创业板 2009～2010 年的高新技术企业进行研究发现，政府补助资金并没有有效用于企业的研发活动，这一负相关关系显著存在于具有政治关联的高新技术企业中。许罡等（2014）进一步比较了政府补助在固定资产投资、无形资产投资和对外投资方面的效应差异，其针对 2007～2012 年我国上市公司进行了实证研究，结果表明政府补助对企业的投资政策具有明显效应，但该效应在不同投资领域存在显著差异：在固定资产投资领域为正效应，而在无形资产投资和对外投资领域效应为负。梁毕明和王娜（2018）在对 2008～2015 年我国上市公司的研究中发现，政府补助能显著影响企业的对内对外投资政策：在对内投资方面，政府补助促使企业在固定资产、无形资产方面的投资力度加大，但也减少了企业对外投资的力度。

关于政府补助对其他财务政策方面的效应研究相对较少。①融资政策方面。Zelepis 和 Skuras（2004）认为企业的盈利能力与经营效率并不能因政府补助而提高，但有助于提高企业的偿债能力，进而有利于增强企业的融资能力，其针对希腊 1982～1996 年的政府补助效果进行的研究证实了这一点。该研究虽然并未直接表明政府补助在企业融资政策制定中的作用，但值得肯定的是，政府补助提升了企业的融资能力。在企业融资约束降低的情况下，投资环境得到改善，企业的投资和股利政策也将不可避免地受到影响，企业在制定融资政策时，融资期限、融资成本也将因之而发生变化。吴莉昀（2019）针对我国 2007～2016 年中小板和创业板上市公司进行研究，发现政府补助显著增加了高融资约束企业的外部融资规模，尤其是处于成长期的中小企业、国有化程度比较低或是经营较差的中小企业。申香华（2015）以我国 2008～2011 年上市公司为样本进行实证研究发现：政府补助提升了企业的融资能力，在同样资金需求下，有政府补助的企业获取银行信贷资金的规模更大；相较于国有企业，民营企业政府补助的融资效应更强；企业获取的政府补助越高，信贷融资成本越低，相较于民营企业，国有控股企业的这一效应更为突出。②利润分配政策方面。Wei Huang（2019）针对 2006～2015 年中国 A 股非金融类上市公司的研究发现：政府补助促进了企业股利的发放，上市公司在股权再融资有强制性股利支付要求的情况下，有政府补助的企业更可能实现股权再融资。但有时企业考虑到政府补助持续性较差，导致利润不稳定，出于可持续发展的要求，企业并不会增加甚至不派发股利。陈国泰（2016）针对美菱电器的研究便证明了这一结论。

综上，关于政府补助的财务政策效应研究目前并不系统，尤其是企业的融资政策和利润分配政策，作为企业具有战略意义的财务政策，二者是否受到政府补助的影响以及是如何受到影响的这些问题尚未引起足够的关注。并且现有关于财务政策的研究，主要是围绕政府补助对财务政策中投资、融资规模影响方面的研究，研究结论也并不完全统一，诸多研究也并未区分企业的行业特征。

2.2.3　股权结构、政府补助与财务政策

Jensen 和 Meckling（1976）认为，只要管理当局持有的公司普通股份不足100%，股东即所有者与管理当局之间的利益冲突便不可避免。可见股权集中度及股权性质将不可避免地影响代理问题的程度。而代理程度的大小关系到股东利益是否能有效地通过企业财务政策得以体现，股权性质的差异亦必然使企业的财务政策表现出不同的特征。

公用事业企业主要依赖于国家投资。政府股东是否会影响政府补助与财务政策二者之间的关系呢？部分研究从政府关联的角度探讨了政府补助的财务政策效应问题。Murphy 等（1993）认为出于对政治关联带来的超额收益的追求，企业面临的一个问题是，更多的政府补助资金不是被用于实体投资，而是用于寻租活动。Faccio（2006）、郭剑花和杜兴强（2011）的实证研究均表明，与政治关联相联系的政府补助通常会损害社会资源配置效率。政治关联能直接决定民营企业是否能够获得政府管制性行业准入的机会（龚军姣，2013）。王理想和姚小涛（2019）对我国 2010~2016 年的国有上市公司的实证研究表明，国企获得的政府补助越多，越有可能将更多的资金用于慈善捐赠，政府干预、政府关联会正向调节政府补助与慈善捐赠二者之间的关系。汪慧（2018）研究表明，当行业国有比重在（0.2064，0.5064］区间范围内时，政府补助会显著提高企业在研究资金方面的投入，行业国有比重对政府补助和研发投入之间的关系具有积极的正向调节作用。作为国有股份占比较高的公用事业企业，政府补助是否会对企业的财务政策产生上述影响？影响程度如何？国有股东身份如何调节二者之间的关系，以促使政府补助资金充分、有效地发挥其对财务政策的积极促进作用？这些问题都有待进一步深入研究。

非国有股东的股权性质是否也会显著调节政府补助与财务政策二者之间的关系呢？这方面的相关文献相对较少。刘进等（2019）从机构投资者的角度对我国A 股 2011~2015 年的上市公司进行了研究，发现政府补助与企业投资不足存在显

著的负相关关系，但与投资过度没有显著相关性；独立型机构投资者持股比例越高，政府补助与投资不足的负相关关系越强，但独立型机构投资者不能有效调节政府补助与投资过度之间的关系，非独立型机构投资者在持股比例较低时，能有效发挥对政府补助与投资不足、政府补助与投资过度的调节作用，但其持股比例较高时，则不能作为政府补助与非效率投资（投资不足与投资过度）的有效调节变量；在非国有企业中，机构投资者对政府补助与投资效率关系的调节作用更为明显。

股权集中度作为股权结构的一个重要方面，也有学者研究了其对政府补助与财务政策二者之间关系的调节效应。张博（2020）认为由于股权集中度越高，大股东的利益侵占行为越严重，故股权制衡度的增加有利于提升其他中小股东的话语权，从而有利于政府对企业研发活动的资助。该文针对 2012～2016 年我国制造业上市公司展开研究，发现：政府补助有效地促进了企业研发投入的规模，股权集中度越高，这种促进作用越小；股权集中度对政府补助和研发投入的负向调节作用在非国有企业更为显著；在用股权制衡度作为调节变量进行的检验中，则显示出是积极的、正向的调节作用。

以上研究表明，股权结构对政府补助与财务政策二者之间的关系具有一定程度的调节作用，但现有研究关于其调节作用的方向和程度结论并不完全统一，且当前研究主要侧重于投资政策，对其他财务政策涉及较少，并且多是针对非金融行业做出的一般性的结论。这些研究结论是否会作用于公用事业企业，需要结合公用事业企业的特征进一步分析。

2.2.4　公用事业企业股权结构特征

股权结构通常有两层含义：股权集中度和股权性质。股权集中度是指全部股东因持股比例的不同所表现出来的股权集中还是分散的数量化指标。它是衡量公司的股权分布状态的主要指标，也是衡量公司稳定性强弱的重要指标。股权性质是指各个不同背景的股东集团分别持有股份的多少，在我国就是指国家股、法人股、个人股及外资股等的持股比例。根据汪平和邹颖（2014）的调查研究，公用事业上市公司在逐渐由政府间接控制（政府通过其拥有或控股的公司进而对上市公司进行的控制）转向政府直接控制（国有机构控制），国有企业作为实际控制人的公用事业企业数量逐渐下降。纪建悦和董辉（2016）对截至 2015 年底的 27 家燃气水务类上市公司进行调查，以前五大股东的国有股持股比例之和衡量国有股持股情况，发现 2004～2014 年，样本企业国有股持股比例均值达 52.03%，最小值亦为 28.13%，最大值达 73.25%。王爱国等（2000）对 2000～2015 年 92 家公用事业 A 股上市公司样本企业的股权结构进行了统计，发现第一大股东为国有法人股东的占 87.4%，境内法人第一大股东、个人及家族第一大股东、机构投资者第一大股东、外资第一大股东占比依次下降，分别为 11.79%、0.73%、0.08%、0，第一大股东持股比例在 2000~2015 年的均值为 40.89%，最大值为 84.92%，最小值为 0.29%，公用事业股权结构相对集中在国有股东手中。

相较于我国，国外许多国家对公用事业企业较早地进行了私有化改革。世界银行在《1999/2000 年世界发展报告：迈进 21 世纪》的调研报告中指出，在美国，1890 年已有 57% 的自来水厂为私人企业所有并经营，政府补贴是杯水车薪。20 世纪 70~80 年代之后，西方各国公用事业纷纷从公营化转向私营化。英国在西方是较早启动并且是私有化相对彻底的国家。早在 1984 年开始，英国已通过向社会公众出售国有公用事业企业股份，大力推行民营化（王俊豪，2006）。在撒切尔政府时期，英国在电力、供水、燃气等领域的私有化率已高达 46%，超过 100 个国家借鉴英国公用事业市场化改革的成功经验，使用了其私有化的各种做法（王艳和马宁，2006）。

现有文献表明，我国和国外公用事业企业股权结构存在较大差异。在市场化改革的背景下，如何推进公用事业企业进行混合所有制改革以促进社会资源配置效率提高是一项现实而长远的任务。

2.2.5 文献评述

综观现有文献，关于政府补助的财务政策效应方面的研究已取得一定进展，但尚存在几方面的不足：①研究的财务政策内容方面。研究对象相对单一，多集中在投资、融资的规模效应研究方面，对其他方面涉及较少，股利政策、融资政策等方面的研究亦相对匮乏。②研究的行业领域方面。目前尚鲜有专门针对公用事业企业政府补助的财务政策效应方面的研究。公用事业作为关系国计民生的行业，在社会经济的发展中具有不可替代的重要作用，关注公用事业的财务政策，关注公用事业企业的政府补助资金的使用有利于促进公用事业的健康、可持续发展。③研究视角方面。鉴于我国公用事业的公益性、国有控股等方面的特征，其对政府补助资金的使用特点与非公用事业企业具有显著差异，但差异体现在哪里？影响差异的原因如何？公用事业企业的股权结构特征是否有助于进一步揭开政府补助与财务政策二者之间关系的黑箱？这些问题有必要进一步深入研究。

3 我国公用事业企业政府补助和财务政策现状

本章根据 WIND 行业分类，统计了 124 家公用事业上市公司的政府补助及其财务政策情况①。鉴于我国《政府补助》准则从 2007 年 1 月 1 日在上市公司中执行，本章研究期间为 2007~2019 年。此 124 家公司见表 3-1。

表 3-1 公用事业 124 家上市公司基本信息

证券代码	证券简称	证券代码	证券简称	证券代码	证券简称	证券代码	证券简称
000027.SZ	深圳能源	002039.SZ	黔源电力	600167.SH	联美控股	600886.SH	国投电力
000037.SZ	深南电A	002256.SZ	*ST兆新	600168.SH	武汉控股	600900.SH	长江电力
000040.SZ	东旭蓝天	002259.SZ	*ST升达	600187.SH	国中水务	600903.SH	贵州燃气
000155.SZ	川能动力	002479.SZ	富春环保	600236.SH	桂冠电力	600917.SH	重庆燃气
000407.SZ	胜利股份	002499.SZ	*ST科林	600283.SH	钱江水利	600956.SH	新天绿能
000421.SZ	南京公用	002616.SZ	长青集团	600310.SH	桂东电力	600969.SH	郴电国际
000531.SZ	穗恒运A	002700.SZ	ST浩源	600333.SH	长春燃气	600979.SH	广安爱众
000539.SZ	粤电力A	002893.SZ	华通热力	600396.SH	金山股份	600982.SH	宁波热电
000543.SZ	皖能电力	002911.SZ	佛燃能源	600452.SH	涪陵电力	600995.SH	文山电力
000544.SZ	中原环保	003035.SZ	南网能源	600461.SH	洪城水业	601016.SH	节能风电
000591.SZ	太阳能	003816.SZ	中国广核	600483.SH	福能股份	601139.SH	深圳燃气
000593.SZ	大通燃气	200037.SZ	深南电B	600505.SH	西昌电力	601158.SH	重庆水务
000598.SZ	兴蓉环境	200539.SZ	粤电力B	600509.SH	天富能源	601199.SH	江南水务
000600.SZ	建投能源	300125.SZ	聆达股份	600578.SH	京能电力	601368.SH	绿城水务
000601.SZ	韶能股份	300317.SZ	珈伟新能	600617.SH	国新能源	601619.SH	嘉泽新能
000605.SZ	渤海股份	300332.SZ	天壕环境	600635.SH	大众公用	601778.SH	晶科科技

---

① 其中包括 5 家于 2020 年上市、2 家于 2021 年上市的公司。2020 年上市的 5 家公用事业企业分别为洪通燃气（605169.SH）、路德环境（688156.SH）、圣元环保（300867.SZ）、新天绿能（600956.SH）、晶科科技（601778.SH）。2021 年上市的 2 家公用事业企业分别为 C 华骐（300929.SZ）、南网能源（003035.SZ）。

证券代码	证券简称	证券代码	证券简称	证券代码	证券简称	证券代码	证券简称
000669.SZ	*ST金鸿	300867.SZ	圣元环保	600642.SH	申能股份	601908.SH	京运通
000685.SZ	中山公用	300929.SZ	C华骐	600644.SH	乐山电力	601985.SH	中国核电
000690.SZ	宝新能源	600008.SH	首创股份	600674.SH	川投能源	601991.SH	大唐发电
000692.SZ	惠天热电	600011.SH	华能国际	600681.SH	百川能源	603053.SH	成都燃气
000722.SZ	湖南发展	600021.SH	上海电力	600719.SH	大连热电	603080.SH	新疆火炬
000767.SZ	晋控电力	600023.SH	浙能电力	600726.SH	华电能源	603318.SH	派思股份
000791.SZ	甘肃电投	600025.SH	华能水电	600744.SH	华银电力	603393.SH	新天然气
000862.SZ	银星能源	600027.SH	华电国际	600758.SH	辽宁能源	603693.SH	江苏新能
000875.SZ	吉电股份	600098.SH	广州发展	600780.SH	通宝能源	603706.SH	东方环宇
000883.SZ	湖北能源	600101.SH	明星电力	600795.SH	国电电力	603817.SH	海峡环保
000899.SZ	赣能股份	600116.SH	三峡水利	600803.SH	新奥股份	605169.SH	洪通燃气
000966.SZ	长源电力	600131.SH	国网信通	600821.SH	*ST劝业	688156.SH	路德环境
000993.SZ	闽东电力	600149.SH	ST坊展	600863.SH	内蒙华电	900913.SH	国新B股
001896.SZ	豫能控股	600157.SH	*ST永泰	600868.SH	梅雁吉祥	900937.SH	华电B股
002015.SZ	协鑫能科	600163.SH	中闽能源	600874.SH	创业环保	900957.SH	凌云B股

各年公用事业上市公司分布数量见表3-2。

表3-2 公用事业上市公司分布情况

上市年份	电力	燃气	复合型公用事业	水务	独立电力生产商与能源贸易商	合计
≤2007	47	10	7	10	12	86
≤2008	47	11	7	10	13	88
≤2009	47	12	7	10	13	89
≤2010	47	12	8	11	15	93
≤2011	47	12	8	12	17	96
≤2012	47	14	8	12	18	99
≤2013	48	14	8	12	18	100
≤2014	48	15	8	12	19	102
≤2015	48	16	8	13	20	105
≤2016	48	17	8	13	20	106

续表

上市年份	电力	燃气	复合型公用事业	水务	独立电力生产商与能源贸易商	合计
≤2017	48	19	9	14	22	112
≤2018	48	21	9	14	23	115
≤2019	48	22	9	14	24	117
≤2020	48	24	11	15	24	122
≤2021	48	24	11	16	25	124

表3-2显示，公用事业上市公司的总数量在不断增加，这表明公用事业企业整体规模在不断扩大，其资本实力也在不断增强。从行业分布看，电力行业上市公司最多。2011年之前，电力行业上市公司数量占全部公用事业上市公司数量的半数以上，虽然此后占比有所下降，但截止到目前，依然占全部公用事业上市公司数量的1/3以上。独立电力生产商与能源贸易商、燃气公司数量在公用事业上市公司中分居第二、第三位，但差别甚微，再次就是水务公司，复合型公用事业数量最少。除电力行业上市公司数量相对比较稳定之外，其他行业上市公司数量都在不断增加，如图3-1所示。其中，上市数量增长最快的是独立电力生产商与能源贸易商，燃气和水务分居第二、第三位，复合型公用事业数量增长相对缓慢，居第四位。

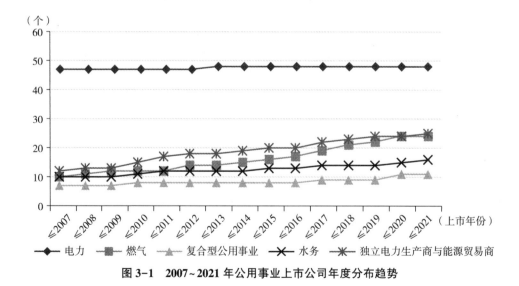

图3-1　2007~2021年公用事业上市公司年度分布趋势

3.1 我国公用事业企业政府补助现状

3.1.1 公用事业企业政府补助整体情况

（1）政府补助长期内是上行趋势。

公用事业上市公司 2007 年政府补助平均水平在 4000 万元左右，至 2019 年已过亿（见表 3-2）。2007~2012 年，政府对公用事业企业的补助额度逐年上升，2014~2019 年，公用事业政府补助均值略有起伏，但从 2007~2019 年整个样本期间看，公用事业政府补助水平还是呈上升趋势的，如图 3-2 所示。其中 2010 年和 2011 年，公用事业企业的政府补助水平增长相较于其他年份较高。2008 年 9月，全球性的金融危机爆发，对我的经济发展也产生了一定的影响。为应对危机，自 2008 年 11 月我国政府推出了一系列扩大内需、促进经济平稳较快增长的措施，投资额度至 2010 年底约 4 万亿元。该 4 万亿元投资用于各重点领域的情况是[1]：①廉租住房、棚户区改造等保障性住房建设，投资约 4000 亿元；②农村水电路气房等民生工程和基础设施建设，投资约 3700 亿元；③铁路、公路、机场、水利等重大基础设施建设和城市电网改造，投资约 15000 亿元；④医疗卫生、教育、文化等社会事业发展，投资约 1500 亿元；⑤节能减排和生态工程建设，投资约 2100 亿元；⑥自主创新、结构调整和技术改造，投资约 3700 亿元；⑦灾后恢复重建，投资约 10000 亿元。这其中涉及环保、水电水利等诸多公用事业领域，一定程度上促进了 2010 年和 2011 年公用事业企业的政府补助水平的提高。政府补助政策具有一定的滞后性。虽然 4 万亿元的投资政策从 2008 年第四季度开始，但 2009 年公用事业企业政府补助的增长率为 15.17%，与 2008 年的增长率为 16.33% 相差并不大。此后，2010 年的增长率明显上升，为 62.31%，显著高于 2008 年。2011 年增长率为 28.99%，也远高于 2008 年。

表 3-3　公用事业企业政府补助整体情况[2]　　　　　　　单位：万元

年份	均值	中位数	最小值	最大值	标准差
2007	3999.02	539.66	0.00	28623.00	7743.47

① 政策研究室. 关于 4 万亿元投资的有关情况［EB/OL］. 中华人民共和国国家和发展改革委员会，2009-03-09，https：//www.ndrc.gov.cn/xwdt/xwfb/200903/t20090309_957337.html.

② 政府补助总额＝与日常活动相关的政府补助＋与非日常活动相关的政府补助。当与日常活动相关的政府补助或与非日常活动相关的政府补助有缺失值时，也视政府补助总额样本缺失。

续表

年份	均值	中位数	最小值	最大值	标准差
2008	4651.89	389.40	5.80	95044.07	15358.35
2009	5357.55	537.60	9.00	81059.95	13446.28
2010	8695.58	1131.36	0.00	184658.00	23851.90
2011	11216.51	1131.23	0.00	171965.50	29925.34
2012	11975.29	1805.66	0.00	213570.90	33693.99
2013	11806.07	1588.80	4.00	344729.30	41380.87
2014	11723.04	1408.58	6.70	192789.40	31155.63
2015	13382.99	1974.06	0.00	204785.70	35646.08
2016	11331.34	2304.66	1.34	287296.90	36140.08
2017	12342.38	2658.83	7.54	229088.30	34722.24
2018	9482.07	3267.66	13.47	149546.70	20551.34
2019	10856.24	3231.13	19.25	136033.60	21816.55
整体	10514.80	1669.11	0.00	344729.30	30316.58

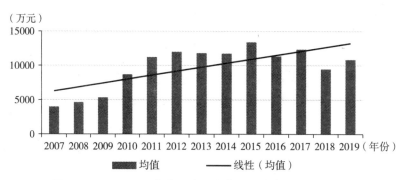

图 3-2　2007~2019 年公用事业上市公司政府补助年度趋势

（2）政府补助分布不平衡，差距较大。

2007~2019 年这 13 年，政府补助整体上中位数小于均值，历年也是如此，见表 3-3。这表明公用事业企业的政府补助主要集中在少数企业，大多数公用事业企业政府补助水平并不高。政府补助水平较高的企业年补助额度达几十亿元，是年度公用事业行业平均水平的几十倍，政府补助水平较低的企业年补助额度仅有数万元，甚至为 0。政府补助总额为 0 的样本有：大连热电（2015 年）、ST 坊展（2012 年和 2015 年）、赣能股份（2011 年）、江南水务（2010 年）、*ST 兆新（2010 年）、桂东电力（2010 年）、凌云 B 股（2010 年）、明星电力（2007 年）。李

信宇（2019）针对 2015~2017 年的公用事业政府补助的调查研究结果亦表明公用
事业企业政府补助存在相对集中的现象。虽然公用事业企业整体上是政府关注的
焦点，但在公用事业企业内部亦有区别，存在政府重点扶持的领域。

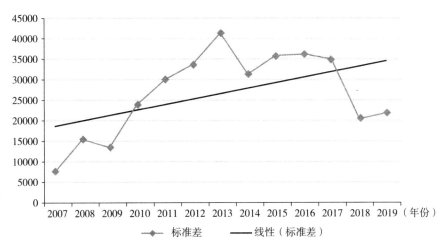

图 3-3 2007~2019 年公用事业上市公司政府补助标准差年度趋势

图 3-3 反映了公用事业上市公司政府补助标准差的年度趋势。从政府补助的
离散程度看，历年政府补助的标准差相对较大，2013 年前，几乎是逐年上升。
2013~2018 年，各年标准差起伏较大，整体有所回落，但离散水平仍然较大。至
2019 年政府补助的标准差转而上升。在 2007~2019 年整个样本期间，政府补助
的标准差是呈上升趋势的。离散水平较高，亦证明了公用事业企业政府补助相对
集中的现象。

（3）与日常活动相关的政府补助构成了公用事业企业政府补助的主要方面。

政府补助分为与日常活动相关的政府补助和与非日常活动相关的政府补助。
财政部 2017 年修订的《政府补助》准则及 2018 年发布的《关于政府补助准则
有关问题的解读》（本章以下简称《解读》）都未对"日常活动"含义进行明
确界定，仅在《解读》中指出若政府补助补偿的成本费用是营业利润之中的项
目，或该补助与日常销售等经营行为密切相关，则认为该政府补助与日常活动
相关。

关于会计中日常活动的含义目前并无明确规定。但从字面意思分析，应是为
完成企业主要经营活动或经营目标相关的活动。会计中对于收入、费用、利得、
损失的概念从是否与日常活动相关进行了区别。《企业会计准则——基本准则》
指出收入是指企业在日常活动中形成的、会导致所有者权益增加的、与所有者投

入资本无关的经济利益的总流入；费用是指企业在日常活动中发生的、会导致所有者权益减少的、与向所有者分配利润无关的经济利益的总流出；利得是指由企业非日常活动所形成的、会导致所有者权益增加的、与所有者投入资本无关的经济利益的流入；损失是指由企业非日常活动所发生的、会导致所有者权益减少的、与向所有者分配利润无关的经济利益的流出。基于此，收入与费用配比的结果即构成了企业的营业利润，利得与损失配比的结果构成了营业外收支净额。这与《解读》中关于"与日常活动相关的政府补助"规定内涵是一致的。

但《解读》中关于"与日常活动相关的政府补助"的规定除了"政府补助补偿的成本费用与营业利润项目有关"这一标准外，还有一重可替代的标准，即"与日常销售等经营行为密切相关"。《解读》中并没有详细说明为何有替代标准。从企业的利润构成进一步分析会发现《解读》中这一替代标准非常合理，在实务中具有较强的适用性。营业利润和营业外收支净额之和仅构成了企业的利润总额，企业的净利润必须在利润总额的基础上再减去所得税费用。在我国，企业所得税在1994年之前，被视为利润分配项目而非企业的费用。1994年财政部发布了"关于印发《企业所得税会计处理的暂行规定》的通知"[1]，文件中规定企业设置"所得税"会计科目，用以核算从当期损益中扣除的所得税，同时取消了此前的"利润分配——应交所得税"会计科目。从此，所得税不再作为利润分配项目，而是被作为企业的一项费用。虽然该文件现已失效，但所得税的费用观却一直被保留下来。在此之后，"所得税"会计科目还被进一步改为"所得税费用"，进一步强化了所得税的费用观。无论是企业的营业利润还是营业外收支净额都涉及上交企业所得税的问题，而现行财务报表格式并没有区分营业利润部分的企业所得税和营业外收支净额部分的企业所得税。在实务中，显然也不易区分。现行财务报表中，将企业的所得税费用在利润总额下一并列示。这也就意味着，与企业日常活动有关的业务并不完全是与营业利润项目有关的内容。《解释》中设置替代标准是非常有必要的。

表3-4显示，公用事业企业政府补助主要是面向与企业日常活动相关的政府补助。在2017年修订的《政府补助》准则要求企业在利润表中设置"其他收益"项目，用以反映与企业日常活动相关的政府补助。而在此之前，企业的政府补助并不区分与日常活动相关还是与非日常活动相关，都是列示于"营业外收入"项目，所以表3-4仅统计了2017~2019年的数据。图3-4显示，2017~2019年三年公用事业企业与日常活动相关的政府补助占补助总额的比例平均在

---

① （94）财会字第25号。

92.35%，各年占比也均在 90% 以上。日常活动是企业利润的主要来源，政府补助侧重于日常活动，有利于公用事业企业主营业务的发展。

表 3-4 与日常活动相关的政府补助和与非日常活动相关的政府补助

单位：万元

年份	与日常活动相关的政府补助					与非日常活动相关的政府补助				
	均值	中位数	最小值	最大值	标准差	均值	中位数	最小值	最大值	标准差
2017	12500.00	2000.00	1.00	229000.00	36000.00	749.79	41.52	0.00	18300.00	2430.00
2018	8620.00	2630.00	9.80	156000.00	21700.00	857.36	118.00	0.00	19700.00	2530.00
2019	9330.00	2710.00	1.01	241000.00	26600.00	954.32	10.29	0.00	14500.00	2850.00
整体	10100.00	2520.00	1.00	241000.00	28600.00	837.23	41.47	0.00	19700.00	2570.00

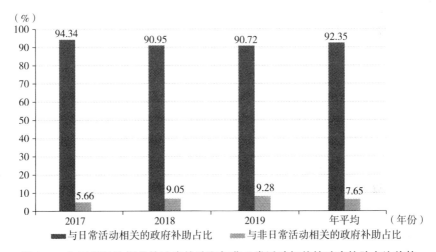

图 3-4 与日常活动相关的政府补助和与非日常活动相关的政府补助占比趋势

但无论与日常活动相关的政府补助还是与非日常活动相关的政府补助，各年中位数皆小于均值，标准差都比较大，亦即在这两种类型的政府补助中，政府补助的对象都相对集中，都有政府重点扶持的产业领域。

此外，虽然与日常活动相关的政府补助占比较高，但从趋势上看，其占比在不断下降，而与非日常活动相关的政府补助占比却在逐年上升。虽然该趋势并不十分显著，但也意味着政府用以补助公用事业企业额外费用、意外损失的支出在不断增加。虽然非日常活动很多不可预期，但一旦发生，可能会给企业带来重创甚至是毁灭性的打击。虽然政府补助可以减少一定程度的损失，但提高企业自身实力，加强风险的预警管理，提高风险抵抗能力，才是解决问题的关键。

3.1.2 公用事业企业政府补助行业情况

（1）政府补助规模行业间差距显著，各行业内部政府补助也比较集中。

根据 WIND 行业分类标准，将公用事业企业进一步划分为：电力、独立电力生产商和能源贸易商、复合型公用事业、燃气、水务五大类。分析表3-5 和图3-5发现：从政府补助总额看，电力行业政府补助均值最高，其次是独立电力生产商与能源贸易商，水务行业居中，复合型公用事业和燃气分居第四位和第五位。电力行业中，有的企业 2007~2019 年政府补助规模年平均值达 28 亿元之多，而复合型公用事业政府补助规模年平均值最多的也不足 3 亿元；公用事业企业各行业内部，2007~2019 年政府补助规模整体均值都大于中位数，标准差也较大，除了燃气行业，其他行业中均有企业在样本期间有些年份没有任何补助，但各行业中，也有企业获得的政府补助年均值达到了数亿元。

2017~2019 年 3 年，无论是与日常活动相关的政府补助，还是与非日常活动相关的政府补助，政府补助规模整体上均值亦都大于中位数，标准差也较大。与日常活动相关的政府补助均值水平电力行业水平最高，电力行业中最高者达 20 亿元以上，燃气行业水平最低，燃气行业中最低者仅为 4 万元。与非日常活动相关的政府补助年均值水平复合型公用事业最高，独立电力生产商与能源贸易商最低，但水平最高者仍出自电力行业，将近 2 亿元，各行业均存在没有与非日常活动相关的政府补助的企业。

以上结果表明，公用事业企业不仅各行业政府补助水平差距较大，各行业内部也有显著差异。政府补助不仅有行业倾斜性，在行业内部亦有重点扶持的企业。

表 3-5　公用事业企业政府补助行业情况　　　　　单位：万元

政府补助类型	行业	均值	中位数	最小值	最大值	标准差
政府补助总额（2007~2019 年）	电力	14201.33	2025.03	0.00	287296.90	33886.07
	燃气	3262.03	788.70	5.80	35048.56	6651.12
	复合型公用事业	3542.52	1334.22	0.00	27018.70	4963.66
	水务	7953.42	3009.42	0.00	82976.70	10951.74
	独立电力生产商与能源贸易商	12686.18	1179.02	0.00	344729.30	44360.26
与日常活动相关的政府补助（2017~2019 年）	电力	10231.82	3407.54	7.92	229063.90	25110.97
	燃气	3604.32	1118.44	4.01	34765.41	6820.11
	复合型公用事业	4328.90	1851.14	20.10	27018.70	6131.77

政府补助类型	行业	均值	中位数	最小值	最大值	标准差
与日常活动相关的政府补助（2017~2019年）	水务	9522.68	5080.06	247.75	82903.57	13597.71
	独立电力生产商与能源贸易商	19089.56	2578.91	1.00	240529.20	50741.35
与非日常活动相关的政府补助（2017~2019年）	电力	1274.16	45.58	0.00	19726.20	3407.73
	燃气	428.14	39.18	0.00	14311.80	1855.88
	复合型公用事业	1366.15	313.92	0.00	12829.43	2989.04
	水务	423.00	38.90	0.00	2816.00	840.21
	独立电力生产商与能源贸易商	331.21	12.10	0.00	5023.52	860.74

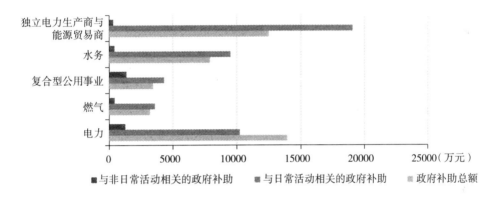

图 3-5　公用事业企业政府补助行业情况

（2）不同行业的政府补助年度趋势差异显著。

表 3-6 列示了公用事业企业 2007~2019 年各年各行业政府补助总额情况。结合图 3-6 发现，各行业政府补助总额的年度趋势长期内仍是上行趋势，这与 3.1.1 中的结论是一致的。虽然如此，但图 3-6 显示的各行业年度趋势线的斜率却存在显著差异。各行业的线性趋势线斜率从大到小依次是独立电力生产商与能源贸易商、电力、水务、复合型公用事业和燃气。

独立电力生产商与能源贸易商在样本期间，前期政府补助水平最低，后期增长速度较快，2012 年和 2015 年与政府补助额度居首位的电力行业几乎持平，2013 年远超电力行业，自 2016 年起，已连续 4 年超过电力行业，政府向独立电力生产商与能源贸易商的倾斜力度较大。独立投资电厂是公用电力公司以外独立投资建设经营并对外供电的电厂，亦称"私人电力生产者"。美国 1978 年提出发展该种电厂，以促进电力工业的竞争。1978 年，美国颁布实施《公用事业监管政策法》（Public Utility Regulatory Policy Act，PURPA），引入了竞争性供电机制。PURPA 将非电力公司装有的热电联产机组和使用可再生能源或垃圾发电的小容量机组（8MW 以下）定义为"合格发电机组"（Qualified Facilities，QF），规定电力公司必须以其边际成本（法案又称"替代成本"，即如无此电源时电力公司的供电成本）接纳 QF 发出的电力，并要提供备用服务。此处非电力公司即独立发电商。在政府的推动下，非电力公司特别是热电联产燃气机组发电量大幅增长。1996~2004 年，美国增加了 2.42 亿千瓦发电装机，其中 3/4 由独立发电商建造（Joseph T. Kelliher 和俞燕山，2010）。我国 1978 年以前，电力行业的输电、发电和建设由国家直接管理，此后逐渐试行政企分开。2002 年 12 月，国务院下发了《电力体制改革方案》①，提出电力改革的总体目标是"打破垄断，引入竞争，提高效率，降低成本，健全电价机制，优化资源配置，促进电力发展，推进全国联网，构建政府监督下的政企分开、公平竞争、开放有序、健康发展的电力市场体系"。目前，随着电力体制改革进入新常态，市场化步伐逐渐加快。独立电力商便是这一改革过程的产物。独立电力商的快速发展，有利于电力部门的重组和改革，提高了电力工业的竞争力，促进了我国电力工业的发展，缓解了缺电问题。我国公用事业上市公司中的独立电力生产商与能源贸易商这一行业中包括独立电力商和新能源发电业者。新能源发电是指利用传统能源以外的各种能源形式，包括太阳能、地热能、生物质能、潮汐能、风能等实现发电的过程。《2019 年风电行业深度报告》②指出，国家能源局权威数据显示 2019 年是风电行业快速增长的一年。2019 年，全年新增并网风电装机 2574 万千瓦，累计并网装机 21005 万千瓦，其中陆上风电新增并网装机 2376 万千瓦，海上风电新增装机 198 万千瓦。陆上风电累计并网装机 2.04 亿千瓦、海上风电累计并网装机 593 万千瓦。麦肯锡咨询公司发布的《全球能源视角 2019：参考案例》指出，2035 年之后，可再生能源发电预计将占总发电量的 50% 以上，这一趋势使以化石燃料为基础的能源结构成为历史。我国新能源在国家政策的支持下发展迅速。政府补贴额度在独立电力生产商与能源贸易商这一行业的不断提高也从侧面反映出这一行业在未来的发展潜力和社会对该行业需求的增加。

---

① 见《国务院关于印发电力体制改革方案的通知》（国发〔2002〕5 号）。
② 北极星风力发电网、北极星数据研究中心、北极星电力学院及相关行业分析机构联合编制。

表 3-6　2007~2019 年公用事业企业政府补助总额行业年度趋势 单位：万元

年份	电力	燃气	复合型公用事业	水务	独立电力生产商与能源贸易商
2007	2248.01	3685.54	6887.85	10553.31	916.18
2008	6967.14	2547.03	4602.85	1241.57	776.87
2009	8295.69	1363.20	1184.55	5752.38	735.09
2010	13466.56	2179.70	1738.03	8062.15	2019.67
2011	18414.03	4522.11	2319.52	7680.79	1530.49
2012	16448.10	3838.20	1840.92	5751.79	15680.30
2013	14095.19	4844.27	2187.75	5754.18	20382.79
2014	18015.15	2355.88	1770.17	5136.57	14456.33
2015	19435.42	2898.28	1974.72	7030.63	19201.71
2016	15260.85	2200.29	5137.67	9968.03	15387.43
2017	14924.97	2338.36	4765.78	12967.45	19966.29
2018	11248.40	3063.25	5336.79	11391.58	15722.82
2019	12134.27	6904.06	9466.75	9734.30	14308.08

　　电力行业是我国传统的、社会经济发展不可或缺的公用事业，政府补助总额在样本期间始终在各行业中处于领先地位，其增长幅度也仅次于独立电力生产商与能源贸易商。图 3-6 显示，基本上以 2015 年为分界线，2015 年之前，电力行业政府补助总额的增长速度一直是大于独立电力生产商与能源贸易商，2015 年之后，独立电力生产商与能源贸易商补助总额的增长速度逐渐超过了电力行业，且差距越来越大。虽然如此，电力行业政府补助总额的增长幅度仍远高于除了独立电力生产商与能源贸易商以外的其他公用事业行业。

　　作为另一传统的公用事业行业，水务行业政府补助总额与电力行业比较接近，在样本期间的趋势与电力行业非常类似，2008 年之后都呈现出"M"型的走势。电力行业的两个峰值在 2011 年和 2015 年，水务行业的两个峰值在 2010 年和 2017 年。这表明虽然政府补助在水电行业投入较多，但在投入时间上也是具有阶段性特征的。

　　与水电行业相反，燃气行业在样本期间呈现出"W"趋势，复合型公用事业则是"U"型状态。政府补助的阶段性特征也非常明显。虽然燃气和复合型公用事业这两类行业样本期间整体政府补助规模较低，但在 2017 年之后，这两类行业的政府补助总额逐年增加，且增长幅度较大。而水务和独立电力生产商与能源贸易商 2017 年后资助额都在递减，电力行业除了 2019 年是上升以外，2017 年和

2018 年都在递减。这说明，2017～2019 年，国家政府补助政策在公用事业企业内部作了一定程度的调整。

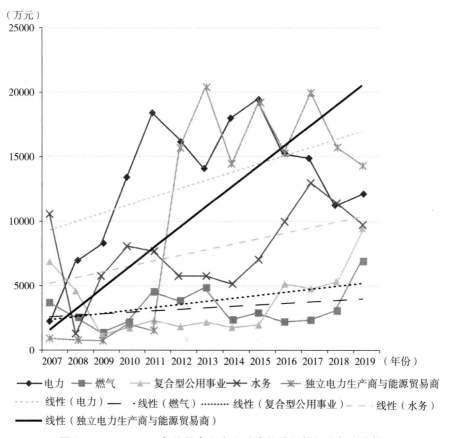

图 3-6 2007～2019 年公用事业企业政府补助总额行业年度趋势

综上，虽然公用事业企业政府补助总额在不同行业之间有显著差异，但各行业在样本期间整体上都是上行趋势。这说明公用事业企业各行业一直是政府关注的重点行业领域，只不过在不同的阶段，政府会根据行业特点在行业内部适度进行调整，以促进公用事业企业的整体、全面发展。

表 3-7 和图 3-7 进一步列示了 2017～2019 年公用事业企业各行业与日常活动相关的政府补助和与非日常活动相关的政府补助年度趋势。政府补助对 5 个公用事业子行业日常活动的倾斜程度有一定程度差异。其中，独立电力生产商与能源贸易商与日常活动相关的政府补助占比最高，各年均在 90% 以上；水务行业次之，但各年也都不低于 90%；复合型公用事业占比整体最低，有两年还不足

70%；电力和燃气行业居中，各年均在80%以上。

表3-7 公用事业企业不同类型政府补助行业年度趋势　单位：万元，%

行业	补助类型 指标 年份	与日常活动相关的政府补助			与非日常活动相关的政府补助		
		2017	2018	2019	2017	2018	2019
电力	均值	13865.70	8976.44	7978.58	1171.10	1203.86	1534.46
	中位数	3527.20	3443.47	2785.58	40.35	120.00	3.00
	最大值	229063.90	71812.51	91658.56	18317.29	19726.20	14537.80
	最小值	22.48	19.25	7.92	0.00	0.00	0.00
	标准差	37274.06	16499.14	16183.86	3258.63	3541.66	3580.37
	占比	92.21	88.17	83.87	7.79	11.83	16.13
燃气	均值	2155.45	2882.63	5714.51	247.88	222.18	957.59
	中位数	595.02	1120.27	1950.52	36.89	42.39	29.96
	最大值	12187.41	17298.88	34765.41	1603.07	1389.85	14311.80
	最小值	4.01	10.47	12.03	0.00	0.00	0.00
	标准差	3529.64	4720.07	10003.94	451.19	337.47	3562.15
	占比	89.69	92.84	85.65	10.31	7.16	14.35
复合型 公用 事业	均值	2978.43	3553.36	6209.36	1648.02	1775.18	554.45
	中位数	1085.07	2222.22	2649.13	165.89	649.00	200.00
	最大值	11124.51	13169.43	27018.70	12829.43	8066.50	2675.09
	最小值	68.39	33.74	20.10	0.00	7.34	0.00
	标准差	3873.66	4274.59	8736.53	3989.45	2890.96	959.63
	占比	64.38	66.69	91.80	35.62	33.31	8.20
水务	均值	12019.96	8870.04	7678.03	297.37	657.39	365.55
	中位数	4617.74	5463.70	5080.06	31.40	294.98	0.00
	最大值	82903.57	36972.13	25222.34	2816.00	2816.00	2816.00
	最小值	247.75	383.84	287.19	0.00	0.00	0.00
	标准差	20570.40	9529.90	7392.53	734.39	904.31	990.49
	占比	97.59	93.10	95.46	2.41	6.90	4.54
独立电 力生 产商 与能 源贸 易商	均值	23687.18	15798.43	17835.33	255.46	556.84	233.77
	中位数	2248.68	2517.53	2878.39	30.00	10.37	13.83
	最大值	219872.50	156314.10	240529.20	1910.07	5023.52	2272.75
	最小值	1.00	9.80	1.01	0.00	0.00	0.00
	标准差	57468.15	41822.49	53378.12	488.72	1421.98	621.12
	占比	98.93	96.60	98.71	1.07	3.40	1.29

注：占比指与日常活动相关的政府补助或与非日常活动相关的政府补助占政府补助总额比重。

进一步观察图 3-7，独立电力生产商与能源贸易商、水务行业与日常活动相关的政府补助占比相对稳定；电力行业和燃气行业波动相对较大，整体有一定程度的下降；复合型公用事业波动最大，从 2018 年的不足 70% 上升到2019 年的 91.8%。

与日常活动相关的政府补助占比的差异一定程度上反映出公用事业企业的 5 个子行业的经营风险程度的不同。日常活动通常是相对稳定的，其风险是可预期的，而非日常活动通常具有偶然性和突发性，其风险是不可预知的。非日常活动补助占比较高，隐含着该企业在经营过程中遭遇了较多的人力不可控因素的影响或干扰。虽然如此，整体上各行业样本期间每年与日常活动相关的政府补助占比均超过了 50%，这与政府补助的原则是一致的。

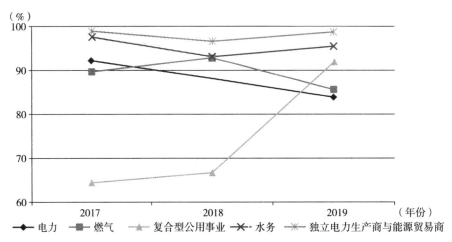

图 3-7　2017~2019 年公用事业企业与日常活动相关的政府补助占比行业年度趋势

3.1.3　公用事业企业政府补助地区情况

124 个公用事业企业样本在各省（直辖市）的分布情况（见表 3-8）是：19 个分布在广东；北京数量居第二，有 12 个；四川、辽宁、新疆维吾尔自治区数量分居第三、第四、第五位，分别有 11 个、8 个、6 个；福建、湖北、江苏、山西、重庆各 5 个；河北、上海、浙江各 4 个；广西壮族自治区、黑龙江、湖南、吉林、江西各 3 个；安徽、贵州、河南、宁夏回族自治区、山东、天津、云南各 2 个；甘肃和内蒙古自治区最少，各 1 个。

表 3-8　公用事业企业样本各省（直辖市）分布

省份	个数	省份	个数	省份	个数	省份	个数
安徽省	2	河北省	4	江西省	3	四川省	11
北京市	12	河南省	2	辽宁省	8	天津市	2
福建省	5	黑龙江省	3	内蒙古自治区	1	新疆维吾尔自治区	6
甘肃省	1	湖北省	5	宁夏回族自治区	2	云南省	2
广东省	19	湖南省	3	山东省	2	浙江省	4
广西壮族自治区	3	吉林省	3	山西省	5	重庆市	5
贵州省	2	江苏省	5	上海市	4	各省（直辖市）总计	124

国家统计局 2011 年 6 月 13 日发布的《东西中部和东北地区划分方法》① 根据不同区域的社会经济发展状况，将我国大陆经济区域划分为东北、东部、西部和中部四大地区。其中，东北地区包括辽宁省、吉林省和黑龙江省 3 个省份；东部地区包括 10 个省市，有北京市、天津市、河北省、山东省、江苏省、上海市、浙江省、福建省、广东省和海南省；西部地区包括 12 个省份，有内蒙古自治区、陕西省、甘肃省、宁夏回族自治区、青海省、新疆维吾尔自治区、广西壮族自治区、云南省、贵州省、重庆市、四川省和西藏自治区；中部地区包括 6 个省份，有山西省、河南省、湖北省、湖南省、安徽省和江西省。本章公用事业样本在各经济区域的分布情况为：东北 14 个，东部 55 个，西部 33 个，中部 22 个。

（1）政府补助地区间差距显著，各地区内部政府补助也较为集中。

表 3-9 和图 3-8 反映了公用事业企业政府补助在我国各经济区域的规模情况。从政府补助总额看，东部地区居首，2007~2019 年年均补助额达 1.8 亿元左右，中部、东北和西部分别居第二、第三、第四位，但中部、东北和西部的政府补助规模差距并不大。2017~2019 年，无论与日常活动相关的政府补助，还是与非日常活动相关的政府补助，东部地区年均补助额均高于其他地区，是政府补助重点资助的地区。

---

① 详见国家统计局网站，http：//www.stats.gov.cn/ztjc/zthd/sjtjr/dejtjkfr/tjkp/201106/t20110613_71947.htm.

表 3-9 公用事业企业政府补助地区情况 单位：万元

政府补助类型	地区	均值	中位数	最小值	最大值	标准差
政府补助总额 （2007~2019 年）	东北	5107.74	2113.98	0.00	54068.43	8891.43
	东部	17755.67	2183.38	0.00	344729.30	43217.54
	西部	4246.80	995.54	0.00	132128.70	13093.25
	中部	5996.52	1478.05	0.00	59322.40	10071.62
与日常活动相关的政府 补助（2017~2019 年）	东北	5447.06	1820.41	32.60	39124.59	9998.54
	东部	15184.08	3183.53	1.00	240529.20	39409.57
	西部	5642.84	1184.06	4.01	131896.00	16792.33
	中部	6907.85	2181.93	22.38	51309.00	10395.15
与非日常活动相关的政府 补助（2017~2019 年）	东北	1117.45	78.00	0.00	12829.43	2929.03
	东部	1119.76	38.90	0.00	19726.20	3243.51
	西部	183.82	25.05	0.00	1910.07	404.24
	中部	905.38	116.00	0.00	11301.10	2161.73

我国东部地区优先发展的优势体现在：①东部经济区域主要分布在沿海，进出口比较便利，有利于推进国际贸易的发展；②人口集中，教育资源相对完备，有利于人才的培养和国际先进理念的传播；③经济基础较好，起步快。改革开放之后，我国逐渐推行了经济的非均衡发展战略。1978 年 12 月 13 日，邓小平在中共中央工作会议闭幕会上发表了题为《解放思想，实事求是，团结一致向前看》的讲话，指出："在经济政策上，我认为要允许一部分地区、一部分企业、一部分工人农民，由于辛勤努力成绩大而收入先多一些，生活先好起来。一部分人生活先好起来，就必然产生极大的示范力量，影响左邻右舍，带动其他地区、其他单位的人们向他们学习。这样，就会使整个国民经济不断呈波浪式地向前发展，使全国各族人民都能比较快地富裕起来。"1992 年初，邓小平在"南方谈话"中又指出："走社会主义道路，就是要逐步实现共同富裕。一部分地区有条件先发展起来，一部分地区发展慢点，先发展起来的地区带动后发展的地区，最终达到共同富裕。"中国共产党第十四届中央委员会第三次全体会议《关于建立社会主义市场经济体制若干问题的决定》中提出："建立以按劳分配为主体，效率优先、兼顾公平的收入分配制度，鼓励一部分地区一部分人先富起来，走共同富裕的道路。"中国共产党第十六届中央委员会第三次全体会议《中共中央关于完善社会主义市场经济体制若干问题的决定》提出："鼓励东部有条件地区率先基本实现现代化。"国家"十一五"规划（2006—2010 年）提出了："坚持实施推进

西部大开发，振兴东北地区等老工业基地，促进中部地区崛起，鼓励东部地区率先发展的区域发展总体战略。"国家《"十三五"规划纲要（2016—2020）》强调要："深入实施西部开发、东北振兴、中部崛起和东部率先的区域发展总体战略。"政府补助向东部经济区的倾斜与我国长期以来贯彻执行的区域经济发展战略相一致。

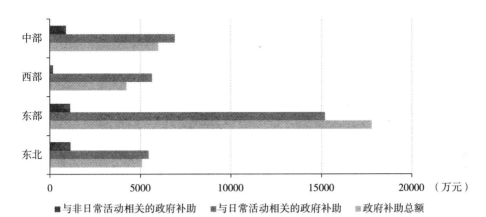

图 3-8　公用事业企业政府补助地区情况

　　无论是政府补助总额，还是与日常活动相关的政府补助或者与非日常活动相关的政府补助，各地区的中位数均小于均值，政府补助年均值离散程度较大。与行业情况一样，政府补助在各地区内部也相对集中，有政策倾斜性。从政府补助总额看，东部地区的公用事业企业差距最大，多者年补助额达几十亿元，少者年均补助额为 0；东北地区差距最小，但多者也达数亿元。从与日常活动相关的政府补助看，也是东部地区的公用事业企业之间差距最大，多者达数十亿元，少者仅 1 万元；东北差距也依然是最小，但最高者和最低者之间也相差上亿元。从与非日常活动相关的政府补助看，仍然是东部地区的公用事业企业之间差距最大；差距最小的是西部地区，也有近 2000 万元。

　　综上所述，政府补助不仅在各地区之间，而且在各地区内部都存在着政策倾斜性。我国幅员辽阔，自然资源和人口分布并不均衡，目前的政府补助政策与我国各地区的地理环境特征、经济基础、文化背景具有一定的联系。

　　（2）各地区政府补助的年度趋势具有显著差异。

　　表 3-10 和图 3-9 反映了各经济区域政府补助总额在 2007～2019 年的年度趋势。虽然在样本期间各地区整体上是呈上升趋势的，但相较于其他区域，东部地区的年度趋势却有着显著不同的特征：①虽然多数年份政府补助总额情况为西部低于中部，东北高于西部和中部，但这三个地区多数年份差距并不大，与东部地

区各年差距却非常显著，如图 3-9 所示。②四个地区的线性趋势线虽然基本呈平行趋势，但东北、中部和西部各年政府补助总额波动并不大，而东部地区却有明显的起伏。东部地区的政府补助呈明显的倒"U"型，2011 年之前基本呈上升趋势，2012~2015 年的补助金额相对平稳，2016 年后基本呈下行趋势。

表 3-10　公用事业企业政府补助总额地区年度趋势　　　单位：万元

年份	东北	东部	西部	中部
2007	3643.29	8086.30	183.22	708.60
2008	1243.42	10526.38	692.57	2917.76
2009	1458.09	9987.88	579.17	4664.05
2010	4987.82	15073.95	2277.38	5096.55
2011	4229.27	21012.10	1964.52	5443.73
2012	3750.87	21919.35	2228.97	6765.62
2013	4722.07	22119.02	2444.54	4068.37
2014	5876.21	20102.51	4851.77	4613.94
2015	4922.66	21958.27	7983.75	6310.99
2016	6438.24	18764.22	4881.97	6723.70
2017	5888.50	17638.77	9981.81	6987.00
2018	6880.46	13907.37	4831.80	8161.13
2019	12005.51	13587.83	3974.08	11287.16

表 3-11 和图 3-10 反映了各经济区域与日常活动相关的政府补助在 2017~2019 年的年度趋势。从规模上，依然是东部地区最高，其他三个地区与东部有明显差异；从与日常活动相关的政府补助占比水平来看，东部和西部地区与其他地区差异显著；从与日常活动相关的政府补助占比趋势来看，东部也存在与其他地区的明显差异。具体为：①在东部和西部地区，与日常活动相关的政府补助占比整体较高，各年均在 90% 以上。东北整体最低，2017 年和 2018 年都不足90%，2018 年尚不足 80%。中部地区居中，2017 年和 2019 年占比不足 90%，但2019 年占比非常接近 90%。②除了东部地区以外，其他地区 2019 年相较于 2017年的政府补助水平都有所上升。东北上升程度最为明显，其次为中部，再次为西部。政府补助规模最大的东部地区，其与日常活动相关的政府补助占比呈逐年下降趋势。

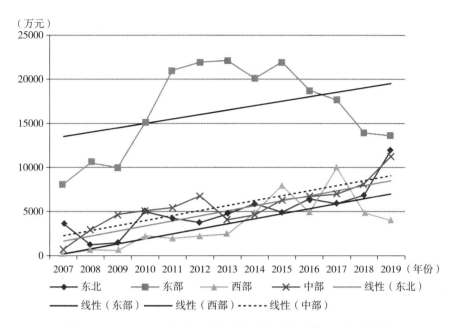

图 3-9 2007~2019 年公用事业企业政府补助总额地区年度趋势

表 3-11 公用事业企业不同类型政府补助行业地区趋势 单位：万元,%

行业	补助类型 / 年份 / 指标	与日常活动相关的政府补助			与非日常活动相关的政府补助		
		2017	2018	2019	2017	2018	2019
东北	均值	4664.49	4838.20	6782.60	1164.74	1546.07	288.09
	中位数	1458.91	2010.16	1711.12	133.49	93.92	0.00
	最大值	36800.61	35525.55	39124.59	12829.43	8860.46	2014.32
	最小值	84.15	33.74	32.60	0.00	0.00	0.00
	标准差	9808.12	9032.68	11587.97	3377.34	3243.51	761.19
	占比	80.02	75.78	95.93	19.98	24.22	4.07
东部	均值	18460.22	13272.96	13843.88	805.30	1184.66	1502.24
	中位数	2932.19	3814.69	3366.07	28.00	149.64	13.83
	最大值	229063.90	156314.10	240529.20	18317.29	19726.20	14537.80
	最小值	1.00	9.80	1.01	0.00	0.00	0.00
	标准差	48163.97	30720.81	37947.68	2685.07	3398.08	3814.89
	占比	95.82	91.81	90.21	4.18	8.19	9.79

续表

补助类型 年份 行业　指标	与日常活动相关的政府补助			与非日常活动相关的政府补助		
	2017	2018	2019	2017	2018	2019
西部　均值	9648.87	3855.11	3734.54	179.81	273.84	56.82
中位数	1157.84	1200.40	1184.06	28.05	19.80	14.24
最大值	131896.00	36972.13	34765.41	1910.07	1723.76	302.28
最小值	4.01	10.47	7.92	0.00	0.00	0.00
标准差	27736.83	7622.95	7268.16	423.37	487.27	93.73
占比	98.17	93.37	98.50	1.83	6.63	1.50
中部　均值	6098.03	6518.50	8070.22	1188.61	479.68	944.06
中位数	3778.79	2173.62	1916.37	80.00	163.19	60.00
最大值	33642.40	42509.60	51309.00	11301.10	2816.00	8013.40
最小值	22.38	39.45	43.84	0.00	0.00	0.00
标准差	8241.34	9881.88	12835.73	2810.57	843.14	2100.43
占比	83.69	93.15	89.53	16.31	6.85	10.47

注：占比指与日常活动相关的政府补助或与非日常活动相关的政府补助占政府补助总额比重。

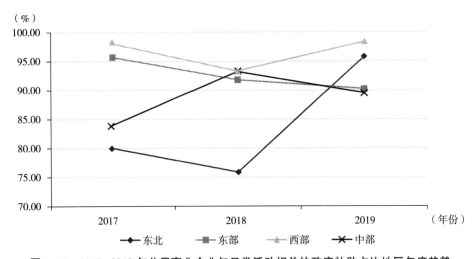

图3-10　2017~2019年公用事业企业与日常活动相关的政府补助占比地区年度趋势

3.2 我国公用事业企业财务政策现状

3.2.1 营运资本政策

（1）公用事业企业整体上属于激进型的营运资本筹资策略。

营运资本筹资策略指总体上流动资产筹资选择短期资金来源还是长期资金来源，或者两者兼而有之，具体分为：配合型、保守型和激进型。根据图 3-11、表 3-12，2007~2019 年，我国公用事业企业上市公司基本上采用的是激进型的营运资本筹资策略。

如图 3-11 所示，2007~2019 年，124 家公用事业企业整体上营运资本是负值，企业的流动负债不仅为流动资产融通资金，还解决了部分长期资产的资金需要。净营运资本在样本期间整体上也是负值，企业经营性负债、临时性负债不仅要满足经营性资产、临时性资产的融资需求，还要满足部分永久性资产的资金缺口。

进一步分析，2007~2019 年的 124 家公用事业企业，剔除净营运资本缺失值后的样本数各年分别为 95、99、103、104、105、112、117、118、118、122、122、122、122，净营运资本为负的样本数各年分别有 44、43、61、61、55、62、68、70、77、70、69、68、55。除了 2007 年、2008 年和 2019 年，其余年份净营运资本为负值的样本数均占总样本数的半数以上。

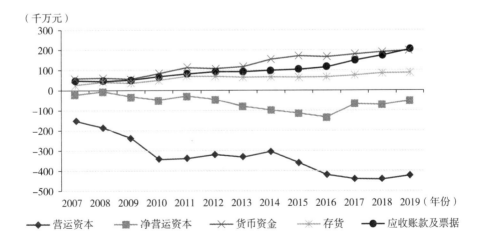

图 3-11 2007~2019 年公用事业企业营运资本情况（绝对数）

表3-12 公用事业企业营运资本情况

年份	绝对数（千万元）					相对数（%）				
	营运资本①	净营运资本②	货币资金③	存货④	应收账款及票据⑤	⑥=①/总资产	⑦=②/总资产	⑧=③/流动资产⑤	⑨=④/流动资产	⑩=⑤/流动资产
2007	-151.32	-22.30	59.20	26.73	47.53	-14.69	-2.16	38.47	17.37	30.88
2008	-185.75	-6.38	61.71	40.34	44.83	-15.75	-0.54	35.12	22.96	25.52
2009	-237.52	-31.10	56.00	35.81	51.21	-16.03	-2.10	31.29	20.00	28.61
2010	-343.68	-48.53	83.66	49.84	68.06	-18.80	-2.65	35.22	20.98	28.65
2011	-338.92	-28.68	112.12	69.28	81.34	-15.69	-1.33	34.97	21.61	25.37
2012	-318.85	-44.99	107.92	68.67	91.86	-13.78	-1.94	32.66	20.78	27.80
2013	-331.65	-79.19	117.16	64.73	92.20	-13.60	-3.25	35.14	19.41	27.65
2014	-303.71	-97.28	153.33	66.22	98.67	-11.43	-3.66	40.49	17.49	26.06
2015	-359.80	-114.90	170.35	64.84	103.51	-11.93	-3.81	41.21	15.68	25.04
2016	-419.75	-133.78	166.06	65.71	114.81	-12.88	-4.11	37.72	14.93	26.08
2017	-439.78	-67.49	178.97	74.13	148.42	-12.28	-1.88	35.38	14.65	29.34
2018	-442.14	-71.33	190.13	85.05	172.82	-11.62	-1.87	34.18	15.29	31.07
2019	-423.47	-51.50	196.95	86.42	202.93	-10.45	-1.27	32.37	14.20	33.35
平均	-330.49	-61.34	127.20	61.37	101.40	-13.76	-2.35	35.69	17.22	28.45

注：营运资本＝流动资产－流动负债。净营运资本＝流动资产－货币资金－无息流动负债。

鉴于激进型营运资本融资政策收益和风险较高，故一般而言，采用这种政策的企业资本成本（投资者要求的最低报酬率）相对较低。汪平和苏明（2016）曾针对 2000~2014 年的公用事业上市公司和非公用事业上市公司的资本成本用 PEG、Gordon、CAPM 和 GLS 等多种方法进行了对比研究，发现无论是债务资本成本、股权资本成本，还是加权平均资本成本，公用事业企业都明显低于非公用事业企业。公用事业企业整体经营稳定，投资者投资风险较低，要求的必要报酬率也会相应下降。资本成本低与公用事业企业的行业特征密切相关。由此而言，行业特征是公用事业企业采用激进型的营运资本政策的一个重要影响因素。

（2）货币资金、应收账款和票据、存货是公用事业企业营运资本投资的主要方向。

样本期间，公用事业企业的货币资金、应收账款和票据、存货构成了流动资产的主要部分，整体约占 80%。货币资金、应收账款和票据属于金融资产，二者之和约占流动资产的 53%。亦即公用事业企业的流动资产大部分占用在金融资产上。不过，与其他类型的金融资产不同的是，实务中企业持有应收账款和票据的目的多是到期收回债权即可，故可归类以摊余成本计量的金融资产，包括货币资金也归为以摊余成本计量的金融资产中进行核算。按现行会计准则，金融资产分为以摊余成本计量的金融资产、以公允价值计量变动计入当期损益的金融资产和以公允价值计量变动计入其他综合收益的金融资产。后两种金融资产的现金流动非常不稳定，故持有风险较高。所以公用事业企业虽然将流动资产大多数投在金融资产上，但持有风险并不高。

如图 3-12 所示，企业的营运资本在样本期间略有起伏，无论是营运资本占总资产的比例，还是营运资本中货币资金、应收账款和票据、存货在流动资产中的比重各年波动不大，这表明公用事业企业的营运资本政策相对稳定。

3.2.2　投资政策

表 3-13 和图 3-13 统计了公用事业企业主要的对内投资和对外投资情况。其中对外投资主要包括金融资产投资①，对内投资主要包括固定资产投资和无形资产投资。

---

①　长期股权投资不执行金融资产系列准则，其遵循的是《企业会计准则第 2 号——长期股权投资》，但长期股权投资本质上属于金融资产，故此处也将其统计在内。

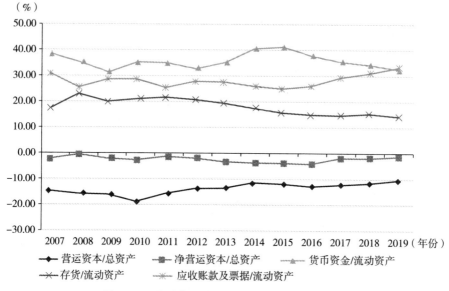

（%）

图 3-12 公用事业企业营运资本情况（相对数）

表 3-13 公用事业企业投资情况 单位：%

年份	固定资产/总资产	（无形资产+开发支出）/总资产	对内投资/总资产	交易性金融资产/金融资产	债权投资/金融资产	其他权益工具投资和其他债权投资/金融资产	长期股权投资/金融资产	对外投资/总资产
2007	55.16	2.00	57.15	2.17	1.09	35.24	61.49	12.68
2008	53.29	2.72	56.02	2.90	1.13	9.01	86.96	8.80
2009	56.56	2.42	58.99	7.24	0.81	10.93	81.02	9.37
2010	56.57	3.01	59.57	3.84	0.36	9.48	86.32	8.83
2011	54.02	3.24	57.26	3.33	0.46	6.93	89.29	8.90
2012	53.99	4.10	58.09	1.12	0.40	7.71	90.77	9.45
2013	54.80	4.21	59.01	2.13	0.56	7.42	89.89	9.61
2014	54.83	4.53	59.36	1.73	0.37	17.44	80.45	10.22
2015	54.67	4.72	59.39	1.46	0.01	17.08	81.45	9.49
2016	55.31	4.57	59.88	1.07	0.00	17.16	81.77	9.43
2017	55.71	4.52	60.23	1.41	0.00	18.49	80.10	9.32
2018	57.76	4.94	62.70	5.68	0.07	16.39	77.86	9.22
2019	57.28	4.98	62.27	7.55	0.53	11.45	80.47	9.32
平均	55.38	3.84	59.22	3.20	0.45	14.21	82.14	9.47

注：对内投资=固定资产+无形资产+开发支出，对外投资=交易性金融资产+债权投资+其他权益工具投资和其他债权投资+长期股权投资。

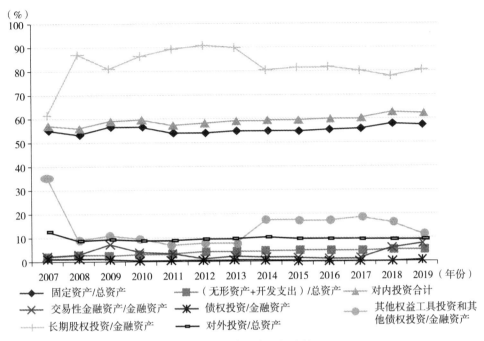

图 3-13　公用事业企业投资情况

（1）以对内投资为主，对外投资为辅。

2007~2019 年，不仅整体上公用事业企业的对内投资规模远高于对外投资规模，各年亦是如此。各年对内投资规模高于对外投资规模的公用事业企业家数分别为 89 家、97 家、102 家、102 家、104 家、111 家、115 家、112 家、117 家、121 家、119 家、120 家、120 家。对外金融资产投资的目的主要是获取投资收益，是一种虚拟产业活动；对内固定资产和无形资产投资主要服务于企业的生产经营活动，目的是扩大企业的再生产活动，是实体投资。公用事业投资的基本目的是满足一般国民的一般效用、生活的基本需求，与国计民生密切相关。虚拟经济发展与实体经济发展是一个动态平衡、相互交织的过程，但整体而言，实体经济是经济发展的支柱，虚拟经济依赖于实体经济，一定程度上会促进实体经济的发展。2017 年《政府工作报告》强调"抓好金融体制改革。促进金融机构突出主业、下沉重心，增强服务实体经济能力，坚决防止脱实向虚"。公用事业企业目前以对内实体投资为主，对外金融资产投资为辅，不仅是经济发展规律的客观需求，也与其行业目的相适应。

从对内投资所占的比例来看，各年平均水平基本上稳定在 60% 左右。样本企业在 2007~2019 年各年对内投资占比超过 70% 的分别有 21 家、20 家、19 家、20

家、13 家、17 家、22 家、20 家、19 家、18 家、21 家、20 家、20 家，大部分企业都在 70% 以下。作为非货币性资产的固定资产和无形资产占比多少合适，目前并没有统一的、权威的认定。我国《公司法》从 1993 年 12 月 29 日第八届全国人民代表大会常务委员会第五次会议通过之后，历经数次修订。2005 年修订的《公司法》① 第二十七条提道："全体股东的货币出资金额不得低于有限责任公司注册资本的 30%。"之后在《公司法》（2013 修订）和《公司法》（2018 修订）中取消了 30% 的限制。若按 30% 的上限，有限责任公司非货币性资产出资额最高不能超过 70%。2007～2019 年公用事业企业上市公司对内投资占比，除了少数特殊情况的公司外，基本都与《公司法》（2005 修订）中关于"货币资金出资额"的限制规定相契合。著名经济学家宋清辉曾表示，据清晖智库统计，货币资金占总资产的比重在 15%～25% 之间较为合理②。这个标准与《公司法》（2005 修订）的"30% 的上限"比较接近。当然，具体比例多少合适，应根据企业行业特征、经济环境等多方面的因素进行考量，不能一概而论。新《公司法》取消这一标准的限制更多的考虑到了企业的实际情况。

（2）对内投资中，固定资产投资规模最大，研发投资次之。

表 3-13 显示，公用事业企业在样本期间，固定资产占比均值为 55.38%，各年占比也都在 50%～60% 之间。公用事业涉及公共服务基础设施建设较多，固定资产占比较高符合实际情况。根据 WIND 数据统计的全部 A 股上市公司在 2007～2019 年的固定资产占总资产的比例分别为 25.36%、24.99%、24.08%、21.85%、20.63%、21.21%、21.92%、22.01%、21.50%、20.48%、19.19%、19.3%、19.28%，显著低于公用事业企业各年均值水平，如图 3-14 所示。

无形资产与开发支出之和占总资产的比例均值为 3.84%，各年基本上在 2%～5% 之间，样本期间呈上升趋势。根据 WIND 数据统计的全部 A 股上市公司在 2007～2019 年的无形资产与开发支出之和占总资产的比例分别为 4.47%、5.16%、5.07%、4.74%、4.87%、5.19%、5.34%、5.22%、5.06%、4.88%、4.64%、4.81%、4.84%。从图 3-15 看，在样本期间前期，公用事业企业无形资产与开发支出之和占总资产的比例低于全部 A 股上市公司平均水平，但公用事业企业的增长率明显比全部 A 股上市公司高，至 2017 年，已基本接近全部 A 股上市公司均值水平，2018 年和 2019 年两年已经超过全部 A 股上市公司均值水平。公用事业企业对研发创新的重视程度在不断加大，研发投入和无形资产产出水平明显提升。

---

① 主席令 2005 年第 42 号。

② 搜狐网.清晖智库：货币资金占总资产比重 15%～25% 较为合理［EB/OL］.https：//www.sohu.com/a/271655633_112589，2018-10-29.

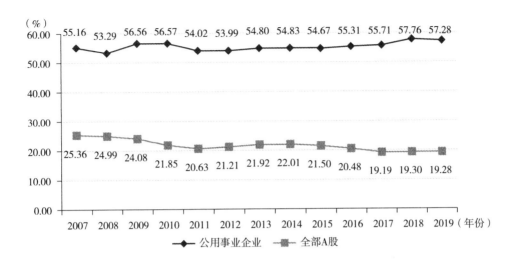

图 3-14 公用事业与全部 A 股上市公司对比：固定资产占总资产的比例

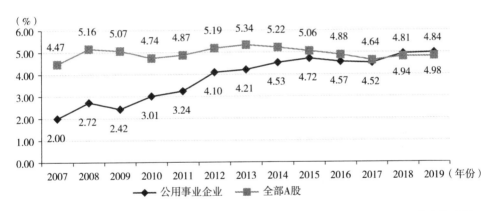

图 3-15 公用事业与全部 A 股上市公司对比：无形资产与开发支出之和占总资产的比例

（3）对外投资中，长期持有目的投资为主，交易目的投资次之。

表 3-13 显示，公用事业企业对外金融资产投资中：长期股权投资所占比例最高，样本期间均值水平达 82.14%；其他权益工具投资和其他债权投资次之，为 14.21%；交易性金融资产第三，为 3.2%；债权投资最低，仅 0.45%。长期股权投资为企业拟长期持有的股权，目的为对被投资企业进行控制、共同控制或施加重大影响。其他权益工具投资和其他债权投资属于以公允价值计量变动记入其他综合收益的金融资产，该类金融资产符合以下特征：①企业管理该金融资产的业务模式既以收取合同现金流量为目标又以出售该金融资产为目标。②该金融资

产的合同条款规定，在特定日期产生的现金流量，仅为对本金和以未偿付本金金额为基础的利息的支付。交易性金融资产为以公允价值计量变动记入当期损益的金融资产，该类金融资产以短期内出售为目的。债权投资为以摊余成本计量的金融资产，该类金融资产应符合下列条件：①企业管理该金融资产的业务模式是以收取合同现金流量为目标。②该金融资产的合同条款规定，在特定日期产生的现金流量，仅为对本金和以未偿付本金金额为基础的利息的支付。可见，后三类金融资产都不具有长期持有的目的，无论是以收取合同现金流量，还是以出售为目的，本质都是获取直接的现金流量收益。而长期股权投资更注重通过对被投资方施加影响来获取间接收益。公用事业企业更注重通过影响被投资方的财务和经营政策来获取间接的长期收益，侧重于企业价值投资。价值投资正是科学的理性投资观所倡导的核心所在。

3.2.3 融资政策

（1）负债融资水平较高，权益融资水平相对较低。

表 3-14　公用事业企业融资情况　　　　单位：%

年份	负债/资产	流动负债/负债	非流动负债/负债	带息负债/负债	无息负债占比	
					无息流动负债/负债	无息非流动负债/负债
2007	60.58	66.78	33.22	62.63	32.85	4.52
2008	65.30	64.29	35.71	64.20	32.19	3.61
2009	69.25	61.80	38.20	60.87	34.91	4.22
2010	71.58	60.46	39.54	58.11	37.11	4.78
2011	64.90	60.03	39.97	58.23	36.06	5.70
2012	64.37	60.97	39.03	58.02	36.48	5.49
2013	57.55	58.98	41.02	58.43	35.69	5.89
2014	59.49	56.76	43.24	57.75	34.68	7.57
2015	57.81	54.93	45.07	57.64	34.01	8.35
2016	53.42	55.64	44.36	55.58	35.80	8.62
2017	53.95	55.98	44.02	59.94	31.51	8.56
2018	55.65	56.86	43.14	58.57	31.84	9.59
2019	56.06	55.15	44.85	57.17	31.65	11.18
平均	60.76	59.12	40.88	59.01	34.21	6.77

样本期间，公用事业企业各年资产负债率平均为 53%～72%，如表 3-14 所示，企业整体负债融资水平高于权益融资水平。公用事业企业上市公司负债水平整体显著高于全部 A 股上市公司负债水平，如图 3-16 所示。并且，根据 WIND 数据统计，全部 A 股上市公司各年资产负债率平均值分别为 69.17%、67.25%、64.75%、52.78%、47.53%、46.51%、45.83%、46.91%、44%、42.63%、41.91%、43.6%、44.29%。除了 2007 年和 2008 年公用事业企业上市公司年均资产负债率水平低于全部 A 股上市公司年均资产负债率水平以外，其余年份均高于全部 A 股上市公司年均水平。虽然样本期间无论是公用事业企业上市公司，还是全部 A 股上市公司，资产负债率的年均水平都呈现出明显的线性向下趋势，但公用事业企业上市公司的下降速度要低于全部 A 股上市公司，如图 3-16 所示。公用事业企业整体上主要融资方式为负债融资，而其他行业从 2011 年以来，基本上是以权益融资为主。

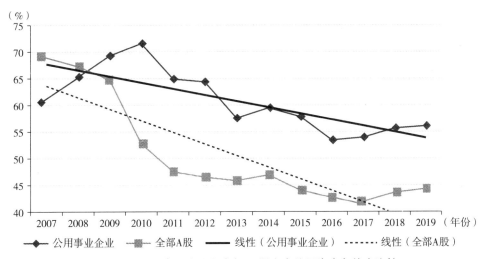

图 3-16 公用事业企业和全部 A 股上市公司资产负债率比较

关于融资优序问题，Myers 和 Majluf（1984）基于信息不对称理论，提出了企业融资的优序原则。该原则假定：①管理者比潜在的投资者更为了解企业的价值；②投资者能理性地解释企业的行为。由于内部经营者和股东之间存在信息不对称问题，股票价格高估时，内部经营者会利用其内部信息发行新股。理性的投资者意识到存在信息不对称问题，而获取内部信息的成本较高，所以当企业宣布发行股票时，投资者会调低对现有股票和新发行股票的估价，导致公司股价下跌。企业经营者也预期到这种情况的存在，故更偏好于内部融资，在不得不进行外部融资时，更倾向于债务融资。

我国股市整体上存在股权融资偏好（倪中新和武凯文，2015；李杰和沈永建，2012；魏成龙和杨松贺，2010）。根据融资优序理论，股权融资可能导致公司市值下降。若理性投资者将股权融资作为外部融资方式的首选，必然是不考虑市值下跌损失时的股权融资净收益大于市值下跌损失。股权融资成本偏低确实是股权融资偏好的重要原因（王振山和王秉阳，2018），构成股权融资成本的各因素约束力的差异导致股权融资成本低于债权融资成本，这是股权融资偏好的一个重要来源（黄少安和钟卫东，2012）。虽然从理论上股东权益具有更高的风险溢价，股权资本成本应高于债务资本成本，但在实务中的确存在相反的现象。王含春等（2014）用三阶段剩余收益贴现模型估算了我国 2006~2010 年电力上市公司的股权资本成本，发现该行业股权资本成本水平相对较低，甚至低于债务资本成本。IPO 声誉溢价越高的企业越偏好上市融资（田素华和刘依妮，2014）。公用事业企业样本期间整体并无显著的股权融资偏好，反而是债务规模较高。根据 Damodaran 的一项研究，美国 2019 年公用事业行业无论是加权平均资本成本、股权资本成本还是债务资本成本，都低于市场平均水平，如表 3-15 所示。相较其他行业，无论是股权融资还是债务融资，公用事业都具有明显的优势。通常，有形资产的债务担保能力更强，可以有效降低债权人因信息不对称所产生的监督成本，提升债务融资能力。有形资产中的固定资产通常金额较大，使用期限较长，成本回收期较长，企业通常会采用分期付款或贷款购买的方式以避免影响资金的正常周转。而根据 3.2.2 的研究结果，公用事业恰属于固定资产占比较高的行业。

表 3-15　2019 年美国资本成本　　　　单位：个,%

行业名称	企业数量	贝塔系数	股权资本成本	权益权重	债务资本成本	税率	税后债务资本成本	债务权重	资本成本
公用事业（一般）	52	0.65	5.96	53.96	3.55	18.45	2.65	46.04	4.44
公用事业（水）	99	0.95	7.78	61.94	4.10	17.68	3.06	38.06	5.99
市场总体	44394	1.08	8.58	58.51	4.10	13.38	3.06	41.49	6.29
市场总体（不包括金融行业）	39677	1.11	8.79	71.51	4.50	13.20	3.36	28.49	7.25

资料来源：Damodaran on line, http：//people. stern. nyu. edu/adamodar/New_ Home_ Page/dataarchived. html。

（2）流动负债融资占比较高，但整体呈下降趋势。

表 3-14 显示，公用事业企业样本期间的流动负债融资占比各年均在 50% 以上。通常，企业的流动负债融资占比越高，说明企业在短期内需要偿还的负债越多，企业的财务风险也越大。所以企业流动负债融资占比不宜过高。企业的融资能力较差的情况下，提高流动负债融资占比影响会更大。公用事业企业流动负债融资占比较高，这与 3.2.1 中"公用事业企业整体上属于激进型的营运资本政策"相契合。公用事业企业融资成本较低，一定程度上可以减少流动负债融资占比较高所引致的财务风险。

不过，随着公用事业企业市场化改革，公用事业的经营风险一定程度上加大。与此相适应，公用事业企业也在不断地调整优化其负债融资结构。2007~2019 年，整体上公用事业企业流动负债融资占比是呈下降趋势的，如图 3-17 所示。2012 年及以前年份，公用事业企业流动负债融资占比都在 60% 以上，2012年以后都低于 60%。2007 年为 66.78%，2019 年已降至 55.15%。

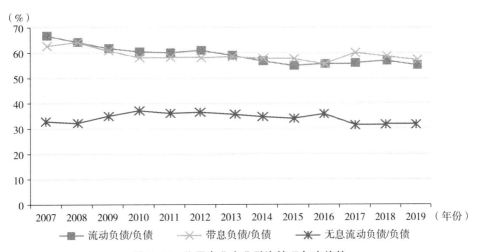

图 3-17　公用事业企业融资情况年度趋势

（3）带息负债融资占比较高，但整体呈下降趋势。

表 3-14 显示，公用事业企业样本期间的带息负债占比各年也均在 50% 以上。通常，企业的经营性负债如应付账款、应付票据、应付职工薪酬、预收账款、应交税费等为不带息负债，带息负债多为外部借款如短期借款和长期借款等。公用事业企业流动负债占比较高，而流动负债中的应付账款、应付票据、预收账款皆为不带息经营性负债，公用事业企业的带息负债占比又较高，故可知公用事业企业流动负债中有较多的短期银行借款。

样本期间，公用事业企业的带息负债占比各年均值呈小幅下降趋势。企业的无息经营性负债用于维持日常生产经营活动的运行，正常情况下不会有太大变化，而带息负债多为外部银行借款，还有应付债券等，这些负债不属于企业日常生产经营活动中产生的负债。企业带息负债占比下降，更大程度上可能是由于企业外部负债融资规模减小，这也与"公用事业企业资产负债率整体呈下降趋势"的现象相契合。

3.2.4 利润分配政策

（1）股利形式以现金股利为主，股票股利次之。

表 3-16 显示，2007~2019 年，各年发放现金股利的企业数量约占全部公用事业企业数量的 61.79%，而利润转增股本的企业数量约占全部公用事业企业数量的 2.95%。公用事业企业发放股利的形式主要是现金股利和股票股利，其中现金股利居多，股票股利次之。

股利是股东获得回报的重要形式，是股东权益的重要保障。上市公司现金分红是资本市场的一项基础性制度。虽然在分红方面企业有一定的自治权力，但为保护股东利益，国家也相应出台了一些强制分红措施。2013 年证监会发布《上市公司监管指引第 3 号——上市公司现金分红》，要求上市公司具备现金分红条件的，应当采用现金分红进行利润分配；上市公司董事会应当综合考虑所处行业特点、发展阶段、自身经营模式、盈利水平以及是否有重大资金支出安排等因素，区分不同情形，并按照公司章程规定的程序，提出差异化的现金分红政策。具体分为以下三种情形：①公司发展阶段属成熟期且无重大资金支出安排的，进行利润分配时，现金分红在本次利润分配中所占比例最低应达到 80%；②公司发展阶段属成熟期且有重大资金支出安排的，进行利润分配时，现金分红在本次利润分配中所占比例最低应达到 40%；③公司发展阶段属成长期且有重大资金支出安排的，进行利润分配时，现金分红在本次利润分配中所占比例最低应达到 20%。图 3-18 显示，虽然近年现金分红比率并没有太大变化，各年仍有一定数量的公用事业企业不发放股利，但发放现金股利的公用事业企业的数量占比却呈明显上升趋势。这在一定程度上说明公用事业企业对股东权益的保护意识在逐步增强。

表 3-16 公用事业企业股利发放情况

年份	公用事业数（个）	现金分红企业数量（个）	发放股票股利企业数量（个）	现金分红企业数量占比（%）	发放股票股利企业数量占比（%）	现金分红比率（%）
2007	86	44	4	51	5	55.86

续表

年份	公用事业数（个）	现金分红企业数量（个）	发放股票股利企业数量（个）	现金分红企业数量占比（%）	发放股票股利企业数量占比（%）	现金分红比率（%）
2008	88	40	6	45	7	99.17
2009	89	38	2	43	2	42.84
2010	93	49	5	53	5	41.59
2011	96	53	5	55	5	43.51
2012	99	65	1	66	1	42.41
2013	100	71	0	71	0	38.24
2014	102	70	3	69	3	23.56
2015	105	72	7	69	7	42.13
2016	106	78	1	74	1	35.68
2017	112	78	1	70	1	39.30
2018	115	81	0	70	0	44.05
2019	124	85	2	69	2	39.83
平均	101	63	2.85	61.79	2.95	42.91

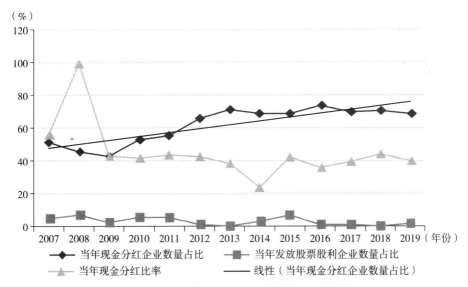

图 3-18　公用事业企业股利发放情况年度趋势

（2）公用事业企业整体执行的是非固定股利支付率政策。

样本期间，公用事业企业不发放现金股利的有 14 家，只有 1 年发放现金股利的为 7 家，13 年全部发放现金股利的为 18 家，发放现金股利年数不低于 9 次的有 45 家，不低于 7 次的有 63 家。有执行发放现金股利政策的企业，也有不执行发放现金股利政策的企业。执行发放现金股利政策的居多，约半数企业发放现金股利的年数超过样本年数的一半。在执行现金股利政策的企业中，除了只发放一次现金股利的企业外，其他企业各年的现金分红比率均不完全相同。有 4 家企业在样本期间现金分红比率的最大值与最小值相差在 5% 以内。整体企业执行的是非固定股利支付率政策。

3.3 本章小结

本章对我国 2007~2019 年公用事业上市公司政府补助和财务政策现状进行了统计分析。

关于公用事业企业政府补助，研究发现：①公用事业企业政府补助规模整体上是逐渐增加的，行业特性决定了公用事业企业在社会经济发展过程中的重要地位和作用，政府补助的支持是其健康发展的重要条件和基础。②政府补助存在显著的行业和地区差异。从行业看：电力行业无论是政府补助总额还是与日常活动相关的政府补助，都显著高于其他行业，燃气行业都落后于其他行业；即便是与非日常活动相关的政府补助，电力行业也是位居前列，燃气行业也是位居后列；各行业内部政府补助也都存在着明显的集中现象。从地区看：东部地区无论是政府补助总额，还是与日常活动相关的政府补助、与非日常活动相关的政府补助，都高于其他地区；其他地区的补助总额，以及与日常活动相关的政府补助规模相差不大；在与非日常活动相关的政府补助方面，西部地区与其他地区有明显差距。无论从行业还是地区看，与日常活动相关的政府补助都是政府补助的重点对象。③政府补助有明显的政策倾向性。该政策倾向性既具有常态表现，也兼有根据社会经济发展程度、企业文化、资源和信息等进行动态调整的特征。

关于公用事业企业的财务政策，研究表明：①公用事业企业不同财务政策之间具有关联性。例如，公用事业企业整体上是激进型的营运资本政策，这与其流动负债融资占比较高的融资政策相一致；固定资产占比较高的对内投资政策与负债融资水平较高的融资政策相一致；带息负债占比下降与资产负债率整体下降的趋势相吻合。②财务政策具有明显的公用事业企业行业特征。例如，公用事业企业涉及较多基建投资的特征决定了其固定资产占比较高的对内投资政策；公用事业企业经营风险较低的特征会降低其资本成本，进而对其实行激进型的营运资本财务政策和负债融资政策有重要影响。③财务政策逐渐加大了对企业创新和投资者利益的保护。例如，公用事业企业无形资产与开发支出之和占总资产的比例的增长率高于全部 A 股上市公司水平，发放现金股利的公用事业企业的数量占比呈明显上升趋势。

　　财务政策对公用事业企业的发展有具体指引作用。财务政策的制定受制于宏观经济环境和企业环境资源等多方面的因素。政府补助体现了政策导向，对企业资源环境的改善具有重要作用，进而会影响到企业财务政策的制定。本章内容为后续章节中对政府补助和财务政策关系的实证研究奠定了现实基础。

4 我国公用事业企业股权结构特征

财务政策是既定财务环境下的产物。财务环境是作用于企业财务行为的各种内部和外部因素，包括外部宏观财务环境和内部微观财务环境。外部宏观财务环境有经济环境、法律环境、金融环境、政治环境和社会环境等，内部微观财务环境包括公司治理、企业文化和管理制度等。有效的公司治理是建立现代企业制度的关键。不同的股权结构与不同的治理模式相匹配。西方国家主要有两种类型的公司治理模式：一种是与以美国、英国为代表的公司股权结构相适应的"公司控制市场主导型"模式。这种模式与其高度分散的股权结构相适应；另一种是与以日本、德国为代表的公司股权结构相适应的"银行控制主导型"模式，这种模式下股权相对集中。公司股权结构是公司治理结构的重要基础。股东和管理者之间的代理问题是现代公司治理无法回避的一个难题，股东和管理者之间博弈的结果一定程度上影响到公司治理效率，股权结构在这场博弈中至关重要。

本部分基于我国上市公司数据，对公用事业企业 2007～2019 年股权结构现状进行了调查研究。股权结构主要包括股权集中度和股权性质两个方面。一般情况下，第一大股东作为拥有表决权最多的投资者，对被投资企业的经营管理最具有发言权。与之相适应，第一大股东持股比例对公司在经营管理活动中的决策及代理问题的程度都会产生重要影响。本章使用第一大股东持股比例对公用事业企业的股权集中度进行分析，股权性质主要从股本流通性和持股人性质两方面进行考察。研究数据来自 WIND 和 CSMAR 数据库。

4.1 我国公用事业企业股权结构整体情况分析

4.1.1 股权集中度分析

在股权集中度的研究样本中，剔除缺失值，公用事业企业有 1254 个样本，非公用事业企业有 34735 个样本。各年分布见表 4-1。从样本数看，虽然各年公用事业企业、非公用事业企业的数量都在不断增加，但公用事业企业数量在全部上市公司中的比例在逐年下降，公用事业企业数量增加的速度要低于非公用事业企业。虽然目前公用事业企业发展速度从上市数量占比而言低于其他行业，但上市数量却在逐年增加，表明国家在逐步推进公用事业企业市场化。通过向社会公开募集非国有资本进入公用事业企业领域，以优化企业的股权结构，提升整个社会资源的配置效率，发展壮大公用事业。"市政公用事业市场化，是指在我国市政公用事业领域，市场机制在资源配置过程中的基础性作用不断增强，多元竞争的市场结构逐步形成，主管部门的主要职责由直接的行政管理向间接的市场监管方面转变，通过改革努力寻求资源配置方式中政府与市场的最佳结合点的过程"①。早在 2002 年，建设部就发布了《关于加快市政公用行业市场化进程的意见》②，指出要妥善处理好改革、发展、稳定的关系，解决好市场化过程中出现的实际问题，积极稳妥地推进市政公用行业市场化进程；要加快市政公用行业市场化进程，建立特许经营制度是建立社会主义市场经济体制的必然要求，是市政公用行业的一项重大改革；鼓励社会资金、外国资本采取独资、合资、合作等多种形式，参与市政公用设施的建设，形成多元化的投资结构。2003 年中共十六届三中全会通过的《中共中央关于完善社会主义市场经济体制若干问题的决定》明确指出要放宽市场准入，允许非公有资本进入法律法规未禁入的基础设施、公用事业及其他行业和领域。

表 4-1　公用事业企业占全部上市公司样本比重

年份	公用事业企业样本（个）	非公用事业企业样本（个）	公用事业企业样本占全部上市公司样本比重（%）
2007	81	1473	5.50
2008	83	1543	5.38
2009	85	1733	4.90
2010	88	2070	4.25
2011	91	2348	3.88
2012	94	2527	3.72
2013	96	2557	3.75
2014	98	2774	3.53
2015	102	3109	3.28
2016	104	3347	3.11

---

① 引自住建部网站"李东序谈市政公用事业改革"一文，http：//www.gov.cn/govweb/zwhd/ft3/20061221/content_476394.htm。

② 建城〔2002〕272 号。

续表

年份	公用事业企业样本（个）	非公用事业企业样本（个）	公用事业企业样本占 全部上市公司样本比重（%）
2017	108	3633	2.97
2018	111	3732	2.97
2019	113	3889	2.91
合计	1254	34735	3.61

（1）公用事业企业股权较为集中，但集中程度逐渐降低。

表 4-2　我国上市公司第一大股东持股比例　　　　单位：个,%

年份	样本	均值	中位数	标准差	最小值	最大值
2007	1554	36.30	34.36	15.97	0.82	100.00
2008	1626	36.69	34.76	16.18	3.74	100.00
2009	1818	37.30	34.86	16.81	3.64	100.00
2010	2158	37.05	35.00	16.64	3.50	100.00
2011	2439	36.81	34.93	16.37	2.20	100.00
2012	2621	37.29	35.13	16.79	2.12	100.00
2013	2653	37.06	34.98	16.97	2.20	100.00
2014	2872	36.85	34.56	16.86	2.20	100.00
2015	3211	36.36	33.90	16.77	0.29	100.00
2016	3451	35.33	32.98	16.11	4.15	100.00
2017	3741	34.44	32.16	15.29	4.15	100.00
2018	3843	34.38	31.84	15.42	3.00	100.00
2019	4002	33.61	30.83	15.13	3.00	100.00

表 4-2 显示，2007~2019 年间，我国上市公司数量不断增加，各年第一大股东持股比例平均水平都在 30%~40% 之间。一般而言，第一大股东持股比例 30% 以上算集中。我国《股份有限公司国有股股东行使股权行为规范意见》[①] 规定：国家绝对控股的公司，国有股比例下限定为 50%（不含 50%）；国家相对控股的公司，国有股比例下限定为 30%（不含 30%），国有股股东须是第一大股东。由此可见各年上市公司整体上为相对集中的股权结构，且控制权多掌握在第一大股

———————

① （97）国资办发第 32 号。

东手中。

通过比较第一大股东持股比例的均值与中位数，发现 2007~2019 年各年的均值均大于中位数，说明大部分上市公司第一大股东持股比例小于平均水平。上市公司之所以出现股权集中度较高的情况，原因之一是不足一半的上市公司的第一大股东持股比例过高，从而拉动了整个上市公司的股权集中度。不过，样本期间第一大股东持股比例的线性趋势线显示，我国上市公司的股权集中度整体是在下降的，如图 4-1 所示。

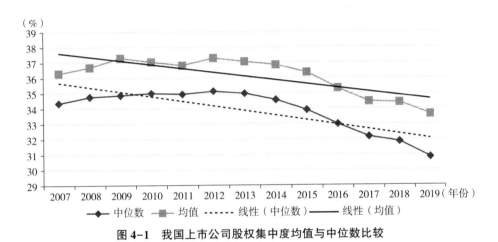

图 4-1　我国上市公司股权集中度均值与中位数比较

进一步将上市公司分为公用事业企业和非公用事业企业，发现在公用事业企业中，2007~2019 年各年第一大股东持股比例亦超过 30%，非公用事业企业中亦是如此，如表 4-3 和表 4-4 所示。

表 4-3　我国公用事业企业上市公司第一大股东持股比例　　单位：个,%

年份	样本	均值	中位数	标准差	最小值	最大值
2007	81	38.11	36.79	17.25	9.23	78.14
2008	83	38.69	39.15	17.12	9.23	78.14
2009	85	39.99	39.88	18.13	5.85	85.00
2010	88	39.59	39.33	17.84	3.50	84.92
2011	91	39.00	38.88	17.62	2.20	83.43
2012	94	39.05	36.64	18.31	2.20	84.11
2013	96	39.03	35.96	18.76	2.20	93.10
2014	98	39.27	37.29	18.72	2.20	93.10

续表

年份	样本	均值	中位数	标准差	最小值	最大值
2015	102	39.39	38.45	17.42	0.29	84.11
2016	104	39.08	37.70	16.90	5.00	80.00
2017	108	37.75	36.56	15.95	5.00	70.40
2018	111	37.81	35.34	15.33	5.00	70.40
2019	113	38.47	36.90	15.15	7.14	69.50

表 4-4　我国非公用事业企业上市公司第一大股东持股比例　单位：个,%

年份	样本	均值	中位数	标准差	最小值	最大值
2007	1473	36.20	34.32	15.89	0.82	100.00
2008	1543	36.58	34.54	16.13	3.74	100.00
2009	1733	37.17	34.74	16.74	3.64	100.00
2010	2070	36.94	34.73	16.58	3.64	100.00
2011	2348	36.73	34.72	16.31	3.62	100.00
2012	2527	37.23	35.11	16.73	2.12	100.00
2013	2557	36.99	34.92	16.89	2.67	100.00
2014	2774	36.76	34.43	16.79	3.20	100.00
2015	3109	36.26	33.79	16.74	3.20	100.00
2016	3347	35.21	32.89	16.07	4.15	100.00
2017	3633	34.35	32.06	15.26	4.15	100.00
2018	3732	34.28	31.66	15.41	3.00	100.00
2019	3889	33.47	30.69	15.11	3.00	100.00

　　进一步观察公用事业企业和非公用事业企业第一大股东持股比例的中位数和均值，发现与上市公司整体情况类似，基本每年的均值都大于中位数。这进一步印证了我国上市公司的股权结构较为集中的特点。从图 4-2 和图 4-3 中可以直观地看出，2011 年之后，公用事业企业第一大股东持股比例的均值和中位数的差距明显大于 2011 年及以前年份，而非公用事业企业第一大股东持股比例的均值和中位数的差距相对稳定。公用事业企业和非公用事业企业在样本期间的线性趋势线虽然都呈下行趋势，但公用事业的线性趋势线没有非公用事业企业的线性趋势线陡峭。这意味着：虽然这两类企业股权集中度整体上都在逐渐下降，但公用事业企业下降的速度要低于非公用事业企业。

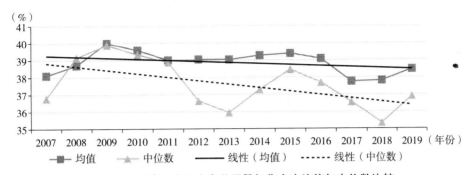

图4-2 公用事业企业上市公司股权集中度均值与中位数比较

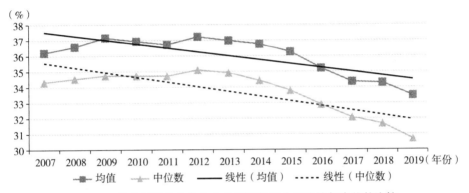

图4-3 非公用事业企业上市公司股权集中度均值与中位数比较

（2）公用事业企业股权集中度整体显著大于非公用事业企业。

我国上市公司公用事业企业与非公用事业企业虽然股权整体上都比较集中，但公用事业企业集中程度更高。表4-5显示，公用事业企业各年的第一大股东持股比例均比非公用事业企业要高，图4-4更为明显地体现出了这一特征。对各年公用事业企业和非公用事业企业股权集中度进行的均值t检验结果表明：2007~2019年的13年中，有8年二者均存在显著性差异，尤其是2014年及以后年份，显著性水平明显上升，二者差异进一步扩大。2014年，公用事业企业与非公用事业企业的第一大股东持股比例在10%的水平上存在显著性差异，此后三年均在5%的水平上存在显著性差异，2018年和2019年则达到了1%的显著性水平。整体上，公用事业企业的第一大股东持股比例在1%的水平上显著高于非公用事业企业。

表 4-5　公用事业企业与非公用事业企业股权集中度对比

年份	公用事业企业（%）	非公用事业企业（%）	单样本 t 检验（单侧：公用事业企业> 非公用事业企业）（p 值）
2007	38.11	36.20	0.1665
2008	38.69	36.58	0.1378
2009	39.99	37.17	0.0816*
2010	39.59	36.94	0.0873*
2011	39.00	36.73	0.1140
2012	39.05	37.23	0.1727
2013	39.03	36.99	0.1473
2014	39.27	36.76	0.0966*
2015	39.39	36.26	0.0387**
2016	39.08	35.21	0.0116**
2017	37.75	34.35	0.0154**
2018	37.81	34.28	0.0093***
2019	38.47	33.47	0.0004***
整体			0.0000***

注：***、**、*分别代表在1%、5%、10%的水平上显著。

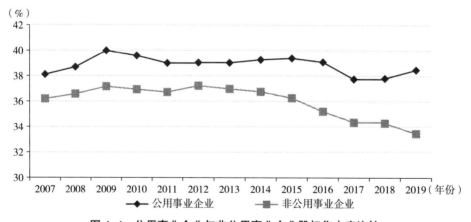

图 4-4　公用事业企业与非公用事业企业股权集中度比较

　　集中的股权制度有利于控股股东对被投资企业经营活动的指导和管理，能有效提高财务决策的效率。对公用事业企业而言，由于多涉及国计民生行业，出于国家管控需要，适度的集中是有必要的。

（3）公用事业企业股权集中度的离散程度整体呈下降趋势。

虽然公用事业企业与非公用事业企业股权整体都比较集中，但通过比较二者的变异系数发现：基本上以 2014 年为界，在 2014 年及以前，非公用事业企业小于公用事业企业，非公用事业企业股权集中度离散程度小于公用事业企业；而自 2015 年开始，非公用事业企业变异系数大于公用事业企业，非公用事业企业股权集中度离散程度转而大于公用事业企业，如表 4-6 所示。

表 4-6 公用事业企业与非公用事业企业股权离散程度比较

年份	公用事业企业变异系数	非公用事业企业变异系数
2007	0.452598	0.439014
2008	0.442552	0.440767
2009	0.453296	0.450243
2010	0.450618	0.448926
2011	0.451702	0.444175
2012	0.468872	0.449287
2013	0.480695	0.456768
2014	0.476703	0.456739
2015	0.442249	0.461727
2016	0.432516	0.456466
2017	0.422605	0.444284
2018	0.405368	0.449634
2019	0.393806	0.451538
平均	0.444121	0.449967

图 4-5 更直观地体现了两类企业股权集中度离散程度的发展趋势。股权集中度离散程度越高，说明不同企业的第一大股东持股比例差距越大。公用事业企业股权集中度的离散程度近几年明显呈下降趋势，说明不同公用事业企业的第一大股东持股比例差距在缩小。反观非公用事业企业，其股权集中度的变异系数呈缓慢上升趋势，说明非公用事业企业之间的第一大股东持股比例差距在逐步扩大。

通常，企业控制权掌握在第一大股东手里。但在特殊情况下，股东可以根据"实质重于形式"的原则，通过潜在表决权、代理表决权、合同的约定及其他一

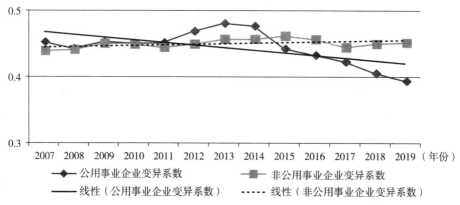

图4-5 公用事业企业与非公用事业企业股权集中度变异系数比较

些事实或情况来取得控制权。非公用事业企业第一大股东持股比例的离散程度不断加大且第一大股东持股比例逐渐下降的情况表明非公用事业企业的控股股东的控股方式在逐渐多元化，企业的实际控制人在不断通过股权以外的其他渠道加大对被投资企业的控制程度。

公用事业企业之间的第一大股东持股比例差距在逐步缩小，说明公用事业企业的控股方式相对单一。当前，公用事业企业更多地通过股权持有这种方式达到对被投资企业的控制。这也印证了下面这种现象：非公用事业企业第一大股东持股比例的最大值为100%（见表4-4），最小值为0.82%（见表4-4），公用事业企业第一大股东持股比例的最大值为93.1%（见表4-3），最小值为0.29%（见表4-3），非公用事业企业的第一大股东持股比例的最大值和最小值都高于公用事业企业的第一大股东持股比例的最大值和最小值，但为何公用事业企业第一大股东的持股比例各年均值整体高于非公用事业企业？理论上，出现这种情况的原因可能为：①在公用事业企业中，第一大股东持股比例较高的企业数量偏多，从而提升了该行业第一大股东持股比例的均值水平；②而在非公用事业企业中，第一大股东持股比例较高的企业数量相对较少，从而降低了整个非公用事业行业第一大股东持股比例的均值水平。

（4）公用事业企业中，规模越大的企业，股权集中度通常越高。

根据表4-7，公用事业企业中，没有微型企业，小型企业仅占0.88%，大型和中型企业共占99.12%；非公用事业企业中，微型企业占0.18%，小型企业占2.93%，大型和中型企业共占96.89%。

表 4-7 公用事业企业与非公用事业企业规模对比①

企业类型	大型企业		中型企业		小型企业		微型企业		合计	
	个数	占比（%）	个数	占比（%）	个数	占比（%）	个数	占比（%）	个数	占比（%）
公用事业企业	82	72.57	30	26.55	1	0.88	0	0.00	113	100
非公用事业企业	2816	73.64	889	23.25	112	2.93	7	0.18	3824②	100
合计	2898	—	919	—	113	—	7	—	3937	—

通常而言，企业规模越大，少数群体满足企业的资本需求越困难，企业的股权结构会更分散。但在我国上市公司中却出现了相反的现象。根据表 4-8、图 4-6 和图 4-7，无论是公用事业企业还是非公用事业企业的第一大股东持股比例，都是大型企业>中型企业>小型企业。只有非公用事业企业中的微型企业例外。非公用事业企业中，2009 年及以前年份微型企业的第一大股东持股比例均大于其他类型的企业；2010~2013 年，虽然微型企业的第一大股东持股比例小于大型企业，但仍大于或等于中型企业；2014 年及以后年份，微型企业的第一大股东持股比例小于大型和中型企业，但仍大于小型企业。

表 4-8 不同规模的企业的第一大股东持股比例　　　　　单位：%

年份	公用事业企业				非公用事业企业			
	大型	中型	小型	微型	大型	中型	小型	微型
2007	38.90	34.92	—	—	37.37	32.13	28.16	41.59
2008	39.87	34.44	—	—	37.89	31.80	28.10	41.41
2009	41.33	35.02	—	—	38.46	32.55	27.44	39.84
2010	40.97	35.25	27.82	—	38.03	32.96	29.62	37.34
2011	40.50	34.32	27.82	—	37.88	32.88	28.25	35.52
2012	41.14	32.81	27.81	—	38.36	33.91	26.91	35.29
2013	40.99	33.54	24.31	—	37.97	34.26	26.27	34.26

① 企业规模划分依据：农、林、牧、渔业，采矿业，制造业，电力、热力、燃气及水生产和供应业，建筑业，批发和零售业，交通运输、仓储和邮政业，住宿和餐饮业，信息传输、软件和信息技术服务业，房地产业，租赁和商务服务业，科学研究和技术服务业，水利、环境和公共设施管理业，居民服务、修理和其他服务业，文化、体育和娱乐业等 15 个行业门类以及社会工作行业，参照《大类统计上大中小微型企业划分办法（2017）》；金融型企业规模参考银发〔2015〕309 号《金融业企业划型标准规定》。
② 截至 2019 年底，非公用事业企业第一大股东持股比例，剔除缺失值后样本 3889 个，但在这 3889 个样本中，有 65 个样本规模缺失，故此处统计数据为 3824。

续表

年份	公用事业企业				非公用事业企业			
	大型	中型	小型	微型	大型	中型	小型	微型
2014	41.22	34.07	22.09	—	37.70	34.15	26.78	33.93
2015	41.53	33.68	19.02	—	36.85	35.18	26.75	31.96
2016	41.03	34.35	19.00	—	35.76	34.03	27.18	31.65
2017	39.81	32.83	19.00	—	34.96	32.92	26.49	31.80
2018	40.08	32.36	19.00	—	34.80	33.15	26.57	31.80
2019	40.98	32.25	19.00	—	33.90	31.89	27.27	29.99
平均	40.64	33.83	22.49	—	36.92	33.22	27.37	35.11

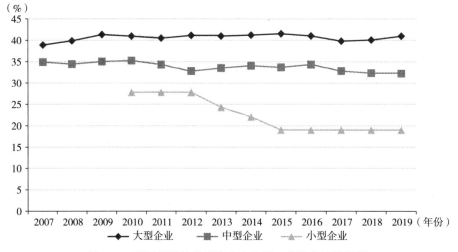

图4-6　不同规模的公用事业企业第一大股东持股比例

此外，根据图4-6和图4-7发现，不同规模的公用事业企业第一大股东持股比例差异要大于不同规模的非公用事业企业。从年度均值看，公用事业企业样本期间大型企业第一大股东持股比例均值为40.64%，中型企业第一大股东持股比例均值为33.83%，比大型企业低了约7个百分点，小型企业第一大股东持股比例均值为22.49%，比大型企业低了约18个百分点，比中型企业低了约11个百分点。非公用事业企业样本期间大型企业第一大股东持股比例均值为36.92%，中型企业第一大股东持股比例均值为33.22%，比大型企业低近4个百分点，小型企业第一大股东持股比例均值为27.37%，比大型企业低约10个百分点。公用事业行业不同规模企业之间股权集中度的差异要大于其他行业。这再次印证了公

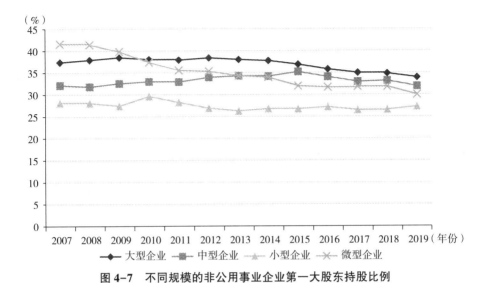

图 4-7 不同规模的非公用事业企业第一大股东持股比例

用事业企业整体上股权集中度要高于非公用事业企业。

4.1.2 股权性质分析

（1）基于股本流通性的分析。

本部分根据企业股本流通性，将上市公司股权分为流通股和非流通股。流通股是指上市公司股份中，可以在交易所流通的股份数量。非流通股股票主要是指暂时不能上市流通的国家股和法人股。剔除缺失值，公用事业企业有 1227 个样本，非公用事业企业有 32028 个样本。各年分布如表 4-9 所示。

表 4-9 公用事业企业样本占全部上市公司样本比重

年份	公用事业企业样本（个）	非公用事业企业样本（个）	公用事业企业样本占全部上市公司样本比重（%）
2007	80	1414	5.35
2008	82	1467	5.29
2009	83	1622	4.87
2010	87	1968	4.23
2011	90	2201	3.93
2012	93	2328	3.84
2013	94	2375	3.81
2014	96	2491	3.71

年份	公用事业企业样本（个）	非公用事业企业样本（个）	公用事业企业样本占全部上市公司样本比重（%）
2015	98	2687	3.52
2016	100	2983	3.24
2017	106	3357	3.06
2018	108	3459	3.03
2019	110	3676	2.91
合计	1227	32028	3.69

1）无论是公用事业企业还是非公用事业企业，股本流通性都在逐渐增强，公用事业企业股本流通性上升速度高于非公用事业企业。股本流通性的增加有利于提高股市的活跃度，使市场对企业进行正确定价，将股东的利益与企业的利益真正有效结合起来，从而带动股市的发展。2005年，随着中国证监会发布的《上市公司股权分置改革管理办法》①的实施，我国股权分置改革进入到了全面开展阶段。上市公司股权分置改革，是通过非流通股股东和流通股股东之间的利益平衡协商机制，消除A股市场股份转让制度性差异的过程。股权分置改革有利于资本市场的改革开放和健康、稳定发展，保护投资者的合法权益。如表4-10和图4-8所示，我国上市公司流通股占企业股本总数的一半以上，并且流通股和非流通股占比差距在逐年加大。这一现象与我国股权分置改革的要求相一致。

在股权分制改革过程中，公用事业企业表现非常突出，其流通股比例的上升速度高于上市公司的整体水平。2007年公用事业和非公用事业流通股占比相差还不到1个百分点，仅三年的时间，至2010年二者相差已经近9个百分点。虽然2013~2016年二者差距有些许回落，但从2017年开始又逐渐拉大。至2019年，二者已相差几乎10个百分点。股本活跃程度的提高将有利于公用事业企业公司治理效率的提高，改善融资结构，提升企业价值。

表4-10　公用事业企业股本流通性　　　　单位：%

年份	公用事业企业		非公用事业企业	
	流通股占比	非流通股占比	流通股占比	非流通股占比
2007	53.76	46.24	53.13	46.87

---

① 证监发〔2015〕86号。

续表

年份	公用事业企业		非公用事业企业	
	流通股占比	非流通股占比	流通股占比	非流通股占比
2008	61.33	38.67	59.01	40.99
2009	74.73	25.27	68.36	31.64
2010	75.21	24.79	66.90	33.11
2011	78.37	21.63	68.47	31.53
2012	80.35	19.65	70.56	29.44
2013	81.46	18.54	75.67	24.33
2014	79.09	20.91	76.97	23.03
2015	79.57	20.43	75.28	24.72
2016	78.82	21.18	71.05	28.95
2017	78.71	21.29	69.52	30.48
2018	84.26	15.74	74.61	25.39
2019	86.19	13.81	76.61	23.39

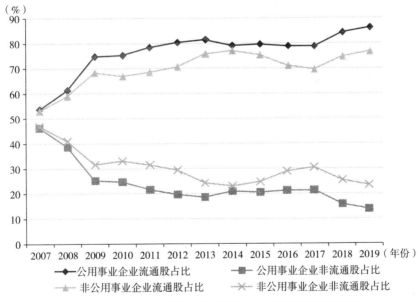

图 4-8 公用事业企业和非公用事业企业股本流通情况比较

2）国有股构成了公用事业企业未流通股的主要部分。

原国家国有资产管理局、国家体改委于 1994 年发布的《股份有限公司国有股权管理暂行办法》[①] 中指出国家股是指有权代表国家投资的机构或部门向股份公司出资形成或依法定程序取得的股份。在股份公司股权登记上记名为该机构或部门持有的股份。国有法人股是指具有法人资格的国有企业、事业及其他单位以其依法占用的法人资产向独立于自己的股份公司出资形成或依法定程序取得的股份。在股份公司股权登记上记名为该国有企业或事业及其他单位持有的股份。国家股和国有法人股统称为国有股权。

国资委和证监会 2007 年发布的《上市公司国有股东标识管理暂行规定》[②] 中指出，上市公司国有股东，是指持有上市公司股份的国有及国有控股企业、有关机构、部门、事业单位等。国资委在 2008 年"关于施行《上市公司国有股东标识管理暂行规定》有关问题的函[③]"中要求持有上市公司股份的下列企业或单位应按照《上市公司国有股东标识管理暂行规定》标注国有股东标识：第一，政府机构、部门、事业单位、国有独资企业或出资人全部为国有独资企业的有限责任公司或股份有限公司。第二，上述单位或企业独家持股比例达到或超过 50%的公司制企业；上述单位或企业合计持股比例达到或超过 50%，且其中之一为第一大股东的公司制企业。第三，上述"第二条"中所述企业连续保持绝对控股关系的各级子企业。第四，以上所有单位或企业的所属单位或全资子企业。

结合上述文件，本章将国家股和国有法人股均统计在国有股之列。

2015 年及以前，公用事业企业的非流通股中，一半以上都是国有股。虽然近几年该比例有所下降，但仍有将近一半的非流通股是国有股。非公用事业企业中，2007~2008 年，非流通股中有一半以上的股本是国有股，自 2009 年以后，国有股在非流通股中所占比例急剧下降，到 2019 年仅占 10%左右，如表 4-11 所示。

表 4-11　公用事业企业未流通股情况　　　　　　单位:%

年份	公用事业企业		非公用事业企业	
	未流通国有股占非流通股比	未流通国有股占总股本比	未流通国有股占非流通股比	未流通国有股占总股本比
2007	74.75	36.43	53.28	24.51

---

① 国资企发〔1994〕81 号。
② 国资发产权〔2007〕108 号。
③ 国资厅产权〔2008〕80 号。

年份	公用事业企业		非公用事业企业	
	未流通国有股占非流通股比	未流通国有股占总股本比	未流通国有股占非流通股比	未流通国有股占总股本比
2008	77.35	31.64	53.06	21.35
2009	62.52	18.86	38.25	12.46
2010	56.18	17.25	27.66	8.64
2011	51.68	13.78	21.70	5.95
2012	50.91	11.23	19.23	4.98
2013	52.85	11.43	15.94	3.60
2014	51.62	13.80	14.64	3.35
2015	52.62	13.22	13.08	2.94
2016	44.27	11.90	12.42	3.42
2017	47.43	10.83	12.13	3.44
2018	44.27	7.82	11.55	3.04
2019	45.75	7.76	10.29	2.63

相较于非公用事业企业，公用事业企业在国有股份改革方面的力度低于非公用事业企业。国有股权改革是影响公用事业企业和非公用事业企业股本流通性差异的一个重要因素。当然，企业改革不等于产权转让。在产权转让过程中，新股东更关心自身利益。相较于非国有股东，国有股东肩负有更多的社会责任，更关心社会效益。作为公益性质较强的公用事业企业，需要履行更多的社会责任。而社会责任属于道德范畴，缺少强制性的法律约束，更大程度上依赖于企业（个体）的社会责任意识。基于此，一定比例的国有股东可能更有助于公用事业企业社会责任的履行，更好地发挥其公益职能。整体上我国国有企业在社会公益性社会责任履行方面是相对有效率的（杨静，2015）。国有企业在引领民营企业捐赠方面具有积极的作用（潘奇，2018）。基于上述分析，公用事业是产权改革还是经营权改革，是全部改革还是分类改革，自然不能一概而论。公用事业企业在国有股份改革方面的力度低于非公用事业企业，是符合公用事业的行业特征和我国现实情况的。

（2）基于持股人性质的分析。

本部分根据持股人性质，将上市公司股权分为国家股、国有法人股、高管

股、境内法人股、境内自然人股、境外法人股、境外自然人股和其他。剔除第一
大股东持股人性质样本缺失值，公用事业企业有 1260 个样本，非公用事业企业
有 32028 个样本。各年样本分布情况如表 4-12 所示。

表 4-12　公用事业企业样本占全部上市公司样本比重

年份	公用事业企业样本（个）	非公用事业企业样本（个）	公用事业企业样本占全部上市公司样本比重（%）
2007	80	1440	5.26
2008	82	1507	5.16
2009	84	1699	4.71
2010	87	1970	4.23
2011	90	2222	3.89
2012	95	2371	3.85
2013	96	2389	3.86
2014	99	2567	3.71
2015	105	2850	3.55
2016	107	3178	3.26
2017	111	3525	3.05
2018	112	3603	3.01
2019	112	3728	2.92
合计	1260	32028	3.69

　　1）上市公司第一大股东多为国有性质股东，公用事业企业第一大股东持股
比例显著高于非公用事业企业。如表 4-13 和表 4-14 所示，我国公用事业上市公
司绝大多数股权集中在国有性质的股东手里。国有股中，第一大股东为国有法人
股的企业多于为国家股的企业。公用事业企业国有性质股份比非公用事业企业整
体要高，这与对公用事业企业要求更为严格的国家宏观管理相适应。

表 4-13 公用事业企业第一大股东性质[1]　　　　　　单位:%

| 年份 | 境内持股 | | | | | 境外持股 | | 其他占比[2] |
| | 国家股占比 | 国有法人股占比 | 其他境内持股 | | | 境外法人股占比 | 境外自然人股占比 | |
			高管股占比	境内法人股占比	其他境内自然人股占比			
2007	27.50	52.50	15.00	1.25	0.00	2.50	0.00	0.00
2008	26.83	48.78	19.51	2.44	0.00	0.00	0.00	0.00
2009	28.57	48.81	16.67	3.57	0.00	1.19	0.00	0.00
2010	26.44	48.28	19.54	3.45	0.00	1.15	0.00	0.00
2011	26.67	47.78	18.89	4.44	0.00	1.11	0.00	0.00
2012	24.21	48.42	21.05	3.16	0.00	1.05	0.00	1.05
2013	23.96	48.96	19.79	5.21	0.00	0.00	0.00	1.04
2014	25.25	48.48	17.17	7.07	0.00	0.00	0.00	0.00
2015	25.71	45.71	19.05	7.62	0.00	0.00	0.00	0.00
2016	26.17	44.86	19.63	7.48	0.00	0.00	0.00	0.00
2017	26.13	43.24	23.42	5.41	0.00	0.00	0.00	0.00
2018	25.89	42.86	25.00	4.46	0.00	0.00	0.00	0.00
2019	25.89	43.75	23.21	5.36	0.00	0.00	0.00	0.00
平均	26.09	47.11	19.84	4.69	0.00	0.54	0.00	0.16

表 4-14 非公用事业企业第一大股东性质[3]　　　　　　单位:%

| 年份 | 内资持股 | | | | | | 外资持股 | | 其他占比[4] |
| | 国有股占比 | 国有法人股占比 | 国有股合计 | 其他内资持股 | | | 外资持股合计境外法人股占比 | 境外自然人股占比 | |
				高管股占比	境内法人股占比	其他境内自然人股占比			
2007	20.21	37.24	57.45	34.82	1.68	0.00	16.44	11.03	0.18

---

① 本表数据计算方法:当年公用事业第一大股东性质为某一属性的样本数/当年公用事业全部样本数。

②④ 本表根据 CSMAR 数据整理,凡未列明第一大股东性质的流通股、非流通股和优先股均包含在其他中,故本表会有一定程度的偏差。

③ 本表数据计算方法:当年非公用事业第一大股东性质为某一属性的样本数/当年非公用事业全部样本数。

续表

年份	内资持股						外资持股		
	国有股占比	国有法人股占比	国有股合计	其他内资持股			外资持股合计境外法人股占比	境外自然人股占比	其他占比
				高管股占比	境内法人股占比	其他境内自然人股占比			
2008	21.16	35.73	56.89	35.98	1.22	0.00	2.25	1.02	0.18
2009	20.05	33.00	53.05	39.02	2.56	0.00	2.65	0.93	0.16
2010	17.69	30.12	47.81	44.07	2.91	0.00	2.90	0.81	0.15
2011	16.46	27.84	44.3	47.70	3.06	0.03	2.83	0.62	0.14
2012	15.62	26.84	42.46	49.32	3.51	0.02	2.87	0.52	0.13
2013	15.77	26.22	41.99	49.07	4.15	0.02	2.92	0.43	0.13
2014	15.18	25.15	40.33	50.40	4.70	0.02	2.92	0.41	0.12
2015	14.44	23.39	37.83	52.52	5.18	0.02	2.71	0.56	0.10
2016	13.74	21.64	35.38	54.08	6.19	0.02	2.61	0.57	0.09
2017	12.34	20.64	32.98	56.22	6.21	0.02	2.77	0.54	0.09
2018	13.79	20.25	34.04	54.76	6.52	0.02	2.92	0.49	0.09
2019	13.91	20.24	34.15	53.90	7.09	0.00	3.03	0.53	0.09
平均	16.18	26.79	42.97	47.83	4.23	0.01	3.83	1.42	0.13

2）公用事业企业第一大股东性质相对单一，非公用事业企业第一大股东性质更为多元化。公用事业企业第一大股东除了国有性质股份外，主要有高管股和境内法人股，境外法人占比非常少。而非公用事业企业的第一大股东性质除了国有性质股份外，还有境内法人股和自然人股，境外法人股和自然人股，以及高管股等，占比相对都比公用事业企业多。公用事业企业在过去相当长的时间内主要靠国家投资，财政支持力度大，股份性质比较单一。并且基于行业安全特性，公用事业企业第一大股东中几乎没有境外股东。

4.2　我国公用事业企业股权结构分行业情况分析

4.2.1　股权集中度分析

（1）基于公用事业行业与其他行业的对比分析。

本部分根据 WIND 一级行业分类标准，将上市公司分为 11 类，分别为：能源、材料、工业、可选消费、日常消费、医疗保健、金融、信息技术、电信服务、公用事业和房地产，共得样本 35989 个。

如表 4-15 所示，我国各行业中，工业企业上市公司数量最多，其他上市公司更多分布在信息技术、材料、可选消费、医疗保健和日常消费行业。尤其是信息技术行业，其上市数量增加速度非常快，2007 年远低于可选消费和材料行业，到 2012 年，几乎与可选消费和材料行业持平，目前信息技术行业上市公司数量远超过可选消费和材料行业。这一定程度上说明我国信息科学技术发展的良好态势，图 4-9 更明显地体现了信息技术行业的发展趋势。公用事业企业上市公司数量较少，能源行业①与电信服务行业更少。公用事业企业略高于能源行业和电信服务行业。我国上市公司中，工业、可选消费、信息技术和材料行业具有主体地位。如图 4-10 所示，各行业中，信息技术、医疗保健行业和工业在 2007~2019 年样本数量占比呈上升趋势，其中尤以信息技术行业最为明显，日常消费、可选消费和材料行业样本数量占比相对比较稳定，变化不大，其余行业的样本数量占比都呈不同程度的下降趋势，包括公用事业行业。

综上，工业企业在上市公司发展中的地位举足轻重，信息技术类行业发展迅猛，公用事业类上市公司的样本数量、样本数量占比、样本数量占比增长速度方面在各行业中并不突出，逊于大多数行业。鉴于公用事业行业的特殊性，其在市场化过程中必然遇到更多的困难和挑战。不过，公用事业上市公司总数量在逐步增加，公用事业企业在不断努力克服发展过程中存在的诸多瓶颈问题，以促使企业逐步变大、变强。

---

①　根据阿思达克财经，能源行业指可选消费和材料行业、综合性石油天然气、石油天然气设备与服务、石油与天然气的勘探与生产、石油与天然气的炼制与营销、石油与天然气的储存与运输。

表4-15 上市公司行业样本分布

样本数量（个）

年份	能源	材料	工业	可选消费	日常消费	医疗保健	金融	信息技术	电信服务	公用事业	房地产	合计
2007	47	257	348	242	98	124	86	156	2	81	113	1554
2008	48	275	367	251	101	128	89	168	2	83	114	1626
2009	51	299	423	279	111	147	95	207	2	85	119	1818
2010	57	351	517	323	130	176	105	289	3	88	119	2158
2011	61	399	591	364	139	207	112	353	3	91	119	2439
2012	63	418	648	398	149	218	114	397	3	94	119	2621
2013	63	422	660	400	149	220	114	407	3	96	119	2653
2014	65	455	737	437	158	242	114	444	3	98	119	2872
2015	69	510	830	492	172	273	114	525	3	102	121	3211
2016	73	545	894	535	183	287	114	588	4	104	124	3451
2017	75	576	974	592	202	317	114	654	4	108	125	3741
2018	77	594	996	602	210	328	115	680	5	111	125	3843
2019	78	611	1043	615	214	353	116	728	5	113	126	4002
合计	827	5712	9028	5530	2016	3020	1402	5596	42	1254	1562	35989

行业样本数量占总样本数量比重（%）

年份	能源	材料	工业	可选消费	日常消费	医疗保健	金融	信息技术	电信服务	公用事业	房地产	合计
2007	3.02	16.54	22.39	15.57	6.31	7.98	5.53	10.04	0.13	5.21	7.27	100
2008	2.95	16.91	22.57	15.44	6.21	7.87	5.47	10.33	0.12	5.10	7.01	100
2009	2.81	16.45	23.27	15.35	6.11	8.09	5.23	11.39	0.11	4.68	6.55	100
2010	2.64	16.27	23.96	14.97	6.02	8.16	4.87	13.39	0.14	4.08	5.51	100
2011	2.50	16.36	24.23	14.92	5.70	8.49	4.59	14.47	0.12	3.73	4.88	100
2012	2.40	15.95	24.72	15.19	5.68	8.32	4.35	15.15	0.11	3.59	4.54	100
2013	2.37	15.91	24.88	15.08	5.62	8.29	4.30	15.34	0.11	3.62	4.49	100
2014	2.26	15.84	25.66	15.22	5.50	8.43	3.97	15.46	0.10	3.41	4.14	100
2015	2.15	15.88	25.85	15.32	5.36	8.50	3.55	16.35	0.09	3.18	3.77	100
2016	2.12	15.79	25.91	15.50	5.30	8.32	3.30	17.04	0.12	3.01	3.59	100
2017	2.00	15.40	26.04	15.82	5.40	8.47	3.05	17.48	0.11	2.89	3.34	100
2018	2.00	15.46	25.92	15.66	5.46	8.53	2.99	17.69	0.13	2.89	3.25	100
2019	1.95	15.27	26.06	15.37	5.35	8.82	2.90	18.19	0.12	2.82	3.15	100
平均	2.40	16.00	24.73	15.34	5.69	8.33	4.16	14.79	0.12	3.71	4.73	100

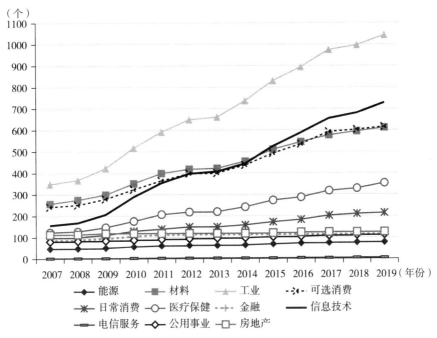

图 4-9 上市公司行业样本数量分布趋势

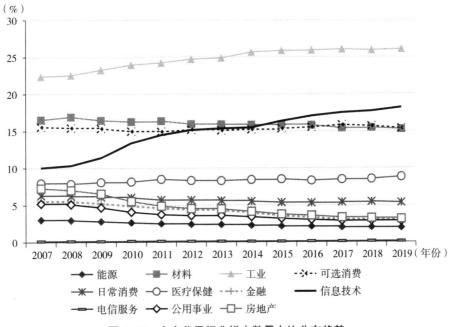

图 4-10 上市公司行业样本数量占比分布趋势

1）无论是公用事业行业还是其他行业，整体股权集中度都比较高。公用事业行业的股权集中度仅次于能源行业。

从股权集中度看，多数行业的股权集中度较高。除了电信服务、能源行业、信息技术行业，其他行业第一大股东持股比例各年均在30%～40%，相对比较稳定。信息技术行业只有2019年低于30%，但也达到了20%以上，接近30%。能源行业的股权集中度最高，各年均在40%以上，但整体呈下降趋势。电信服务行业的第一大股东持股比例整体水平最低，但各年波动较大，大致呈凹形趋势，2007～2009年较高，都在30%以上，2010～2017年较低，基本都在30%以下，2018～2019年又回升到30%以上水平，如表4-16和图4-11所示。

表4-16　上市公司第一大股东持股比例行业分布

年份	指标	能源	材料	工业	可选消费	日常消费	医疗保健	金融	信息技术	电信服务	公用事业	房地产	平均
2007	均值（%）	47.72	38.73	37.17	34.46	35.82	33.99	34.87	33.77	35.37	38.11	33.57	36.30
	中位数（%）	51.36	38.17	35.72	32.00	32.28	29.99	33.10	31.49	35.37	36.79	31.23	34.36
	标准差	17.62	15.86	15.43	15.13	17.47	13.84	19.52	13.28	35.89	17.25	16.30	15.97
2008	均值（%）	47.29	38.81	38.02	35.00	36.41	33.86	34.82	33.40	35.33	38.69	34.91	36.69
	中位数（%）	50.30	38.21	36.35	32.12	34.19	30.22	32.96	30.93	35.33	39.15	30.53	34.76
	标准差	17.53	15.40	15.82	15.81	17.51	13.98	19.71	13.78	36.38	17.12	17.16	16.18
2009	均值（%）	47.83	38.95	38.27	35.75	36.75	34.68	35.53	33.72	35.33	39.99	38.36	37.30
	中位数（%）	51.14	37.97	36.00	33.57	34.05	30.15	32.46	30.64	35.33	39.88	34.46	34.86
	标准差	19.05	16.10	16.67	16.10	17.59	15.06	19.95	14.82	36.38	18.13	17.84	16.81
2010	均值（%）	45.98	38.49	37.54	36.39	36.90	34.94	33.72	34.68	29.49	39.59	38.38	37.05
	中位数（%）	48.79	36.86	35.63	34.99	34.14	33.06	29.80	31.09	20.72	39.33	34.46	35.00
	标准差	18.46	16.11	16.15	16.28	17.73	14.59	20.39	15.56	28.22	17.84	18.02	16.64
2011	均值（%）	46.19	37.79	37.10	37.19	36.22	34.99	32.78	34.41	29.49	39.00	39.44	36.81
	中位数（%）	49.45	36.59	35.36	35.95	35.03	33.37	29.21	30.66	20.72	38.88	37.94	34.93
	标准差	18.73	15.61	15.66	16.70	16.53	14.50	19.17	15.66	28.22	17.62	18.27	16.37
2012	均值（%）	46.06	37.96	38.58	38.05	36.84	35.33	32.54	33.89	29.86	39.05	39.65	37.29
	中位数（%）	49.45	36.74	36.22	37.10	36.11	33.34	29.58	30.43	20.72	36.64	37.94	35.13
	标准差	18.52	15.85	17.20	16.84	16.50	15.37	19.19	14.87	28.85	18.31	18.21	16.79

年份	指标	能源	材料	工业	可选消费	日常消费	医疗保健	金融	信息技术	电信服务	公用事业	房地产	平均
2013	均值（%）	46.03	37.89	38.57	37.41	37.17	34.92	32.92	33.19	29.57	39.03	39.43	37.06
	中位数（%）	51.14	36.19	36.03	35.69	37.54	32.70	29.68	29.99	19.14	35.96	36.36	34.98
	标准差	18.79	15.76	17.71	16.64	16.07	15.46	19.46	15.34	29.71	18.76	18.07	16.97
2014	均值（%）	46.15	37.67	38.22	38.09	36.27	34.50	31.88	32.94	29.80	39.27	38.62	36.85
	中位数（%）	50.56	36.18	36.35	36.29	36.06	32.30	27.90	29.27	19.04	37.29	36.36	34.56
	标准差	18.80	15.75	17.35	17.06	15.35	14.37	18.81	16.04	29.14	18.72	17.50	16.86
2015	均值（%）	44.97	36.72	37.16	37.59	36.96	34.84	31.32	33.22	29.28	39.39	38.08	36.36
	中位数（%）	47.54	35.34	35.06	35.05	35.21	33.28	26.81	29.08	17.09	38.45	37.24	33.90
	标准差	18.84	15.96	16.50	18.00	15.96	14.56	18.15	16.59	29.14	17.42	16.52	16.77
2016	均值（%）	43.48	35.26	36.18	36.75	36.22	34.15	30.35	31.86	31.91	39.08	37.99	35.33
	中位数（%）	45.11	33.40	34.09	33.84	34.88	32.63	25.56	28.90	28.37	37.70	38.14	32.98
	标准差	19.54	15.37	15.93	17.22	15.07	13.94	17.74	15.53	24.45	16.90	15.48	16.11
2017	均值（%）	42.12	34.04	34.94	35.84	36.46	33.68	30.89	31.02	23.15	37.75	38.60	34.44
	中位数（%）	43.52	31.85	33.38	33.58	34.85	32.36	26.01	28.24	23.43	36.56	38.05	32.16
	标准差	18.62	14.13	15.01	15.88	15.26	13.32	18.03	15.04	12.94	15.95	15.61	15.29
2018	均值（%）	43.86	34.16	34.74	35.55	36.57	33.72	31.35	30.74	35.92	37.81	38.66	34.38
	中位数（%）	45.11	31.23	32.90	32.71	34.81	31.82	26.99	27.93	29.08	35.34	36.78	31.84
	标准差	19.19	14.63	14.90	15.84	15.41	13.92	18.41	14.95	31.42	15.33	15.83	15.42
2019	均值（%）	42.54	33.53	34.04	34.90	35.45	32.71	31.17	29.60	32.70	38.47	39.13	33.61
	中位数（%）	44.30	30.37	31.73	32.45	34.08	30.40	26.67	26.61	22.10	36.90	37.78	30.83
	标准差	18.45	14.42	14.72	15.53	14.82	13.20	17.93	14.67	28.27	15.15	15.88	15.13
平均	均值（%）	45.40	36.92	36.97	36.38	36.47	34.33	32.63	32.80	31.32	38.86	38.06	36.11
	中位数（%）	48.29	35.31	34.98	34.26	34.86	31.97	28.98	29.63	25.11	37.60	35.94	33.87
	标准差	18.63	15.46	16.08	16.38	16.25	14.32	18.96	15.09	29.18	17.27	16.98	16.25

　　公用事业企业的第一大股东持股比例样本期间均值在所有行业中位于第二，仅次于能源行业。虽然 WIND 行业将能源行业列入公用事业企业之外，但其股权集中度较高，原因可能为：能源多属于战略性资源，国家管控比较严格。企业控制权集中在国家股东手中，便于宏观调控。能源行业的产权性质是否的

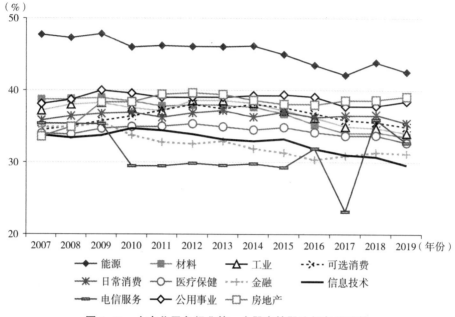

图 4-11 上市公司各行业第一大股东持股比例年度趋势

确如此？本部分进一步对上市公司各行业的产权性质进行了统计（见表
4-17）。根据 WIND 数据，将企业产权性质分为国有企业、民营企业、外资
企业、集体企业和公众企业共 5 类。其中国有企业又包括中央国有企业和地
方国有企业：中央国有企业指大股东或实际控制人属于国务院国资委、中央
国家机关或者中央国有企事业单位；地方国有企业为大股东或实际控制人属
于地方各级国资委、地方各级政府、部门或者地方国有企事业单位。民营企
业是非公有制企业，例如个体企业、私营企业等，特点是没有国有资本，非
国家控股。外资企业又包括中外合资企业和外商独资企业：中外合资企业由
外国公司或其他经济组织或个人与中国公司或其他经济组织按法律规定共同
投资设立、共同经营，按各自的出资比例共担风险、共负盈亏，各方出资折
算成一定的出资比例，外国合营者的出资比例一般不低于 25%；外商独资企
业指外国公司或其他经济组织或个人，依照中国法律在中国境内设立的全部
资本由外国投资者投资的企业（可以是一个外国投资者独资，也可以是若干
外国投资者合资）。集体企业指以生产资料的劳动群众集体所有制为基础，
实行共同劳动，在分配形式上以按劳分配为主（部分企业实行按劳分配和按资
分配相结合）的集体经济组织。集体企业是历史产物，目前已改制成股份合作
制、有限公司和股份公司等。公众企业的特点是无实际控制人。

表 4-17 不同行业上市公司产权性质情况 [1]

行业 \ 指标	年份	2007	2008	2009	2010	2011	2012	2013	2014	2015	2016	2017	2018	2019	平均
能源	均值	2.26	2.08	2.14	2.20	2.13	2.15	2.15	2.17	2.21	2.27	2.37	2.39	2.36	2.22
	中位数	2.00	2.00	2.00	2.00	2.00	2.00	2.00	2.00	2.00	2.00	2.00	2.00	2.00	2.00
材料	均值	2.40	2.42	2.46	2.49	2.58	2.61	2.63	2.65	2.73	2.77	2.81	2.84	2.84	2.63
	中位数	2.00	2.00	2.00	3.00	3.00	3.00	3.00	3.00	3.00	3.00	3.00	3.00	3.00	2.69
工业	均值	2.42	2.38	2.45	2.54	2.60	2.63	2.61	2.65	2.68	2.74	2.77	2.76	2.76	2.61
	中位数	2.00	2.00	2.00	2.00	3.00	3.00	3.00	3.00	3.00	3.00	3.00	3.00	3.00	2.69
可选消费	均值	2.72	2.67	2.67	2.70	2.74	2.76	2.75	2.80	2.79	2.80	2.87	2.88	2.89	2.77
	中位数	2.00	2.00	2.00	3.00	3.00	3.00	3.00	3.00	3.00	3.00	3.00	3.00	3.00	2.77
日常消费	均值	2.51	2.50	2.53	2.61	2.64	2.70	2.73	2.71	2.83	2.91	2.91	2.93	2.94	2.73
	中位数	2.00	2.00	2.00	3.00	3.00	3.00	3.00	3.00	3.00	3.00	3.00	3.00	3.00	2.69
医疗保健	均值	2.96	2.98	2.89	2.90	2.86	2.85	2.85	2.90	2.97	2.97	3.02	3.03	3.08	2.94
	中位数	3.00	3.00	3.00	3.00	3.00	3.00	3.00	3.00	3.00	3.00	3.00	3.00	3.00	3.00
金融	均值	2.75	2.70	2.70	2.59	2.72	2.78	2.72	2.63	2.64	2.79	2.80	2.82	2.88	2.73
	中位数	2.00	2.00	2.00	2.00	3.00	3.00	3.00	2.00	2.00	3.00	3.00	3.00	3.00	2.31
信息技术	均值	2.55	2.56	2.67	2.82	2.89	2.91	3.01	3.03	3.05	3.04	3.07	3.07	3.06	2.90
	中位数	3.00	3.00	3.00	3.00	3.00	3.00	3.00	3.00	3.00	3.00	3.00	3.00	3.00	3.00
电信服务	均值	2.00	2.00	2.00	2.33	2.33	2.33	2.33	2.33	2.33	2.33	2.50	2.20	2.20	2.25
	中位数	2.00	2.00	2.00	3.00	3.00	3.00	3.00	3.00	3.00	3.00	3.00	2.00	2.00	2.77
公用事业	均值	2.16	2.15	2.08	2.13	2.13	2.21	2.20	2.20	2.22	2.21	2.21	2.21	2.21	2.18
	中位数	2.00	2.00	2.00	2.00	2.00	2.00	2.00	2.00	2.00	2.00	2.00	2.00	2.00	2.00
房地产	均值	2.57	2.54	2.66	2.65	2.70	2.66	2.76	2.79	2.80	2.78	2.78	2.78	2.78	2.71
	中位数	2.00	2.00	2.00	2.00	2.00	2.00	2.00	2.00	2.00	2.50	3.00	3.00	3.00	2.27

表 4-17 显示，能源行业与公用事业企业以外的其他行业中位数 2019 年都达到了 3 的水平，说明国有性质产权的上市公司不足一半。而能源行业与公用事业企业的中位数稳定在 2 的水平，说明此两类行业中至少半数的企业为国有性质。

---

① 本表中的产权性质分为九类，其取值分别为 1~9：1=中央国有企业；2=地方国有企业；3=民营企业；4=公众企业；5=外商投资企业；6=外资企业；7=集体企业；8=中外合资企业；9=其他。"6"指样本统计数据仅标明是外资企业，但没有明确是外商投资企业还是中外合资企业。"9"指样本统计数中没有明确指明属于 1~8 中任何一类的企业。

能源行业与公用事业企业产权性质的均值水平在 2～2.5 之间，且这两类行业的均值水平整体要低于其他行业的均值水平，如图 4-12 所示，说明这两类行业的产权性质更趋近于国有企业，此两类行业的国有企业数量占比大于其他行业。

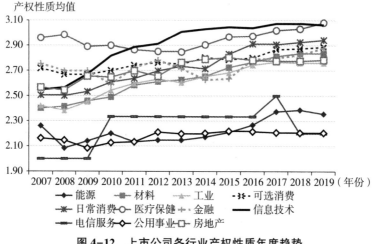

图 4-12　上市公司各行业产权性质年度趋势

不过，由图 4-12 发现，上市公司大多数行业在样本期间产权性质的均值水平是呈上升趋势的，说明上市公司整体上产权性质向多元化方向发展，体现了混合所有制改革的要求。公用事业企业的均值与能源行业、电信服务行业目前虽然仍处于低组，但它们在样本期间的均值水平也是在逐步上升的。但较于其他行业，公用事业企业的均值上升水平相对缓慢。

综上，公用事业企业的行业特点对其股权集中度有重要影响，股权集中度与产权性质有着密切联系。

2）绝大多数行业中，国有企业的股权集中度显著高于非国有企业，公用事业行业国有与非国有企业第一大股东持股比例的差额呈缓慢上升趋势。

本部分进一步将国有企业和非国有企业的股权集中度进行了对比分析。

如表 4-18 所示，上市公司整体上国有企业的第一大股东持股比例显著高于非国有企业。具体到不同行业，除了日常消费品行业在 2007～2016 年以及可选消费行业 2008 年以外，其他行业各年国有企业的第一大股东持股比例均值都高于非国有企业。单样本 t 检验显示无论是样本整体，还是各年度，上市公司整体上国有企业的股权集中度都在 1% 的水平上显著高于非国有企业。

公用事业企业国有企业与非国有企业第一大股东持股比例的差异在所有行业中非常显著（见表 4-19 和图 4-13）。各行业中，电信行业国有企业与非国有企业第一大股东持股比例差额最大，能源行业次之，公用事业企业居第三位。

单位:%

表4-18 各行业不同产权性质的第一大股东持股比例

年份	产权性质	能源	材料	工业	可选消费	日常消费	医疗保健	金融	信息技术	电信服务	公用事业	房地产	平均	t检验(p值)
2007	国有	51.78	41.52	39.87	34.60	35.40	36.75	37.59	37.66	60.74	41.45	36.36	39.01	0.0000***
	非国有	35.87	33.56	32.65	34.29	36.51	31.78	33.10	31.07	9.99	25.55	30.17	32.63	
2008	国有	52.03	40.92	40.26	34.89	35.78	37.20	35.59	36.68	61.05	41.79	37.27	39.06	0.0000***
	非国有	31.35	35.17	34.39	35.12	37.37	31.43	34.29	31.27	9.60	29.56	31.98	33.62	
2009	国有	53.04	41.09	40.26	36.03	34.72	37.26	38.19	37.38	61.05	43.22	41.23	39.74	0.0000***
	非国有	34.06	36.00	35.70	35.47	39.42	32.99	33.91	31.85	9.60	29.51	35.01	34.67	
2010	国有	53.25	40.39	39.94	36.58	36.18	36.14	38.42	36.23	61.05	43.41	40.43	39.50	0.0000***
	非国有	31.45	36.60	35.34	36.24	37.67	34.34	30.34	34.13	13.71	28.77	35.91	35.01	
2011	国有	53.97	39.88	40.16	37.69	35.96	37.08	37.60	35.90	61.05	42.33	40.46	39.60	0.0000***
	非国有	31.38	36.20	34.87	36.87	36.45	34.16	29.42	34.01	13.71	29.73	38.21	34.94	
2012	国有	53.24	40.15	40.73	38.46	35.97	37.56	37.85	36.15	62.18	42.82	41.12	40.02	0.0000***
	非国有	33.57	36.41	37.18	37.81	37.50	34.52	28.95	33.37	13.71	29.18	37.87	35.63	
2013	国有	53.92	40.17	40.58	38.44	36.14	37.12	38.11	35.88	63.09	43.25	41.70	40.08	0.0000***
	非国有	32.31	36.35	37.27	36.81	37.95	34.17	29.40	32.62	12.81	27.69	36.79	35.27	
2014	国有	54.89	39.45	40.51	38.68	35.97	36.78	36.91	34.75	63.09	43.62	40.70	39.84	0.0000***
	非国有	31.23	36.59	36.95	37.79	36.48	33.84	28.10	32.60	13.15	27.84	36.19	35.27	

续表

年份	产权性质	能源	材料	工业	可选消费	日常消费	医疗保健	金融	信息技术	电信服务	公用事业	房地产	平均	t检验（p值）
2015	国有	53.05	38.63	39.62	38.20	36.64	37.47	35.64	33.41	62.54	43.49	41.64	39.27	0.0000***
	非国有	33.14	35.74	36.02	37.32	37.14	34.24	27.56	33.19	12.65	29.07	34.21	35.05	
2016	国有	53.45	37.39	39.07	38.44	36.19	36.21	35.00	34.32	62.74	43.21	40.38	38.77	0.0000***
	非国有	30.70	34.29	34.96	36.02	36.23	33.69	26.32	31.47	21.63	28.89	35.60	33.88	
2017	国有	52.57	37.33	39.67	38.54	37.20	36.73	37.13	34.43	37.70	42.80	41.59	39.12	0.0000***
	非国有	28.81	32.70	33.04	34.81	36.11	33.08	25.47	30.52	18.29	26.25	35.65	32.63	
2018	国有	53.64	37.54	39.43	38.64	37.80	36.79	36.77	33.53	62.65	42.92	42.10	39.16	0.0000***
	非国有	32.12	32.85	32.79	34.40	36.02	33.14	27.03	30.32	18.11	26.71	35.39	32.56	
2019	国有	52.82	37.01	38.44	38.22	37.41	35.12	37.57	32.25	58.22	43.30	43.11	38.54	0.0000***
	非国有	29.23	32.20	32.17	33.67	34.60	32.31	25.98	29.14	15.68	27.70	35.40	31.73	
平均	国有	53.20	39.34	39.89	37.49	36.26	36.79	37.10	35.27	59.78	42.89	40.62	39.36	0.0000***
	非国有	31.94	34.97	34.87	35.89	36.88	33.36	29.22	31.97	14.05	28.19	35.26	34.07	

注：表中数字加下划线表示国有企业第一大股东持股比例小于非国有企业第一大股东持股比例的行业年份。t检验为单样本t检验（单侧：国有企业>非国有企业）。

由于国有企业是国家或国有法人控股，国有企业股权集中度高一定程度上可能受到了国家股东政治身份的影响。国家作为控股股东的情况下，其不仅要考虑公司本身的绩效，更要考虑其肩负的社会责任。而在非国有企业中，控股股东不仅可以用手投票获利，更可以通过用脚投票止损。但在国有企业中，即便拥有用脚投票的权力，也不能随意行使，下岗职工的安置、失业救济等是政府不能回避的社会责任。一些关系国计民生的行业即使亏损也要继续运营，如疫情期间公共交通行业大面积亏损，国家相继出台了《国家税务总局公告2020年第4号》和《财政部、税务总局公告2020年第8号》，规定：运输疫情防控重点保障物资取得的收入，免征增值税和附加税，同时免征城市维护建设税、教育费附加、地方教育费附加。因受本次疫情影响而发生的2020年度亏损，最长结转年限延长至8年。由于政府股东肩负的责任比非国有企业的控股股东肩负的责任大，所以在国有企业，控股股东需要相对集中的股权以保障其责任的履行。通常情况下，控股股东是企业的第一大股东，国有企业第一大股东持股比例相较于非国有企业要高。这一现象与刘志远（2008）的"控股股东为国有企业时，其所控制的上市公司股权集中度显著高于民营企业性质的控股股东所控制的上市公司"这一结论相吻合。基于此，在公用事业企业中，国有与非国有企业第一大股东持股比例差额会相对较大。

表4-19　各行业第一大股东持股比例差额（国有—非国有）[①]　　　单位:%

年份	能源	材料	工业	可选消费	日常消费	医疗保健	金融	信息技术	电信服务	公用事业	房地产	平均
2007	15.91	7.96	7.22	0.32	(1.11)	4.97	4.49	6.59	50.75	15.90	6.19	6.38
2008	20.68	5.75	5.87	(0.24)	(1.59)	5.77	1.30	5.41	51.45	12.23	5.29	5.44
2009	18.98	5.08	4.56	0.55	(4.69)	4.27	4.28	5.53	51.45	13.71	6.22	5.06
2010	21.80	3.79	4.60	0.34	(1.49)	1.79	8.08	2.10	47.35	14.65	4.52	4.48
2011	22.59	3.68	5.28	0.81	(0.48)	2.92	8.18	1.89	47.35	12.60	2.25	4.66
2012	19.67	3.75	3.55	0.65	(1.53)	3.04	8.90	2.78	48.48	13.64	3.24	4.39
2013	21.61	3.82	3.31	1.63	(1.81)	2.95	8.71	3.26	50.28	15.55	4.91	4.81
2014	23.65	2.86	3.56	0.90	(0.52)	2.94	8.81	2.15	49.94	15.78	4.51	4.57
2015	19.91	2.89	3.59	0.88	(0.50)	3.24	8.08	0.21	49.89	14.42	7.43	4.22

[①]　表中括号表示负值。

续表

年份	能源	材料	工业	可选消费	日常消费	医疗保健	金融	信息技术	电信服务	公用事业	房地产	平均
2016	22.75	3.10	4.11	2.43	(0.04)	2.52	8.68	2.85	41.11	14.33	4.77	4.89
2017	23.77	4.64	6.62	3.74	1.10	3.65	11.66	3.91	19.41	16.55	5.94	6.49
2018	21.52	4.69	6.65	4.24	1.78	3.65	9.74	3.21	44.54	16.21	6.71	6.61
2019	23.58	4.81	6.27	4.55	2.81	2.81	11.59	3.11	42.53	15.60	7.70	6.82
平均	21.26	4.37	5.02	1.60	(0.62)	3.42	7.88	3.31	45.73	14.70	5.36	5.29

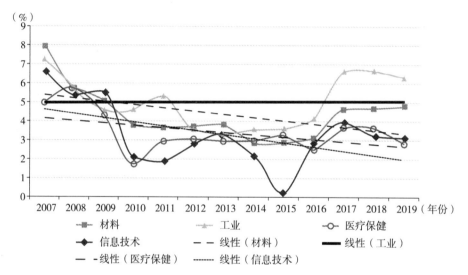

图 4-13　各行业国有和非国有企业第一大股东持股比例差额年度趋势 1（国有—非国有）

注：公用事业内部共 11 个子行业，为了更清晰地展示各行业的年度趋势，本图仅选取了年度趋势差距相对较大的材料、工业、医疗保健和信息技术 4 个行业，其余 7 个行业情况见图 4-14。

各行业国有与非国有企业第一大股东持股比例的差额在样本期间趋势亦有不同。从图 4-13 和图 4-14 看，材料、医疗保健、信息技术、电信服务行业国有与非国有企业第一大股东持股比例的差额呈下降趋势，其他行业呈上升趋势。结合表 4-18 和图 4-15，样本期间样本企业整体上国有第一大股东持股比例相对稳定，略有上升，非国有第一大股东持股比例波动比国有第一大股东持股比例稍大，呈下行趋势，但其线性趋势线比较平缓。

公用事业行业国有与非国有企业第一大股东持股比例的差额虽然也呈上升趋势，但趋势较缓。可见，公用事业中，国有企业股权集中度整体水平在上升，非

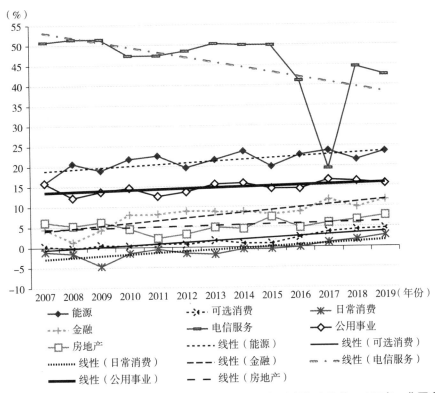

图 4-14 各行业国有和非国有企业第一大股东持股比例差额年度趋势 2（国有—非国有）

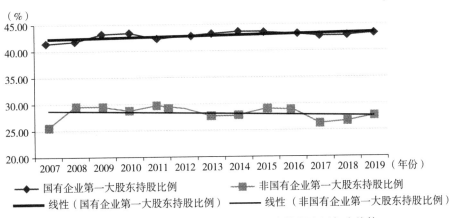

图 4-15 国有和非国有企业第一大股东持股比例年度趋势

国有企业股权集中度整体水平在下降。样本期间，国有股东对公用事业企业的控制比较稳定。

（2）基于公用事业行业内部的对比分析。

各年公用事业企业内部子行业样本分布见表4-20。整体而言，电力企业最多，独立电力生产商与能源贸易商次之，再次是燃气行业，水务和复合型公用事业企业居后。

表4-20　各年公用事业企业内部子行业样本分布　　　单位：个

行业 年份	电力	独立电力生产商与能源贸易商	复合型公用事业	燃气	水务	合计
2007	44	12	7	8	10	81
2008	44	13	7	9	10	83
2009	44	13	7	10	11	85
2010	44	15	8	10	11	88
2011	44	17	8	10	12	91
2012	44	18	8	12	12	94
2013	45	19	8	12	12	96
2014	45	20	8	13	12	98
2015	45	21	9	14	13	102
2016	45	21	9	15	14	104
2017	45	22	10	17	14	108
2018	45	22	11	19	14	111
2019	45	23	11	20	14	113

1）公用事业企业内部各行业整体股权集中度较高，行业内部虽然有一定差异，但该差异在逐渐缩小。

根据表4-21，公用事业内部5个行业中，2007~2019年各年第一大股东持股比例的均值在37%~40%，股权集中度比较高。水务行业的股权集中度最高，2019年达43.10%，最高年份2010年达54.18%，各年平均为46.51%；燃气行业的股权集中度最低，2019年为34.93%，最低年份2007年为25.22%，各年平均为31.23%；其他三个行业股权集中度整体从高到低依次为电力（平均40.02%）、独立电力生产商与能源贸易商（平均36.93%）和复合型公用事业（平均36.15%）。

水务和电力行业各年第一大股东持股比例的中位数绝大多数年份都大于其均值，说明这两个行业大多数企业的股权集中度都在行业平均水平以上。燃气行业绝大多数年份第一大股东持股比例的中位数都小于其均值，该行业大多数企业的股权集中度低于行业平均水平，股权集中度高的只是少数企业。独立电力生产商与能源贸易商的均值相位稳定，中位数 2019 年相较于 2007 年增长幅度较大，但在样本期间只有 2019 年中位数大于均值，说明一些企业股权集中度虽在不断提升，但相对缓慢。复合型公用事业中位数在不断下降，均值相对稳定，说明许多企业的股权在逐渐分散。

表 4-21　公用事业企业内部各子行业第一大股东持股比例

行业	年份 指标	2007	2008	2009	2010	2011	2012	2013	2014	2015	2016	2017	2018	2019
电力	均值（%）	39.12	39.42	40.93	40.45	40.28	41.23	40.65	41.48	41.19	39.33	38.52	38.64	39.03
	中位数（%）	40.94	40.96	42.44	40.35	39.55	41.61	40.88	42.69	43.02	38.73	38.73	38.96	39.72
	标准差	17.50	17.62	18.48	19.00	19.14	20.75	20.66	20.58	20.30	18.14	17.96	17.74	17.60
独立电力生产商与能源贸易商	均值（%）	36.17	36.01	36.14	36.11	37.26	36.34	38.65	37.95	39.22	37.20	34.84	35.30	38.89
	中位数（%）	29.49	33.49	33.49	33.49	30.20	29.35	30.20	33.74	38.90	30.98	31.13	31.77	39.04
	标准差	18.96	16.20	15.48	14.26	15.49	15.53	19.95	19.98	16.66	17.58	15.35	13.72	14.35
复合型公用事业	均值（%）	37.06	36.35	35.44	35.55	35.68	35.64	36.16	35.79	35.82	38.43	36.01	36.18	35.83
	中位数（%）	40.10	40.10	35.10	36.99	36.99	36.78	36.31	36.39	35.10	35.10	34.01	33.85	34.05
	标准差	11.51	12.86	13.12	11.78	11.95	11.95	11.92	12.24	11.92	12.72	9.81	10.46	10.77
燃气	均值（%）	25.22	27.87	29.66	28.18	27.49	27.71	29.24	33.41	35.25	36.01	35.78	35.29	34.93
	中位数（%）	22.60	23.14	22.60	22.60	21.57	25.69	27.12	30.06	30.33	35.78	37.33	33.09	34.31
	标准差	12.74	14.50	16.14	15.86	15.96	13.78	12.56	15.26	15.57	14.86	13.81	13.30	12.35
水务	均值（%）	47.06	50.39	53.09	54.18	48.61	48.70	45.30	41.87	40.34	44.83	43.46	43.73	43.10
	中位数（%）	53.20	55.03	55.75	55.75	52.69	52.69	46.33	38.51	42.10	48.97	47.02	47.02	47.02
	标准差	16.71	15.97	18.28	14.46	14.80	14.71	16.42	16.64	13.40	16.86	16.18	15.05	14.75
平均	均值（%）	38.11	38.69	39.99	39.59	39.00	39.05	39.03	39.27	39.29	39.08	37.75	37.81	38.47
	中位数（%）	36.79	39.15	39.88	39.33	38.88	36.64	35.96	37.29	38.45	37.70	36.56	35.34	36.90
	标准差	17.25	17.12	18.13	17.84	17.62	18.31	18.76	18.72	17.42	16.90	15.95	15.33	15.15

各行业股权集中度虽有一定程度的差异，但整体趋势是差异在逐渐缩小。从图 4-16 可以看出，在 2013 年及以前，水务行业的股权集中度都在 45% 以上，高

的年份达 50% 以上；燃气行业都在 30% 以下。其他行业变化不大，第一大股东持股比例相对稳定，但由于水务行业第一大股东持股比例的下降趋势和燃气行业第一大股东持股比例的上升趋势比较显著，从而使公用事业企业内部各行业第一大股东持股比例差异的平均水平下降。

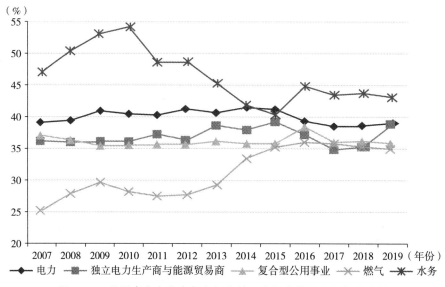

图 4-16　公用事业企业内部各行业第一大股东持股比例年度趋势

以上表明，公用事业企业第一大股东在样本研究阶段的初期对水务行业的控制力度比较大，对燃气行业的控制力度相对较小。近几年，公用事业企业第一大股东放宽了对水务行业的管控和投资力度，同时加大了对燃气行业的管控和投资力度。尽管如此，整体上，水务行业的第一大股东持股比例仍远高于燃气行业。

2）公用事业企业以国有企业为主，但内部各行业的产权性质仍有较大差异，国有公用事业企业股权集中度通常较高。

如表 4-22 所示，在水务和电力这些股权集中度比较高的行业中，行业内国有企业的数量占比也比较高。电力行业各年平均国有企业数量 40 家，占行业企业数量的比重为 89.12%，水务行业紧跟其后，各年国有企业占行业企业数量的比重平均为 85.53%。复合型公用事业企业、独立电力生产商与能源贸易商占比居中，分别为 66.67% 和 53.39%。燃气行业国有企业占比数量最少，还不足 50%，仅为 33.14%。从行业情况看，股权集中度较高的行业均为国有企业数量占比较高的行业。产权性质与公用事业企业内部各行业的股权集中度有密切关系。

表 4-22　公用事业企业内部各行业产权性质

年份	产权性质	数量（个）					占比（%）①				
		电力	独立电力生产商与能源贸易商	复合型公用事业	燃气	水务	电力	独立电力生产商与能源贸易商	复合型公用事业	燃气	水务
2007	国有	40	8	5	2	9	90.91	66.67	71.43	25.00	90.00
	非国有	4	4	2	6	1	9.09	33.33	28.57	75.00	10.00
2008	国有	39	8	5	2	8	88.64	61.54	71.43	22.22	80.00
	非国有	5	5	2	7	2	11.36	38.46	28.57	77.78	20.00
2009	国有	40	8	5	3	9	90.91	61.54	71.43	30.00	81.82
	非国有	4	5	2	7	2	9.09	38.46	28.57	70.00	18.18
2010	国有	40	8	5	3	9	90.91	53.33	62.50	30.00	81.82
	非国有	4	7	3	7	2	9.09	46.67	37.50	70.00	18.18
2011	国有	40	8	6	3	10	90.91	47.06	75.00	30.00	83.33
	非国有	4	9	2	7	2	9.09	52.94	25.00	70.00	16.67
2012	国有	40	8	6	3	11	90.91	44.44	75.00	25.00	91.67
	非国有	4	10	2	9	1	9.09	55.56	25.00	75.00	8.33
2013	国有	40	9	6	4	11	88.89	47.37	75.00	33.33	91.67
	非国有	5	10	2	8	1	11.11	52.63	25.00	66.67	8.33
2014	国有	40	10	6	5	10	88.89	50.00	75.00	38.46	83.33
	非国有	5	10	2	8	2	11.11	50.00	25.00	61.54	16.67
2015	国有	40	11	6	5	11	88.89	52.38	66.67	35.71	84.62
	非国有	5	10	3	9	2	11.11	47.62	33.33	64.29	15.38
2016	国有	40	11	6	5	12	88.89	52.38	66.67	33.33	85.71
	非国有	5	10	3	10	2	11.11	47.62	33.33	66.67	14.29
2017	国有	39	12	6	6	12	86.67	54.55	60.00	35.29	85.71
	非国有	6	10	4	11	2	13.33	45.45	40.00	64.71	14.29
2018	国有	39	12	6	7	12	86.67	54.55	54.55	36.84	85.71
	非国有	6	10	5	12	2	13.33	45.45	45.45	63.16	14.29
2019	国有	39	13	6	8	12	86.67	56.52	54.55	40.00	85.71
	非国有	6	10	5	12	2	13.33	43.48	45.45	60.00	14.29
平均	国有	40	10	6	4	10	89.12	53.39	66.67	33.14	85.53
	非国有	5	8	3	9	2	10.88	46.61	33.33	66.86	14.47

①　国有企业或非国有企业个数占当年该行业全部企业数量的比例。

虽然公用事业企业内部各行业国有企业数量相对较高，但从其内部各行业国有企业数量占比年度趋势来看，非国有产权正在逐步进入公用事业各领域（见图4-17）。水务行业国有企业数量占比线性趋势与横轴几乎呈平行状态，燃气行业明显呈上行趋势，其余行业呈现出不同程度的下行趋势。燃气行业国有企业数量占比在不断提高，且样本初期该行业国有企业数量占比较低，而在前文中我们曾发现该行业在样本期间股权集中度不断上升，且样本初期股权集中度较低，这进一步印证了产权性质与股权集中度之间可能存在某种联系。样本期间更多的国有资本进入了燃气行业领域。反观电力、复合型公用事业、独立电力生产商与能源贸易商，国有企业数量占比日益降低，尤其是复合型公用事业和独立电力生产商与能源贸易商，其线性趋势线更为陡峭。不过，虽然复合型公用事业和独立电力生产商与能源贸易商都呈线性向下趋势，但在样本期间前者呈"倒U"型，后者呈"U"型状态。这表明，在近几年，复合型公用事业国有企业数量占比在下降，而独立电力生产商与能源贸易商在上升。越来越多的非国有资本进入电力、复合型公用事业、独立电力生产商与能源贸易商行业，尤以复合型公用事业步伐较快，电力行业步伐较缓，独立电力生产商与能源贸易商样本初期步伐较快，后期步伐较缓。

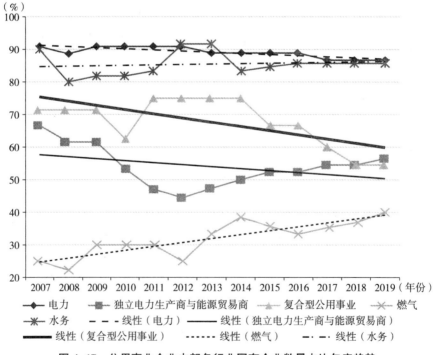

图4-17 公用事业企业内部各行业国有企业数量占比年度趋势

4.2.2　股权性质分析

（1）基于股本流通性的分析。

表4-23是上市公司各大类行业第一大股东股本流通性样本统计。表4-24是针对公用事业企业内部各行业第一大股东股本流通性样本分布进行的统计。

表4-23　上市公司各行业第一大股东股本流通性样本分布　单位：个

行业 年份	能源	材料	工业	可选 消费	日常 消费	医疗 保健	金融	信息 技术	电信 服务	公用 事业	房 地产	合计
2007	47	255	343	241	95	120	52	147	2	80	112	1494
2008	48	272	354	249	98	124	52	155	2	82	113	1549
2009	50	288	401	272	106	140	58	188	2	83	117	1705
2010	56	344	497	317	127	169	64	273	3	87	118	2055
2011	60	378	567	351	135	193	68	328	3	90	118	2291
2012	61	394	601	378	141	201	71	360	3	93	118	2421
2013	62	396	615	390	144	204	71	372	3	94	118	2469
2014	63	414	657	409	151	215	73	388	3	96	118	2587
2015	66	439	722	442	161	236	76	422	3	98	120	2785
2016	71	480	804	490	175	256	89	493	4	100	121	3083
2017	74	529	910	569	190	294	94	570	4	106	123	3463
2018	74	543	939	582	198	303	106	587	4	108	123	3567
2019	75	575	990	599	205	326	114	662	5	110	125	3786
合计	807	5307	8400	5289	1926	2781	988	4945	41	1227	1544	33255

表4-24　公用事业企业内部各行业第一大股东股本流通性样本分布　单位：个

行业 年份	电力	独立电力生产商与 能源贸易商	复合型公用事业	燃气	水务	合计
2007	44	11	7	8	10	80
2008	44	12	7	9	10	82
2009	44	12	7	10	10	83
2010	44	14	8	10	11	87
2011	44	16	8	10	12	90
2012	44	17	8	12	12	93

续表

年份 \ 行业	电力	独立电力生产商与能源贸易商	复合型公用事业	燃气	水务	合计
2013	45	17	8	12	12	94
2014	45	18	8	13	12	96
2015	45	19	8	13	13	98
2016	45	19	8	14	14	100
2017	45	21	9	17	14	106
2018	45	22	9	18	14	108
2019	45	23	9	19	14	110

1）公用事业企业内部各行业股本流通性在不断增强，但各行业增速有较大差异。

从包含公用事业企业的整个股市情况看，各行业股本流通性整体都在不断增强，但行业之间流通性有一定差异：房地产、公用事业、日常消费行业较高，信息技术行业较低；能源行业股本流通性增速最快。

结合表 4-25 和图 4-18 发现，上市公司各行业的股本流通性整体在不断增强。2007 年平均流通股占比为 51.53%，至 2019 年平均流通股占比为 67.03%，12 年增长了 30.8%。2009 年和 2014 年是大多数行业股本流通性的两个制高点。目前阶段，多数行业的股本流通性仍处于上升阶段。

2007~2019 年，房地产、公用事业、日常消费行业股本流通性各年平均水平较高，位于前三位，整体在 70% 以上；信息技术行业较低，还不足 60%，其他行业都在 60%~70%。能源行业股本流通性增速最大，为 5.65%。2007 年，能源行业的股本流通股占比为 44.95%，仅高于电信服务行业。至 2019 年，能源行业的股本流通股占比为 86.9%，仅次于房地产行业，12 年中增长了 99.33%，几乎翻了一番。在表 4-17 中，能源、公用事业、房地产行业产权性质的中位数都比较低，能源与公用事业为 2，房地产行业为 2.27，能源与公用事业的均值也非常低，分别为 2.22、2.18，居行业后两位。这三类行业中国有企业数量较多，而股本流通性较高、增速较快。股本流通性增速较慢的信息技术行业中位数位居第一，均值位居前列，该行业非国有企业数量相对较多。可见，国有企业是股份制改革的主体。

表 4-25 上市公司各行业股本流通性① 单位:%

年份	指标	能源	材料	工业	可选消费	日常消费	医疗保健	金融	信息技术	电信服务	公用事业	房地产	平均
2007	1	44.95	51.47	53.13	54.65	59.15	57.00	46.99	50.13	40.24	53.76	55.38	51.53
	2	55.05	48.53	46.87	45.35	40.85	43.00	53.01	49.87	59.76	46.24	44.62	48.47
2008	1	51.87	56.55	59.14	59.25	63.10	63.32	58.54	59.53	46.36	61.33	59.26	58.02
	2	48.13	43.45	40.86	40.75	36.90	36.68	41.46	40.47	53.64	38.67	40.74	41.98
2009	1	64.80	69.70	66.22	68.52	78.37	71.43	64.73	65.25	74.30	74.73	67.59	69.60
	2	35.20	30.30	33.78	31.48	21.63	28.57	35.27	34.75	25.70	25.27	32.41	30.40
2010	1	70.31	68.65	64.77	68.87	71.85	68.89	75.93	57.32	70.44	75.21	74.11	69.67
	2	29.69	31.35	35.23	31.13	28.15	31.11	24.07	42.68	29.56	24.79	25.89	30.33
2011	1	72.58	71.78	66.30	70.23	73.62	69.20	76.83	58.70	85.07	78.37	76.45	72.65
	2	27.42	28.22	33.70	29.77	26.38	30.80	23.17	41.30	14.93	21.63	23.55	27.35
2012	1	77.17	73.45	68.73	70.09	76.65	72.51	76.80	59.69	85.02	80.35	86.16	75.15
	2	22.83	26.55	31.27	29.91	23.35	27.49	23.20	40.31	14.98	19.65	13.84	24.85
2013	1	77.71	76.95	74.47	75.17	79.22	76.55	84.08	68.14	92.00	81.46	90.61	79.67
	2	22.29	23.05	25.53	24.83	20.78	23.45	15.92	31.86	8.00	18.54	9.39	20.33
2014	1	81.26	79.85	75.49	75.95	82.45	76.08	85.14	69.49	92.81	79.09	91.28	80.81
	2	18.74	20.15	24.51	24.05	17.55	23.92	14.86	30.51	7.19	20.91	8.72	19.19
2015	1	82.09	78.74	73.02	75.07	79.95	73.29	83.90	69.23	90.56	79.57	87.01	79.31
	2	17.91	21.26	26.98	24.93	20.05	26.71	16.10	30.77	9.44	20.43	12.99	20.69
2016	1	78.07	75.07	69.35	70.85	76.98	70.16	71.74	63.93	76.50	78.82	83.42	74.08
	2	21.93	24.93	30.65	29.15	23.02	29.84	28.26	36.07	23.50	21.18	16.58	25.92
2017	1	78.67	73.57	67.08	67.57	76.93	68.39	73.83	64.01	67.96	78.71	84.13	72.81
	2	21.33	26.43	32.92	32.43	23.07	31.61	26.17	35.99	32.04	21.29	15.87	27.19
2018	1	82.75	77.76	72.88	73.89	80.21	74.89	71.08	69.72	73.67	84.26	87.65	77.16
	2	17.25	22.24	27.12	26.11	19.79	25.11	28.92	30.28	26.33	15.74	12.35	22.84
2019	1	86.89	78.39	76.00	78.09	81.92	75.80	76.36	69.85	59.67	86.19	89.17	78.03
	2	13.11	21.61	24.00	21.91	18.08	24.20	23.64	30.15	40.33	13.81	10.83	21.97
平均	1	67.80	66.57	63.33	64.87	70.03	65.54	67.57	58.93	68.19	70.85	73.73	67.03
	2	32.20	33.43	36.67	35.13	29.97	34.46	32.43	41.07	31.81	29.15	26.27	32.97

① 表中1:流通股占比;2:非流通股占比。

续表

年份＼指标	行业	能源	材料	工业	可选消费	日常消费	医疗保健	金融	信息技术	电信服务	公用事业	房地产	平均
增速①	1	5.65	3.57	3.03	3.02	2.75	2.40	4.13	2.80	3.34	4.01	4.05	3.52
	2	-11.27	-6.52	-5.42	-5.88	-6.57	-4.68	-6.51	-4.11	-3.22	-9.58	-11.13	-6.38

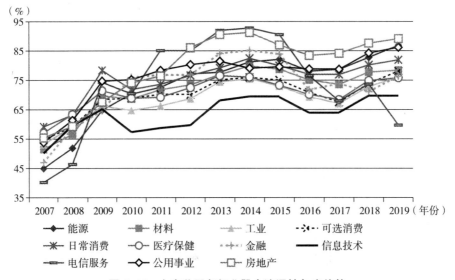

图 4-18 上市公司各行业股本流通性年度趋势

图 4-19 显示，公用事业各行业股本流通性都在不断上升。从增速看，水务行业流通股占比增速最快，为 5.41%。2007 年，水务行业流通股占比在公用事业所有行业中最低，2019 年升至 89.82%，仅次于电力行业。电力行业增速为 4.94%，位居第二。独立电力生产商与能源贸易商增速只有 1.55%，在公用事业所有行业中最低。结合表 4-22，电力和水务行业也是国有企业占比较多的行业，在公用事业企业各行业中分别位居第一、第二，而独立电力生产商与能源贸易商则位居第四，仅高于燃气行业。这进一步印证了国企是推动股份制改革的主力。

---

① 此处为年平均增长速度。增速 = ($\sqrt[12]{F/P}$ -1) ×100，F 为 2019 年流通股或非流通股占比，P 为 2007 年流通股或非流通股占比。

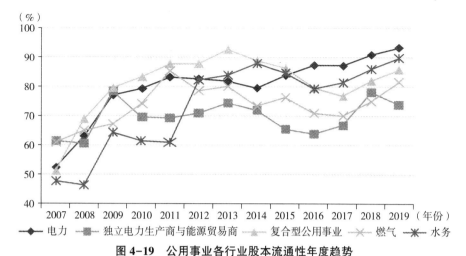

图 4-19 公用事业各行业股本流通性年度趋势

表 4-26 公用事业企业内部各行业股本流通性[1] 单位：%

年份	电力		独立电力生产 商与能源贸易商		复合型 公用事业		燃气		水务	
	1	2	1	2	1	2	1	2	1	2
2007	52.33	47.67	61.38	38.62	51.20	48.80	60.90	39.10	47.72	52.28
2008	63.00	37.00	60.52	39.48	68.94	31.06	64.96	35.04	46.35	53.65
2009	77.03	22.97	78.43	21.57	79.56	20.44	67.17	32.83	64.30	35.70
2010	79.26	20.74	69.58	30.42	83.22	16.78	74.11	25.89	61.40	38.60
2011	83.17	16.83	69.26	30.74	87.71	12.29	85.32	14.68	60.90	39.10
2012	82.60	17.40	70.96	29.04	87.81	12.19	78.56	21.44	82.24	17.76
2013	81.86	18.14	74.39	25.61	92.67	7.33	80.06	19.94	83.89	16.11
2014	79.49	20.51	71.97	28.03	88.90	11.10	73.40	26.60	87.88	12.12
2015	83.78	16.22	65.47	34.53	86.34	13.66	76.32	23.68	84.66	15.34
2016	87.30	12.70	63.83	36.17	79.64	20.36	70.95	29.05	79.30	20.70
2017	87.11	12.89	66.74	33.26	76.81	23.19	70.06	29.94	81.38	18.62
2018	90.91	9.09	78.10	21.90	81.99	18.01	74.95	25.05	85.99	14.01
2019	93.37	6.63	73.84	26.16	85.83	14.17	81.65	18.35	89.82	10.18
平均	80.17	19.83	69.98	30.02	81.25	18.75	74.38	25.62	75.00	25.00
增速[2]	4.94	-15.16	1.55	-3.19	4.40	-9.79	2.47	-6.11	5.41	-12.75

① 表中 1：流通股占比；2：非流通股占比。

② 此处为年平均增长速度。增速 = $(\sqrt[12]{F/P} - 1) \times 100$，F 为 2019 年流通股或非流通股占比，P 为 2007 年流通股或非流通股占比。

公用事业内部各行业股本流通性增速最快的水务行业与股本流通性增速最慢的独立电力生产商与能源贸易商增速行业相差 3.86 个百分点。在上市公司各大行业中，股本流通性增速最快的能源行业与股本流通性增速最慢的医疗保健行业相差 3.25 个百分点，所有各大类行业平均增速为 3.52%，公用事业行业平均增速为 4.01%。可见，公用事业行业股本流通性增长更快，但其内部各行业增长速度差异性比各大类行业之间的差异性要大。

2）公用事业企业内部各行业股本流通性整体较高，行业之间具有一定差异。

表 4-25 显示上市公司流通股占比在 2007~2019 年各年平均为 67.03%，其中公用事业行业平均为 70.85%，公用事业股本流通性整体高于其他行业。公用事业企业内部中，所有行业的流通股占比都要高于上市公司平均水平，如表 4-26 所示。公用事业企业各行业股本流通性也存在明显差异，2007~2019 年，复合型公用事业股本中流通股占比各年平均水平最高，其次是电力、水务、燃气，独立电力生产商与能源贸易商最低。复合型公用事业和电力比较接近，相差约 1 个百分点；水务和燃气比较接近，相差不足 1 个百分点；独立电力生产商与能源贸易商与其他行业相差较大，低于位居第四的燃气行业 4.4 个百分点。

（2）基于持股人性质的分析。

表 4-27 对上市公司内部各大类行业第一大股东持股人性质样本进行了统计。表 4-28 是针对公用事业企业内部各行业第一大股东持股人性质样本分布进行的统计。

表 4-27　上市公司各行业第一大股东持股人性质样本分布　　　　单位：个

行业 年份	能源	材料	工业	可选 消费	日常 消费	医疗 保健	金融	信息 技术	电信 服务	公用 事业	房 地产	合计
2007	46	257	346	241	95	124	65	151	2	80	113	1520
2008	48	277	361	250	98	128	66	163	2	82	114	1589
2009	50	301	420	277	107	146	73	204	2	84	119	1783
2010	55	341	495	313	125	169	78	272	3	87	119	2057
2011	60	384	571	352	135	192	83	323	3	90	119	2312
2012	61	402	611	381	142	202	87	363	3	95	119	2466
2013	61	402	618	382	143	203	88	370	3	96	119	2485
2014	64	428	675	412	154	219	91	402	3	99	119	2666
2015	67	473	757	457	166	248	99	458	3	105	122	2955

续表

行业 年份	能源	材料	工业	可选 消费	日常 消费	医疗 保健	金融	信息 技术	电信 服务	公用 事业	房 地产	合计
2016	71	520	852	507	181	270	113	537	3	107	124	3285
2017	75	565	951	580	193	307	114	611	4	111	125	3636
2018	75	574	975	593	200	314	114	628	5	112	125	3715
2019	76	586	1000	603	208	331	116	678	5	112	125	3840
合计	806	5307	8400	5289	1926	2783	988	4944	41	1260	1544	33288

表4-28　公用事业企业内部各行业第一大股东持股人性质样本分布　单位：个

行业 年份	电力	独立电力生产商 与能源贸易商	复合型公用事业	燃气	水务	合计
2007	44	11	7	8	10	80
2008	44	12	7	9	10	82
2009	44	12	7	10	11	84
2010	44	14	8	10	11	87
2011	44	16	8	10	12	90
2012	44	18	8	13	12	95
2013	45	18	8	13	12	96
2014	45	20	8	14	12	99
2015	45	22	16	16	13	105
2016	45	22	9	17	14	107
2017	45	23	10	19	14	111
2018	45	23	10	20	14	112
2019	45	23	10	20	14	112

1）公用事业企业国有股第一大股东占比较高，高管股第一大股东占比较低；国有股第一大股东占比呈下降趋势，但下降速度较缓，高管股第一大股东占比呈上升趋势，但上升速度较慢。

表4-29反映了上市公司各大类行业第一大股东性质。

表4-29 上市公司各行业第一大股东性质① 单位:%

年份	行业指标			能源	材料	工业	可选消费	日常消费	医疗保健	金融	信息技术	电信服务	公用事业	房地产	平均
2007	A	其他境内持股	1	30.43	15.95	21.39	13.28	7.37	12.10	21.54	21.19	50.00	27.50	8.85	17.24
			2	45.65	49.03	41.91	41.91	56.84	32.26	36.92	21.85	0.00	52.50	46.02	41.97
			3	17.39	29.96	29.77	34.85	30.53	45.97	21.54	50.99	50.00	15.00	37.17	33.16
			4	2.17	1.56	0.58	0.41	0.00	4.84	4.62	0.00	0.00	1.25	2.65	1.38
			5	0.00	0.00	0.00	0.00	0.00	0.00	0.00	0.00	0.00	0.00	0.00	0.00
	B		6	2.17	1.95	2.31	3.73	1.05	2.42	3.08	0.00	0.00	0.00	3.54	2.17
			7	0.00	0.78	0.87	2.07	2.11	1.61	1.54	1.32	100.00	0.00	0.00	1.25
			8	0.00	0.00	0.00	0.29	0.00	0.00	0.00	1.54	0.00	0.00	0.00	0.13
2008	A	其他境内持股	1	33.33	17.69	21.33	13.20	8.16	12.50	24.24	21.47	50.00	26.83	9.65	17.87
			2	43.75	45.13	41.83	41.20	54.08	29.69	36.36	19.63	0.00	48.78	45.61	40.21
			3	18.75	31.77	31.02	37.20	32.65	47.66	19.70	53.37	50.00	19.51	37.72	34.93
			4	0.00	0.72	0.55	0.40	1.02	4.69	3.03	0.00	0.00	2.44	1.75	1.13
			5	0.00	0.00	0.00	0.00	0.00	0.00	0.00	0.00	0.00	0.00	0.00	0.00
	B		6	2.08	1.81	2.49	3.60	1.02	1.56	4.55	1.84	0.00	0.00	3.51	2.33
			7	0.00	0.72	0.83	1.60	1.02	1.56	1.52	1.23	0.00	0.00	1.75	1.07
			8	0.00	0.00	0.28	0.00	0.00	0.00	1.52	0.00	0.00	0.00	0.00	0.13
2009	A	其他境内持股	1	30.00	17.28	20.48	12.27	7.48	12.33	23.29	18.14	50.00	28.57	9.24	16.99
			2	44.00	40.20	36.43	37.91	51.40	27.40	31.51	16.67	0.00	48.81	44.54	36.29
			3	22.00	36.54	36.67	41.88	35.51	51.37	21.92	57.35	50.00	16.67	36.97	39.04
			4	0.00	1.66	1.19	0.72	0.93	1.37	15.07	2.94	0.00	3.57	1.68	2.08
			5	0.00	0.00	0.00	0.00	0.00	0.00	0.00	0.00	0.00	0.00	0.00	0.00
	B		6	2.00	1.66	3.10	3.97	1.87	1.37	4.11	3.43	0.00	1.19	5.04	2.86
			7	0.00	1.00	0.24	1.44	1.87	0.68	1.37	0.98	0.00	0.00	1.68	0.90
			8	0.00	0.00	0.24	0.00	0.00	0.00	1.37	0.00	0.00	0.00	0.00	0.11

① 本表数据计算方法:当年各行业第一大股东性质为某一属性的样本数/当年该行业全部样本数。表中1:国家股占比;2:国有法人股占比;3:高管股占比;4:境内法人股占比;5:境内自然人股占比;6:境外法人股占比;7:境外自然人股占比;8:其他占比。其中:5属于其他境内持股中的其他自然人股。A:境内持股;B:境外持股。

续表

年份		指标	能源	材料	工业	可选消费	日常消费	医疗保健	金融	信息技术	电信服务	公用事业	房地产	平均
2010	A	1	27.27	16.72	18.38	11.18	6.40	11.24	26.92	16.18	33.33	26.44	9.24	15.80
		2	41.82	34.60	31.72	33.87	47.20	23.67	30.77	12.13	0.00	48.28	45.38	31.89
		其他境内持股 3	27.27	43.70	43.23	47.28	39.20	56.21	19.23	61.76	66.67	19.54	36.13	44.48
		4	0.00	1.47	1.21	0.96	2.40	1.78	16.67	2.94	0.00	3.45	1.68	2.24
		5	0.00	0.00	0.00	0.00	0.00	0.00	0.00	0.00	0.00	0.00	0.00	0.00
	B	6	1.82	1.47	3.64	4.15	2.40	2.37	2.56	5.51	0.00	1.15	5.04	3.31
		7	0.00	0.59	0.00	1.28	1.60	0.59	1.28	1.10	0.00	0.00	1.68	0.73
		8	0.00	0.00	0.00	0.00	0.00	0.00	1.28	0.00	0.00	0.00	0.00	0.10
2011	A	1	25.00	15.89	16.11	9.38	7.41	9.90	24.10	14.24	33.33	26.67	9.24	14.36
		2	41.67	28.91	27.67	30.97	41.48	20.83	32.53	8.98	0.00	47.78	45.38	28.20
		其他境内持股 3	31.67	49.48	50.09	52.84	43.70	61.98	18.07	67.18	66.67	18.89	35.29	49.83
		4	0.00	1.30	1.40	0.85	2.96	1.56	18.07	2.79	0.00	4.44	1.68	2.29
		5	0.00	0.26	0.00	0.00	0.00	0.00	0.00	0.00	0.00	0.00	0.00	0.04
	B	6	1.67	2.08	3.33	3.69	2.22	2.60	2.41	5.26	0.00	1.11	5.04	3.24
		7	0.00	0.78	0.00	0.85	1.48	0.52	0.00	0.93	0.00	0.00	1.68	0.61
		8	0.00	0.00	0.18	0.00	0.00	0.00	1.20	0.00	0.00	0.00	0.00	0.09
2012	A	1	24.59	15.17	15.71	8.92	6.34	8.91	21.84	12.95	33.33	24.21	8.40	13.50
		2	40.98	27.86	26.35	29.66	38.73	19.80	31.03	7.71	0.00	48.42	46.22	26.85
		其他境内持股 3	32.79	50.75	51.55	54.33	47.18	63.37	20.69	69.70	66.67	21.05	36.13	51.78
		4	0.00	1.74	1.47	1.05	2.82	3.47	19.54	3.31	0.00	3.16	1.68	2.64
		5	0.00	0.25	0.00	0.00	0.00	0.00	0.00	0.00	0.00	0.00	0.00	0.04
	B	6	1.64	2.24	3.27	3.94	2.82	2.48	2.30	4.96	0.00	1.05	5.04	3.28
		7	0.00	0.50	0.00	0.79	1.41	0.00	0.00	0.83	0.00	0.00	1.68	0.53
		8	0.00	0.00	0.16	0.00	0.00	0.00	1.15	0.00	0.00	1.05	0.00	0.12

续表

年份		行业 指标		能源	材料	工业	可选消费	日常消费	医疗保健	金融	信息技术	电信服务	公用事业	房地产	平均
2013	A		1	24.59	14.93	16.02	8.90	6.29	8.87	23.86	11.62	33.33	23.96	9.24	13.44
			2	40.98	27.36	26.05	29.84	38.46	18.72	28.41	7.84	0.00	48.96	44.54	26.44
		其他境内持股	3	32.79	51.00	51.78	53.40	47.55	65.02	20.45	68.38	66.67	19.79	33.61	51.55
			4	0.00	2.24	1.78	2.36	2.10	3.45	21.59	4.59	0.00	5.21	3.36	3.38
			5	0.00	0.25	0.00	0.00	0.00	0.00	0.00	0.00	0.00	0.00	0.00	0.04
	B		6	1.64	2.24	3.07	3.66	2.80	1.97	2.27	5.68	0.00	0.00	5.88	3.26
			7	0.00	0.75	0.00	0.79	1.40	0.00	0.00	0.54	0.00	0.00	0.84	0.44
			8	0.00	0.00	0.16	0.00	0.00	0.00	1.14	0.00	0.00	0.00	1.04	0.12
2014	A		1	23.44	14.49	15.26	7.77	5.84	7.31	24.18	10.95	33.33	25.25	9.24	12.75
			2	40.63	25.47	24.00	27.67	35.71	17.35	29.67	6.47	0.00	48.48	44.54	24.68
		其他境内持股	3	34.38	53.50	53.63	56.31	50.65	66.67	19.78	69.65	66.67	17.17	32.77	53.45
			4	0.00	1.87	2.67	2.43	3.90	4.57	21.98	6.22	0.00	7.07	3.36	4.05
			5	0.00	0.23	0.00	0.00	0.00	0.00	0.00	0.00	0.00	0.00	0.00	0.04
	B		6	1.56	2.57	3.11	4.13	1.95	2.28	2.20	4.73	0.00	0.00	6.72	3.26
			7	0.00	0.70	0.00	0.73	1.30	0.00	0.00	0.50	0.00	0.00	0.84	0.41
			8	0.00	0.00	0.15	0.00	0.00	0.00	1.10	0.00	0.00	0.00	0.00	0.08
2015	A		1	22.39	13.11	14.13	7.44	4.82	5.65	24.24	10.26	33.33	25.71	9.02	11.84
			2	38.81	23.26	21.00	25.82	32.53	14.92	29.29	5.68	0.00	45.71	42.62	22.30
		其他境内持股	3	37.31	56.03	58.39	59.96	53.01	70.56	19.19	70.52	66.67	19.05	33.61	56.65
			4	0.00	2.54	2.51	1.75	4.22	4.44	23.23	7.42	0.00	7.62	5.74	4.37
			5	0.00	0.21	0.00	0.00	0.00	0.00	0.00	0.00	0.00	0.00	0.00	0.03
	B		6	1.49	2.96	2.64	3.72	3.01	2.42	1.01	4.15	0.00	0.00	5.74	3.05
			7	0.00	0.63	0.40	0.66	1.20	0.40	1.01	0.44	0.00	0.00	0.82	0.54
			8	0.00	0.00	0.00	0.00	0.00	0.00	1.01	0.00	0.00	0.00	0.00	0.03

续表

年份			指标	能源	材料	工业	可选消费	日常消费	医疗保健	金融	信息技术	电信服务	公用事业	房地产	平均
2016	A		1	22.54	11.73	12.91	7.10	4.97	5.19	21.24	9.50	33.33	26.17	8.87	10.99
			2	35.21	20.96	18.78	24.65	29.83	14.07	26.55	5.21	0.00	44.86	41.13	20.33
		其他境内持股	3	38.03	59.62	60.92	61.74	54.14	72.59	16.81	73.18	66.67	19.63	37.10	59.18
			4	2.82	2.88	3.05	1.78	4.42	3.70	31.86	6.52	0.00	7.48	4.84	4.72
			5	0.00	0.19	0.00	0.00	0.00	0.00	0.00	0.00	0.00	0.00	0.00	0.03
	B		6	1.41	2.88	3.05	3.35	3.31	2.59	0.88	3.72	0.00	0.00	4.84	3.01
			7	0.00	0.58	0.47	0.59	1.66	0.37	0.88	0.37	0.00	0.00	0.81	0.55
			8	0.00	0.00	0.00	0.00	0.00	0.00	0.88	0.00	0.00	0.00	0.00	0.03
2017	A		1	21.33	10.27	11.99	6.55	4.66	4.23	21.05	8.67	25.00	26.13	9.60	10.09
			2	34.67	19.29	17.56	21.72	29.02	12.70	26.32	5.07	0.00	43.24	40.00	18.76
		其他境内持股	3	38.67	62.83	63.09	64.31	55.96	73.94	16.67	74.14	75.00	23.42	37.60	61.61
			4	2.67	2.65	3.36	1.90	4.15	4.23	32.46	5.89	0.00	5.41	4.80	4.57
			5	0.00	0.18	0.00	0.00	0.00	0.00	0.00	0.00	0.00	0.00	0.00	0.03
	B		6	1.33	3.19	2.73	4.14	3.11	3.26	0.88	4.26	0.00	0.00	4.80	3.25
			7	0.00	0.53	0.42	0.52	1.55	0.33	0.88	0.33	0.00	0.00	0.80	0.50
			8	0.00	0.00	0.00	0.00	0.00	0.00	0.88	0.00	0.00	0.00	0.00	0.03
2018	A		1	21.33	10.28	12.00	6.41	4.50	4.14	21.05	8.60	40.00	25.89	9.60	10.04
			2	34.67	18.64	18.15	21.08	28.00	12.42	24.56	5.73	0.00	42.86	39.20	18.60
		其他境内持股	3	37.33	62.89	62.67	64.92	56.50	73.89	17.54	72.61	60.00	25.00	39.20	61.53
			4	4.00	2.96	3.08	2.19	4.50	4.46	33.33	6.69	0.00	4.46	4.00	4.74
			5	0.00	0.17	0.00	0.00	0.00	0.00	0.00	0.00	0.00	0.00	0.00	0.03
	B		6	1.33	3.14	2.87	4.05	4.00	3.50	0.88	4.62	0.00	0.00	4.80	3.39
			7	0.00	0.70	0.41	0.51	1.00	0.32	0.88	0.32	0.00	0.00	0.80	0.48
			8	0.00	0.00	0.00	0.00	0.00	0.00	0.88	0.00	0.00	0.00	0.00	0.03

年份		行业 指标	能源	材料	工业	可选消费	日常消费	医疗保健	金融	信息技术	电信服务	公用事业	房地产	平均
2019	A	其他境内持股 1	22.37	10.41	12.10	6.14	4.33	4.23	21.55	8.41	40.00	25.89	9.60	10.00
		2	35.53	18.43	19.10	21.39	26.92	11.18	23.28	7.37	0.00	43.75	39.20	18.83
		3	35.53	62.12	60.50	64.51	57.69	73.41	17.24	69.62	60.00	23.21	38.40	60.34
		4	3.95	4.10	3.90	2.49	4.33	5.14	33.62	8.55	0.00	5.36	4.80	5.63
		5	0.00	0.00	0.00	0.00	0.00	0.00	0.00	0.00	0.00	0.00	0.00	0.00
	B	6	1.32	3.24	3.30	3.98	4.33	3.93	0.86	4.57	0.00	0.00	4.80	3.57
		7	0.00	0.51	0.50	0.50	0.96	0.91	0.86	0.29	0.00	0.00	0.80	0.52
		8	0.00	0.00	0.00	0.00	0.00	0.00	0.86	0.00	0.00	0.00	0.00	0.03
平均	A	其他境内持股 1	25.28	14.15	15.99	9.12	6.04	8.20	23.01	13.24	37.56	26.09	9.22	13.46
		2	39.87	29.16	26.97	29.82	39.25	19.62	29.78	10.03	0.00	47.11	43.41	27.33
		3	31.07	50.01	50.25	53.35	46.48	63.28	19.14	66.04	62.44	19.84	36.29	50.58
		4	1.20	2.13	2.06	1.48	2.90	3.67	21.16	4.45	0.00	4.69	3.23	3.32
		5	0.00	0.13	0.00	0.00	0.00	0.00	0.00	0.00	0.00	0.00	0.00	0.02
	B	6	1.65	2.42	2.99	3.86	2.61	2.52	2.15	4.06	0.00	0.35	4.98	3.08
		7	0.00	0.67	0.32	0.95	1.43	0.56	0.79	0.71	7.69	0.00	1.09	0.66
		8	0.00	0.00	0.13	0.00	0.00	0.00	1.14	0.00	0.00	0.00	0.16	0.08

表 4-29 显示,国家股、国有法人股和高管股构成了上市公司各行业股本中最主要的来源,各行业三类股份占比在 90% 以上。从 2007~2019 年平均情况看,能源、金融、公用事业和房地产四个行业都是国有性质股份居首位,其他行业则是高管股居首位。

图 4-20 反映了上市公司各大类行业国有第一大股东持股年度趋势。能源、公用事业、房地产和金融国有第一大股东持股比例各年基本稳居前列,公用事业最高,信息技术和医疗保健行业各年国有第一大股东持股比例相对较低,位于其他行业之后。绝大多数行业国有性质的第一大股东持股比例都在不断减少,但公用事业、房地产和金融下降速度相对较缓。能源行业 2017 年前下降幅度比较大,但之后其国有性质的第一大股东持股比例和公用事业一样,都有小幅回升,仍在

各行业处于领先地位。电信行业比较特殊，2017 年以前大致呈下降趋势，但其后有大幅度回升。

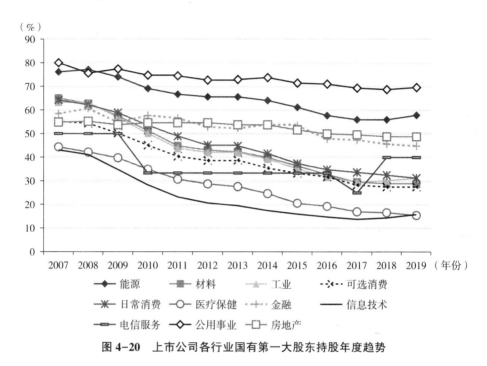

图 4-20　上市公司各行业国有第一大股东持股年度趋势

图 4-21 反映了上市公司各大类行业高管股第一大股东持股的年度趋势。信息技术和医疗保健行业的高管股第一大股东持股比例多数年份都居其他行业（除了电信服务业）前列。电信服务行业高管股第一大股东持股比例相对也较高，不过从 2017 年以来，逐渐下降至其他行业之后。公用事业和金融行业的高管股第一大股东持股比例一直相对较低，位于其他行业之后。绝大多数行业第一大股东为高管股的情况下，高管股第一大股东持股比例在不断上升。材料、能源和工业行业 2007~2019 年高管股第一大股东持股比例分别上升了 107.34%、104.31% 和103.22%，上升速度远超其他行业。尽管上升速度较快，但其高管股第一大股东持股比例仍低于很多其他行业，尤其是能源行业的高管股第一大股东持股比例仅高于公用事业企业和金融行业。公用事业、房地产、信息技术和金融行业高管股第一大股东持股比例的上升速度较慢，分别上升了 54.73%、3.31%、36.54% 和−19.96%。信息技术行业高管股第一大股东持股比例虽然上升速度较慢，但高管持股水平却在各行业前列。

由此看来，国有第一大股东持股比例较高且下降幅度较缓的仍是公益性较强

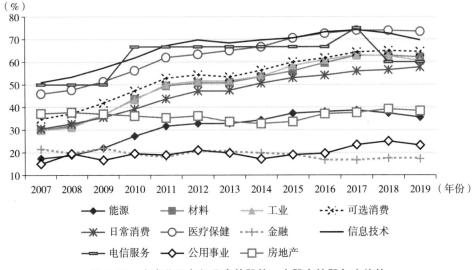

图 4-21　上市公司各行业高管股第一大股东持股年度趋势

或需要加强宏观调控的行业。多数行业比较重视高管股权激励，各行业高管股第一大股东持股比例平均值均在 30% 以上，尤其是可选消费、医疗保健、信息技术和电信行业都在 50% 以上，高管股权激励程度较大。

综上所述，能源、公用事业、房地产和金融行业国有第一大股东持股比例较高，信息技术和医疗保健行业的高管股第一大股东持股比例较高；多数行业国有第一大股东持股比例在逐渐下降，高管股第一大股东持股比例在逐渐上升。公用事业与其他各大类行业相比，其国有第一大股东持股比例较高，但在样本期间呈下降趋势，但下降速度比大多数行业要慢；高管股第一大股东持股比例较低，但样本期间呈上升趋势，但上升速度比大多数行业要慢。高管持股有利于将经理人目标与企业目标密切联系在一起，促使员工更为努力地工作。但高管持股的效果一定程度上还要依赖于高管个人的素质、影响力和市场环境等各个方面的因素。公用事业企业在市场化改革方面不断进行有益的尝试。但基于其行业地位的重要性，其决策更为谨慎。

2）公用事业内部各行业多为国有第一大股东，少数行业存在高管为第一大股东的情况，国有第一大股东持股比例和高管第一大股东持股比例都存在显著的行业差异。

表4-30 公用事业企业各行业第一大股东性质[1]　　　　单位:%

年份	指标			电力	独立电力生产商与能源贸易商	复合型公用事业	燃气	水务	平均
2007	A		1	45.45	36.36	0.00	0.00	10.00	31.25
			2	40.91	36.36	85.71	37.50	70.00	47.50
		其他境内持股	3	4.55	18.18	14.29	50.00	10.00	12.50
			4	9.09	9.09	0.00	0.00	0.00	6.25
			5	0.00	0.00	0.00	0.00	0.00	0.00
	B		6	0.00	0.00	0.00	0.00	0.00	0.00
			7	0.00	0.00	0.00	0.00	0.00	0.00
	8			0.00	0.00	0.00	0.00	0.00	0.00
2008	A		1	40.91	16.67	0.00	0.00	20.00	26.83
			2	47.73	50.00	71.43	22.22	60.00	48.78
		其他境内持股	3	6.82	33.33	28.57	66.67	10.00	19.51
			4	2.27	0.00	0.00	0.00	10.00	2.44
			5	0.00	0.00	0.00	0.00	0.00	0.00
	B		6	0.00	0.00	0.00	0.00	0.00	0.00
			7	0.00	0.00	0.00	0.00	0.00	0.00
	8			0.00	0.00	0.00	0.00	0.00	0.00
2009	A		1	45.45	16.67	0.00	0.00	18.18	28.57
			2	45.45	50.00	71.43	30.00	63.64	48.81
		其他境内持股	3	6.82	25.00	28.57	60.00	0.00	16.67
			4	2.27	8.33	0.00	0.00	9.09	3.57
			5	0.00	0.00	0.00	0.00	0.00	0.00
	B		6	0.00	0.00	0.00	0.00	9.09	1.19
			7	0.00	0.00	0.00	0.00	0.00	0.00
	8			0.00	0.00	0.00	0.00	0.00	0.00

　　① 本表数据计算方法:当年各行业第一大股东性质为某一属性的样本数/当年该行业全部样本数。表中1:国家股占比;2:国有法人股占比;3:高管股占比;4:境内法人股占比;5:境内自然人股占比;6:境外法人股占比;7:境外自然人股占比;8:其他占比。其中:5属于其他境内持股中的其他自然人股。A:境内持股;B:境外持股。

续表

年份	行业 指标			电力	独立电力生产商 与能源贸易商	复合型公用事业	燃气	水务	平均
2010	A		1	45.45	14.29	0.00	0.00	9.09	26.44
			2	45.45	42.86	62.50	30.00	72.73	48.28
		其他 境内 持股	3	6.82	35.71	37.50	60.00	0.00	19.54
			4	2.27	7.14	0.00	0.00	9.09	3.45
			5	0.00	0.00	0.00	0.00	0.00	0.00
	B		6	0.00	0.00	0.00	0.00	9.09	1.15
			7	0.00	0.00	0.00	0.00	0.00	0.00
	8			0.00	0.00	0.00	0.00	0.00	0.00
2011	A		1	47.73	12.50	0.00	0.00	8.33	26.67
			2	43.18	33.33	75.00	23.08	75.00	45.26
		其他 境内 持股	3	6.67	33.33	25.00	46.15	0.00	17.71
			4	2.22	10.00	0.00	0.00	8.33	4.04
			5	0.00	0.00	0.00	0.00	0.00	0.00
	B		6	0.00	0.00	0.00	0.00	7.14	0.93
			7	0.00	0.00	0.00	0.00	0.00	0.00
	8			0.00	0.00	0.00	0.00	0.00	0.00
2012	A		1	45.45	11.11	0.00	0.00	8.33	24.21
			2	44.44	38.89	75.00	23.08	83.33	47.92
		其他 境内 持股	3	6.67	35.00	25.00	57.14	0.00	20.20
			4	2.22	9.09	0.00	0.00	0.00	2.86
			5	0.00	0.00	0.00	0.00	0.00	0.00
	B		6	0.00	0.00	0.00	0.00	7.14	0.90
			7	0.00	0.00	0.00	0.00	0.00	0.00
	8			0.00	0.00	0.00	5.00	0.00	0.89

续表

年份	指标 行业			电力	独立电力生产商与能源贸易商	复合型公用事业	燃气	水务	平均
2013	A	1		42.22	16.67	0.00	0.00	8.33	23.96
		2		46.67	33.33	75.00	30.77	83.33	48.96
		其他境内持股	3	6.67	38.89	25.00	53.85	0.00	19.79
			4	4.44	11.11	0.00	0.00	8.33	5.21
			5	0.00	0.00	0.00	0.00	0.00	0.00
	B	6		0.00	0.00	0.00	0.00	0.00	0.00
		7		0.00	0.00	0.00	0.00	0.00	0.00
	8			0.00	0.00	0.00	7.69	0.00	1.04
2014	A	1		42.22	25.00	0.00	0.00	8.33	25.25
		2		46.67	30.00	75.00	42.86	75.00	48.48
		其他境内持股	3	6.67	30.00	25.00	42.86	0.00	17.17
			4	4.44	15.00	0.00	7.14	8.33	7.07
			5	0.00	0.00	0.00	0.00	0.00	0.00
	B	6		0.00	0.00	0.00	0.00	0.00	0.00
		7		0.00	0.00	0.00	0.00	0.00	0.00
	8			0.00	0.00	0.00	0.00	0.00	0.00
2015	A	1		42.22	31.82	0.00	0.00	7.69	25.71
		2		46.67	22.73	66.67	37.50	76.92	45.71
		其他境内持股	3	4.44	31.82	33.33	50.00	0.00	19.05
			4	6.67	13.64	0.00	6.25	7.69	7.62
			5	0.00	0.00	0.00	0.00	0.00	0.00
	B	6		0.00	0.00	0.00	0.00	0.00	0.00
		7		0.00	0.00	0.00	0.00	0.00	0.00
	8			0.00	0.00	0.00	0.00	0.00	0.00

续表

年份		行业\指标		电力	独立电力生产商与能源贸易商	复合型公用事业	燃气	水务	平均
2016	A	其他境内持股	1	44.44	31.82	0.00	0.00	7.14	26.17
			2	44.44	22.73	66.67	35.29	78.57	44.86
			3	4.44	31.82	33.33	52.94	0.00	19.63
			4	6.67	13.64	0.00	5.88	7.14	7.48
			5	0.00	0.00	0.00	0.00	0.00	0.00
	B		6	0.00	0.00	0.00	0.00	0.00	0.00
			7	0.00	0.00	0.00	0.00	0.00	0.00
	8			0.00	0.00	0.00	0.00	0.00	0.00
2017	A	其他境内持股	1	44.44	34.78	0.00	0.00	7.14	26.13
			2	42.22	21.74	60.00	36.84	78.57	43.24
			3	4.44	34.78	40.00	57.89	7.14	23.42
			4	8.89	8.70	0.00	0.00	0.00	5.41
			5	0.00	0.00	0.00	0.00	0.00	0.00
	B		6	0.00	0.00	0.00	0.00	0.00	0.00
			7	0.00	0.00	0.00	0.00	0.00	0.00
	8			0.00	0.00	0.00	0.00	0.00	0.00
2018	A	其他境内持股	1	44.44	34.78	0.00	0.00	7.14	25.89
			2	42.22	21.74	60.00	35.00	78.57	42.86
			3	4.44	39.13	40.00	60.00	7.14	25.00
			4	8.89	4.35	0.00	0.00	0.00	4.46
			5	0.00	0.00	0.00	0.00	0.00	0.00
	B		6	0.00	0.00	0.00	0.00	0.00	0.00
			7	0.00	0.00	0.00	0.00	0.00	0.00
	8			0.00	0.00	0.00	0.00	0.00	0.00

年份	行业指标			电力	独立电力生产商与能源贸易商	复合型公用事业	燃气	水务	平均
2019	A	其他境内持股	1	44.44	34.78	0.00	0.00	7.14	25.89
			2	42.22	21.74	60.00	40.00	78.57	43.75
			3	4.44	39.13	40.00	50.00	7.14	23.21
			4	8.89	4.35	0.00	5.00	0.00	5.36
			5	0.00	0.00	0.00	0.00	0.00	0.00
	B		6	0.00	0.00	0.00	0.00	0.00	0.00
			7	0.00	0.00	0.00	0.00	0.00	0.00
	8			0.00	0.00	0.00	0.00	0.00	0.00
平均	A	其他境内持股	1	44.22	24.40	0.00	0.00	9.76	26.38
			2	44.48	32.73	69.57	32.63	74.94	46.49
			3	5.68	32.78	30.43	54.42	3.19	19.49
			4	5.33	8.80	0.00	1.87	5.23	5.02
			5	0.00	0.00	0.00	0.00	0.00	0.00
	B		6	0.00	0.00	0.00	0.00	2.50	0.32
			7	0.00	0.00	0.00	0.00	0.00	0.00
	8			0.00	0.00	0.00	0.00	0.98	0.15

　　根据表4-30和图4-22，我国公用事业各行业第一大股东中，国有性质的股份占绝对地位。除了燃气行业外，2007~2019年，各行业国有第一大股东持股比例平均值都在50%以上，燃气行业也高达30%以上。电力行业最高，达88.70%。水务行业紧随其后，也高达80%以上。各行业国有股基本都达到了绝对或相对控股，即便是燃气行业，也在安全控股范围之内①。

---

　　① 因股东大会普通决议需要过半数表决权通过，故持有50%以上表决权资本为相对控股。考虑到一些特殊决议需要2/3及以上表决比例通过，一般将持有67%及以上表决权资本界定为绝对控股。持有33%以上表决权资本为安全控股，因为此时其他股东的表决权比例之和达不到67%。

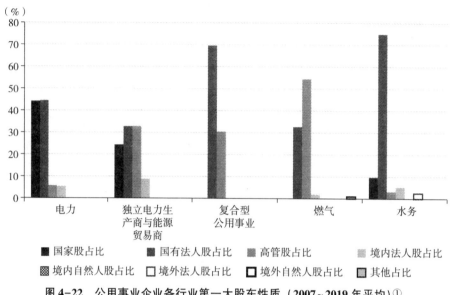

图 4-22　公用事业企业各行业第一大股东性质（2007~2019 年平均）①

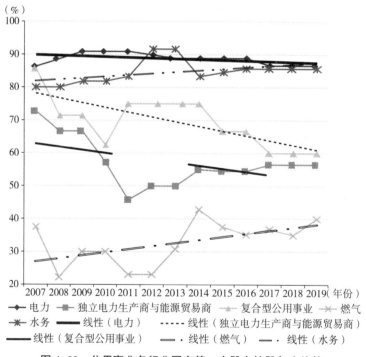

图 4-23　公用事业各行业国有第一大股东持股年度趋势

① 图中股份性质代表含义与表 4-29 相同。

如图 4-23 所示，公用事业各行业国有第一大股东的持股比例年度趋势如下：
第一，公用事业企业内部，电力和水务国有第一大股东的持股比例各年基本都远
在其他行业之上。燃气行业各年最低，其他两类行业居中。第二，公用事业企业
的国有第一大股东的持股比整体相对稳定，但内部各行业趋势差异较大。公用事
业企业内部水务和燃气行业整体是在上升；电力、独立电力生产商与能源贸易
商、复合型公用事业整体是在下降。说明国家对水务和燃气行业的管控在加强，
对电力、独立电力生产商与能源贸易商、复合型公用事业有一定程度的放松。

根据图 4-24，第一大股东为高管持股的公用事业企业的年度趋势特征为：
第一，燃气行业各年在公用事业行业中高管第一大股东持股比例最高，远超其他
行业。水务的高管第一大股东持股比例各年平均水平最低，电力略高于水务行
业，也远低于其他行业。第二，高管第一大股东持股比例的走势呈现出两种完全
不同的趋势。复合型公用事业、独立电力生商与能源贸易商呈现出明显的上升趋
势，燃气行业、电力和水务行业有小幅下降。

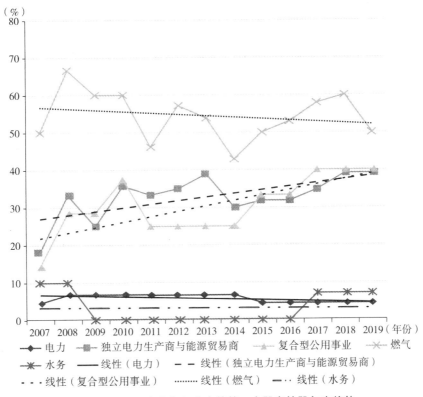

图 4-24　公用事业各行业高管第一大股东持股年度趋势

综合看来，公用事业内部各行业基本为国有第一大股东，尤其是电力和水务行业，其国有第一大股东持股比例远高于其他行业，国家对电力和水务行业管控一直较为严格。虽然各行业都有一定程度的高管股权激励，但在电力和水务行业中的激励程度远低于其他行业，燃气行业的高管股第一大股东持股比例较高，高管激励程度高于其他行业。

4.3 企业股权结构差异的理论阐释：投资者、投资动机和投资能力

4.3.1 投资者类别及特征

投资者是指将自有资金提供给他人使用，以期获得收益的自然人或法人。不同性质的投资者在被投资企业中所拥有的权利和义务是不一样的，对不同投资项目的认识、偏好和决策依据等方面都有所差异。企业在进行融资时，应充分考虑到不同投资者的心理特征和行为范式，以期以最低的资本成本融入资金，从而实现企业价值的最大化。

根据法律对投资者的保护机制不同，可将投资者分为债权人和股东。债权人与企业之间属于资金借贷关系，到期债权人可以请求偿还本金和利息。企业在进行破产清算时，破产财产应优先用于清偿债权人的权益。股东的权益属于一种剩余权益，企业破产财产在清偿债权人权益之后剩余的部分才可以分配给股东。所以股东的投资风险要大于债权人的投资风险，在对企业进行投资时，股东要求的报酬率也就高于债权人要求的报酬率，其差额属于风险溢价补偿。债权人在进行投资时，为了减少企业违约风险，通常要求企业提供担保或抵押。在有担保人或抵押物时，债权人的投资风险降低，其要求的报酬率会相应下降。股东又分优先股股东和普通股股东。优先股通常事先规定有固定的报酬率，其收益不受企业经营情况的限制，收益权优先于普通股股东。但是优先股股东和债权人一样，不能够参与企业的经营决策，没有选举权和被选举权。

根据投资者对待风险的态度划分，投资者有风险偏好、风险中性和风险反感之分。风险是指未来潜在事件发生对期望收益实现所带来的不确定性。投资风险意味着投资者可能不能收回或不能全部收回其要求的报酬率。风险偏好的投资者

热衷于利益追求，通常具有冒进心理，其项目决策往往基于不太成熟的可行性论证。投资项目一旦成功，可为其带来巨大利益，倘若失败，损失也往往非常惨重。其投资项目属于高风险、高收益型。此类投资者往往具有"赌"的心理，或者是在别无良策的情况下破釜沉舟，以图挽回局面。风险反感的投资者通常比较保守，承担风险的能力较低，稳定的收益对其具有非常重要的意义，因此不敢冒险。所谓"两鸟在林，不如一鸟在手"便体现了这个道理。风险中性是指"投资者对待风险的态度是中性的，所有证券的预期报酬率都应当是无风险利率。风险中性的投资者不需要额外的收益补偿其承担的风险。在风险中性的世界里，将期望值用无风险利率进行折现，可以获得现金流量的现值"。在现实世界里，风险中性的投资者应该是居多数。

投资者又有完全理性、有限理性和非理性之分。理性投资假设是现代资本市场诸多财务理论的重要假设之一。所谓"理性预期"，穆思（Muth，1961）指出是"经济活动当事者的预期由于相同的信息背景，趋向于理论预测的结果"。美国管理学家和社会科学家、决策理论学派的重要代表人物赫伯特·西蒙（Harbert A. Simen）认为，要达到完全理性，就必须符合以下三个条件：①每一个人做决策时必须了解影响决策的每一个因素。②每一个人做决策时必须能够完全估计到每一种可能的结果及其发生的概率。③每一个人都有能力对每一种结果的偏好程度进行排序。社会协作系统学派的创始人切斯特·巴纳德（Chester I. Barnard，1938）认为，人并非是"完全理性的经济人"，而是只具有有限的决策能力和选择能力。获得2002年度诺贝尔经济学奖的卡尼曼（Daniel Kahneman）和史密斯（Vernon L. Smith）经过几十年的实验证明，人不可能是理性的。

虽然投资者不是完全理性的，但是非理性因素是我们在进行决策的时候不能完全预期的，通常假定投资者是完全理性的对企业判断投资者的心理、偏好和决策行为是非常有益的。

现代市场经济条件催生了大量新的投资品种，加之市场竞争激烈，企业投资风险加剧，以较低的资本成本进行融资一定程度上为企业进行投资树立了坚定的信心、提供了可靠的保障。为投资项目融资需要根据不同的投资者设计不同的融资方案，融资政策或者资本结构政策的制定主要就是针对这个问题的。

4.3.2　投资动机与股权结构差异

虽然投资者都希望获得所要求的报酬率，这是其共同目的，但是具体到每个投资者，其可能又有特殊的投资动机。公用事业企业与其他行业企业不同，其股东既有盈利性动机，又具有较强的非盈利性动机。而投资动机是影响公司股权结构的一个重要因素。

（1）盈利性动机与公司股权结构。

具有盈利性动机的股东以追求投资报酬率最大化为目的。股东的收益包括两部分：股利和资本利得。美国经济学家米勒和莫迪利亚尼（Miller and Modigliani，1961）提出股利无关论，认为当公司支付股利时，公司流通在外的普通股股数增加，股票价格下降，原始股东财富并未受到影响，因为他们获得了与股票价值下降等额的股利。如果公司不发放股利，流通在外的普通股股数并未发生变化，股票价格也未发生变化，原始股东财富仍未改变。所以股东并不关心是否发放股利。但在现实世界中，股东由于多种因素的影响，其对股利和资本利得是有偏好的。"一鸟在手"理论认为拿到手的股利是最可靠的，未来的资本利得具有一定的风险。"纳税差异"理论指出由于资本利得和股利税率不一致使得投资者对二者有偏好。通常资本利得的实际税负较低，因为其在实现时才缴纳个人所得税。所以投资者偏好资本利得。"客户效应"理论认为对于收入高的投资者因为其税负较高，表现出倾向于低股利的支付政策，收入低的投资者则倾向于高股利支付政策。

证券交易成本对投资者股利或资本利得的偏好具有重要影响。我国最早于1990年7月在深圳市开征股票交易印花税，此后股票交易印花税成为重要的市场调控工具之一。在开征股票交易印花税后半年内，深圳市政府由单向征收改为买卖双向征收6‰的交易印花税，以平抑股价的暴涨。1991年10月，鉴于股市持续低迷，深圳市将印花税税率下调为3‰。2008年4月24日，我国政府出手"救市"，将证券交易印花税下调至千分之一，当日沪指暴涨9.29%（即著名的4.24行情）。同年9月18日，政府又将印花税改为单边征收，当日两市A股全线涨停报收（即9.18大救市）。

偏好股利的投资者对一个企业的投资相对稳定，其对企业的未来前景有良好的预期，愿意将资金长期放在被投资企业。换言之，他坚信企业会在未来发放可观的股利，实现其要求的报酬率。对未来股利的笃定信念使其敢于不断向企业注资，提升其股权比例。在这种情况下，公司的股权结构渐趋集中。

相反，对于偏好资本利得的投资者，其时刻关注着股票价格的变化，随时准备抛售。这种投资者不可能专注于对某一个企业进行投资。即便其在某一时期拥有被投资企业大量的股权，但其随时可能转让。这种投资其实更具有"投机"性质。在这种情形下，公司的股权可能就是分散的。

投资者还可能有其他盈利动机。例如：①避税。一些国家或地区规定企业集团可以合并纳税。合并纳税可以防止企业集团利用内部交易转移税收，另外可以使企业享受税收方面的好处，增强其市场竞争力。假设集团下属有两个企业，一个亏损 200 万元，一个盈利 150 万元，在合并纳税的情况下可以将两个企业的利润相加，仍有亏损 50 万元，企业集团则当年不需再缴企业所得税，其亏损额还可以抵扣以后年度税收。若是分别纳税，亏损企业当年不缴税，但盈利企业当年需缴税，整体上增加了企业集团当年的现金支出。②取得控制权。取得被投资方的控制权后，股东便控制了公司的股东大会等治理机构，进而可决定公司的经营方针、政策等。这些股东通过控制权的行使，可以有效降低其代理成本，保护自己其他方面的利益。

在投资动机为避税时，会使被投资企业的股权结构渐呈集中之势。因为一个国家或地区的税收政策通常是稳定的，投资企业不会在短期内转移投资。既然可以享受税收的优惠，投资者便愿意在可能的情况下加大投资，致使其股权比例上升，被投资企业股权集中。

在以取得控制权为目的的投资中，被投资企业的股权结构往往也是集中的。一方面是因为取得控制权首先要求一定比例的投资，一般在 20%、30% 甚至 50% 以上。另一方面，既然以控制为目的，那么投资者在可预见的将来不会转移其投资。

（2）非盈利性动机与公司股权结构。

非盈利性动机的投资者主要是政府股东。政府股东作为股东中的一员，具有极其特殊的性质。政府股东，又称国家股东，是政府或者政府机构对企业进行股权投资所形成的一种投资者身份。政府作为投资者对企业进行股权资本投资，主要是基于如下几个方面的考虑：①国有资本的保值增值；②特定行业的管制或监控，比如公益性企业的管制，诸如电力公司、公交公司、电信公司、自来水公司、油气公司等；③特定时期对于某些重要企业的救援，比如对于陷于破产境地的公司施予援手。政府不仅要考虑其投资报酬率，更要考虑其社会责任。

一般企业也需要承担一定的社会责任，但它和政府股东不同。企业是以盈利为目的的，即便是承担社会责任，也必须是以盈利为前提。一个亏损的企业是无法坦然地在不给员工发放薪酬的情况下向社会其他团体提供任何捐助的。社会责任大多并不是企业的法律义务，例如捐助失学儿童。一个盈利的企业不履行社会责任，可能会受到社会的谴责、感受到良心的不安，但却不一定会受到法律的惩治。所以企业投资天然是以盈利为目的的。政府则必须履行社会职责，兼顾不同利益集团的要求。

另外，政府要保证国家的稳定，一些关系国计民生的行业应该有政府的投资，甚至是由政府垄断。

政府股东的职责决定其不可能仅以获取报酬为目的，其对企业的投资应该是长久的，特定情况下其股权比例应该是比较大的。因此，在有政府股东的情况下，其非盈利性投资动机决定了被投资企业的股权通常是集中的。以社会责任为目的的投资，其股东通常是政府股东。

4.3.3　投资能力与股权结构差异

投资者能力差异有两方面原因：一是投资者认知程度的不同；二是其资金的充裕程度。

投资者认知指其对不同证券投资信息了解的程度。投资者认知水平越高，其投资决策能力越强。在投资者认知能力比较差时，其对一个企业的前景预期可能存在较大的误差。投资者自身也意识到这一点，所以不敢贸然将大部分资金投资于同一个企业。为了减少风险，投资者往往分散化投资，将非系统风险降到最低限度内。此时被投资企业的股权结构通常是分散的。如果投资者认知水平较高，其通常能敏锐地观察到影响企业前景的每一个因素，能正确地挑选合适的企业去进行投资。这种情况下，投资者就敢于将其大部分资金投资于同一个企业，被投资企业股权趋向于集中。

充裕的资金是投资的前提。只有达到一定的股权比例，投资者才可能对被投资企业产生重大影响或控制。如果没有资金担保，投资者实行多元化投资政策，被投资企业的股权只能是分散型的。这也是为什么许多上市公司的大股东都是企业法人或机构投资者，鲜有自然人的原因。

4.4　本章小结

本章从股权集中度和股权性质两个方面对我国 2007~2019 年公用事业上市公司股权结构进行了调查研究。股权集中度主要根据企业第一股东持股比例进行分析，股权性质则围绕企业股本的流通性及持股人性质展开研究。

本章对公用事业上市公司股权集中度的研究表明：①公用事业企业整体及其内部各行业的股权集中度都比较高，各行业股权集中度差距在逐步缩小。②公用事业企业股权集中程度整体在逐渐降低，但其内部各行业股权集中度趋势差别较大，水务行业呈下降趋势，燃气行业呈上升趋势，其他行业相对稳定。公用事业企业股权集中度降速整体低于非上市公司。③规模越大的公用事业企业，股权集中度通常越高。④国有公用事业企业股权集中度通常较高。

本章通过对公用事业企业上市公司股权性质的调查研究发现：①公用事业企业整体，及其内部各行业的股本流通性都在逐渐增强。②公用事业企业股本流通性上升速度整体高于非公用事业企业，但公用事业企业内部各行业股本流通性差异较大，水务和电力行业增速在各行业中处于领先地位。③国有股构成了公用事业企业未流通股的主要部分。④公用事业企业第一大股东性质相对单一，公用事业企业整体及其内部大多数行业的第一大股东多为国有性质，非公用事业企业第一大股东性质更为多元化。⑤公用事业企业第一大股东持股比例显著高于非公用事业企业。⑥公用事业企业国有股第一大股东占比呈下降趋势，但下降速度较缓；高管股第一大股东占比呈上升趋势，但上升速度较慢。

综上所述，公用事业上市公司在市场化改革中取得了一定的成绩，公用事业企业的股权结构也在不断优化。市场化改革要结合不同行业的性质、背景、发展程度等异质性因素进行。本章研究旨在使我们对公用事业企业的股权结构特点及其产生原因有更为清晰的认识与理解。公司治理环境对企业财务决策有重要影响，本章的研究也有利于后续章节进一步从公司治理角度深入挖掘影响政府补助的财务政策效应的因素。

5 政府补助与营运资本政策

营运资本管理属于企业短期财务管理行为，与企业的日常活动、短期或临时的投资和融资活动密切相关。王丽娜和高绪亮（2008）认为，国外从 20 世纪 30 年代开始研究营运资本管理，而我国从 20 世纪 90 年代才开始关注研究营运资本政策。传统财务学中，营运资本政策地位逊于其他财务政策。Baker 等（2011）曾指出，通常认为融资政策、投资政策及股利政策为企业具有战略意义的三大财务政策。而这些财务政策更侧重从长远发展及战略角度安排企业的财务活动，其决策更具有深远意义。营运资本政策更关注企业短期价值的提高，可见，营运资本政策一定程度上从属于企业的其他财务政策。

现代财务决策中，营运资本政策的地位随着一些新的经营理念的产生而日益提高。例如"零库存"理念要求供应链协同，做到上下游全程打通，减少库存周转时间及呆滞物料的产生，从而保持较低的仓储数量。此理念下，需要企业、供应商、客户紧密合作，互惠互利。实施"零库存"管理的典型企业有日本丰田汽车公司、我国海尔集团等。"零营运资本管理"政策提倡在满足企业对流动资产基本需求的前提下尽量减少在流动资产上的投资，把更多的资金投入到收益较高的固定资产或长期投资上，大量举借流动负债来满足营运资金需求，降低企业的资本成本，提高企业价值。零营运资本政策实际上是零库存管理理念的扩展。现代互联网、物联网及财务共享技术的发展，为零营运资本政策的实施提供了现实基础和应用条件，越来越多的企业开始研究适合自身的基于"零营运资金管理"的具体方法和措施。此外，现代财务管理倡导业财融合，财务人员应逐渐转化为企业战略的掌舵者、业务的管理者，财务人员要学习业务、参与业务、精通业务，财务工作和业务工作要有效结合起来。基于业财融合背景下的财务决策更能体现企业实际经营业务的特点，从而提高财务决策的有效性，营运资本管理也不例外。营运资本管理与企业日常活动有关，而日常活动是最能体现行业或企业异质性的方面，故营运资本管理方法也会因此千差万别，从而使营运资本管理政策的研究比其他财务政策更为复杂。

营运资本的含义有广义和狭义之分。广义的营运资本又称总营运资本或毛营运资本，是指在公司正常生产经营活动中占用在流动资产上的资本，狭义的营运资本是指净营运资本。本章研究运用的是广义的营运资本概念。投放在流动资产上的资金具体包括货币资金和特定形式的非货币资金。本章选取货币资金和非货币资金中的存货进行研究。

5.1 理论分析与研究假设

5.1.1 政府补助与营运资本政策

政府补助是企业的一项重要资金来源，能有效提升企业资金的流动性，缓解企业融资约束问题。在完美的资本市场条件下，公司的融资行为与投资无关，内部融资与外部融资具有完全替代性。但是基于信息不对称、代理成本、税盾、交易成本、财务困境成本等一系列原因，企业外部融资成本实质上高于内部融资成本，两者不能完全替代，融资约束问题因此而产生。融资约束程度比较高的企业，基于现金的交易性动机、预防性动机和投机性动机的需要，通常会保持相对较高的现金持有水平以保证未来企业生产经营活动的正常运行。许多文献研究表明，融资约束越大，企业现金持有水平越高。如聂艳红（2020）对我国2010~2015年沪深A股非金融类上市公司的研究表明融资成本越高，企业融资越困难，企业现金持有水平越高。Opler等（1997）针对1971~1994年美国公开上市交易的公司进行研究，认为现金流风险较高的企业，其现金与总资产的比值会相对较高；有更多机会进入资本市场的企业（如大企业和拥有信用评级的企业）现金占总资产的比例会降低。孙慧（2020）以2014~2018年沪深两市非金融类公司为样本进行研究，发现融资约束较强的情况下，企业会存在超额持有现金现象，企业持有现金最主要的动机是预防性动机。在融资约束不高时，企业货币资金的使用无论是软约束还是硬约束相对会比较松散，现金支出因而会大幅度增加，企业持有的现金会减少。

存货持有水平与存货周转率密切相关。存货周转率反映企业从购入材料、产品生产、销售商品到货款回收的整个过程。资金供应存货周转率越大，存货的周转水平越高，表明企业存货的变现能力越强。整个过程的顺利进行必须有资金的保证。政府补助提高了企业资金的供应水平，有效地保证了企业经营活动过程中资金链的完整。因此，在政府补助较多的企业，企业存货的持有水平可能会降低。

基于以上分析，本章提出以下假设：

假设 5-1a：政府补助会降低企业的现金持有水平。

假设 5-1b：政府补助会降低企业的存货持有水平。

5.1.2　股权集中度、政府补助与营运资本政策

股权集中度比较高时，企业的财务决策权力更大程度地集中于少数大股东手中，包括重大现金支出计划。现金决策权相对集中，会减少股东之间因矛盾冲突、意见不一致而导致的反复磋商、讨论等程序性活动，从而提升决策效率。郑斐然（2010）研究指出，企业股权相对集中时，企业投资行为会增加。林冬冬等（2014）进一步发现，第一大股东持股比例超过 25.35% 之后，企业过度投资行为会因持股比例的增加更严重。上市公司自由现金流量越多，过度投资越严重（李永壮等，2017）。基于此，现金决策权的集中会更大程度上加速现金支出决策行为。此外，理论上大股东可能存在控股权私利。控股股东的收益包括：①企业利润等共享收益。②经营者所享有的私人收益。股东可能投资风险过高的项目以取得私人收益。假定一个濒临破产的企业的资产为 100 万元，负债为 120 万元，全部资产用于偿还负债后，股东一无所获。企业另有一高风险投资项目，其收益具有较大的不确定性。该项目需要企业投资 100 万元。在理想状态下该项目可获取利润 300 万元，也很有可能发生经营失败而亏损 100 万元。该项目对股东具有极大的吸引力，因为一旦投资成功，企业可获取 300 万元的现金流，在偿还了债权人权益 120 万元之后，股东还可收回 180 万元的投资。若该项目失败，股东一无所获。如果企业不对该项目投资，股东最后也是将血本无归。总之，投资该项目对于股东而言是有赚无赔。但债权人风险却增加了。一旦投资失败，其债权人的债权将全部不能收回，因为企业原有资产已全部用于该项目投资。但是若不对该项目进行投资，债权人至少还能收回 100 万元的债权。陈振华（2010）研究表明，股权制衡能显著抑制我国上市公司存在的过度投资现象。内部股权制衡的增强均能制约过度投资行为。以上表明，股权集中可能会使现金支出的约束水平更低，从而导致现金的消费水平提高，现金持有水平降低。股权集中可能会放大政府补助对现金持有水平的降低作用。

此外，根据第 4 章的研究，我国上市公司公用事业企业股权集中度相对较高，故其现金消费水平可能会更高，企业的现金持有水平会更低。但根据边际效用递减法则，一定时期内，在其他商品或服务消费量不变的条件下，随着消费者不断增加某种商品或服务的消费量，消费者从每增加一单位该商品或服务的消费中所获得的效用将逐渐递减。政府补助提升了企业的消费能力，但如果政府补助

水平超过企业的现金管理能力，政府补助的作用会被削弱，反而会导致资金闲置，现金持有水平上升。根据第 3 章的研究，公用事业企业政府补助水平高于大多数行业。基于以上分析，本章提出以下假设：

假设 5-2a：股权集中度对政府补助和现金持有水平的关系具有正向调节作用。

假设 5-2b：企业的公用事业企业属性会显著影响股权集中度对政府补助和现金持有水平二者关系的调节作用，但影响方向不确定。

股权集中度高的企业，由于其决策效率更高，会降低材料采购、工人雇佣、生产经营、销售等经营活动方面的决策时间，从而缩短营业周期，提高存货周转率，降低期末存货水平。股权集中可能会放大政府补助对存货持有水平的降低作用。

公用事业企业中股权集中水平较高，一定程度上可能会提高股权集中度对政府补助和存货持有水平的关系的调节作用。从公用事业企业产权性质考虑，由于国有控股或参股的企业居多，可能更多地存在政治关联，公用事业企业产品的公益性质也使其在存货采购、营销等方面天然具有更多的资源和渠道。因此，在公用事业企业中，企业存货周转率可能会更高，期末存货持有水平会更低。但是，如果公用事业企业存在政府补助水平过高的情况，存货投资水平超过了市场承受能力则会出现存货闲置，存货持有水平上升的情况。公用事业的企业属性整体上究竟对政府补助和存货持有水平关系的调节作用是促进还是削弱，要取决于上述两方面的作用孰大孰小。

基于以上分析，本章提出以下假设：

假设 5-3a：股权集中度对政府补助和存货持有水平的关系具有正向调节作用。

假设 5-3b：企业的公用事业企业属性会显著影响股权集中度对政府补助和存货持有水平二者关系的调节作用，但影响方向不确定。

5.1.3 国有第一大股东、政府补助与营运资本政策

国有第一大股东，代表的是国有企业和政府的利益。鉴于政府的国有股东身份及考虑国有企业肩负着更多的社会责任，政府对国有单位通常给予更多资源倾斜。国有企业相对于非国有企业在经营中享受了各种偏向性政策，是中国微观企业运行的典型特征之一（张天华和张少华，2016）。国有企业承担的社会责任越多，获取的信贷资源越多（叶松勤和黄瑾，2020）。基于此，被投资企业也将由于国有第一大股东的资源软约束而受益，其成本费用水平和现金持有水平也将发

生变化。Megginson 等（2014）针对我国 2000~2012 年 A 股市场的研究，发现随着国有股权的增加，企业现金的持有水平在下降；平均而言，国有股权每下降 10 个百分点，企业的现金持有量将增加 5500 万元；国有股权与现金持有水平的负向关系归因于国有企业固有的预算软约束问题。韦浪和宋浩（2020）针对我国 A 股 2007~2017 年上市公司的研究发现，国有股权能显著降低民营企业的现金持有水平。由于预算软约束可能引致管理层权力加大，在缺乏有效的内部控制及公司治理监督机制的情况下，管理层权力会被过度滥用，出现高管薪酬的超额分配问题，这将进一步降低现金的持有水平。刘剑民等（2019）对我国 2010~2016 年的国有上市公司的研究即证明国有上市公司存在企业对管理层发放超额薪酬现象。刘俊（2016）针对我国 2011~2013 年 A 股上市公司的研究亦表明我国上市公司存在国有企业管理层借助政府补助扩大自身与一般员工薪酬差距现象，完善公司治理机制是缩小该差距的重要途径。

此外，国有第一大股东的资源倾斜一定程度上会使企业的生产、采购、销售活动更加流畅，从而缩短营业周期。国有企业通常伴随较高的存货流动性，投资者将政府股权作为企业价值提升的标志，这使得企业产生更强烈的交易商品的意愿（Ding 和 Suardi，2019）。欧阳峰和曾靖（2016）对我国 2005~2014 年制造业上市公司的研究表明国有企业比非国有企业的存货周转率要高。

基于以上分析，本章提出以下假设：

假设 5-4a：相较于第一大股东为非国有股东的企业，第一大股东为国有股东的企业随着政府补助的增加，现金持有水平更低。

假设 5-4b：相较于第一大股东为非国有股东的企业，第一大股东为国有股东的企业随着政府补助的增加，存货持有水平更低。

在公用事业企业，由于其承担的主要是社会公用设施等关系国计民生的业务，公益性较强，所以对于此类企业政府应给予更多的资源倾斜。所以某种程度上，在公用事业企业中，上述假设 5-4a 和假设 5-4b 的作用应更为显著。公用事业企业政府补助水平较高，故与假设 5-2b、假设 5-3b 一样，我们需要考虑如下问题：若政府补助水平过高，超出其现金管理能力，可能引致过度投资或资金闲置问题，反而导致现金持有水平和存货持有水平上升。故本章进一步提出以下假设：

假设 5-5a：企业的公用事业企业属性会显著影响国有第一大股东身份对政府补助和现金持有水平二者关系的调节作用，但影响方向不确定。

假设 5-5b：企业的公用事业企业属性会显著影响国有第一大股东身份对政府补助和存货持有水平二者关系的调节作用，但影响方向不确定。

5.2 研究样本、变量及模型

本部分以我国 2007~2019 年上市公司 A 股样本数据为基础，并剔除了 ST 类公司、金融类公司及样本缺失的公司。研究所需有关原始数据主要来自 WIND 及 CSMAR 数据库。所有连续变量均进行了上下 1% 缩尾处理。

表 5-1 政府补助与营运资本政策变量定义表

变量类别	变量名称	变量符号	变量计算
被解释变量	货币资金	CASH	（现金+银行存款）/资产
	存货	INVENTORY	存货/资产
解释变量	政府补助	SUBSIDY	政府补助/资产①
调节变量	股权集中度	FIRST1	第一大股东持股比例
	国有股	GUOYOU	第一大股东为国有股为1，否则为0
	公用事业	UTILITY	企业为公用事业企业为1，否则为0
控制变量	公司规模	LNASSET	总资产的对数
	独董比例	DUDONG	独立董事人数/董事会人数
	管理层薪酬	SALARY	管理层年薪的对数
	成长性	TOBINQ	托宾Q
	资产利润率	TTM	息税前利润/资产
	年度	YEAR	虚拟变量，属于该年度为1，否则为0
	行业	INDU	虚拟变量，属于该行业为1，否则为0②

为验证政府补助与营运资本政策的关系，本部分建立回归模型如下：

$$CASH_{i,t} = \alpha_0 + \alpha_1 SUBSIDY_{i,t} + \sum_{i=2}^{n} CONTROL_{i,t} + \xi \qquad (5-1)$$

$$INVENTORY_{i,t} = \alpha_0 + \alpha_1 SUBSIDY_{i,t} + \sum_{i=2}^{n} CONTROL_{i,t} + \xi \qquad (5-2)$$

上述两个模型中，i 表示公司样本个体，t 表示年度，ξ 是随机误差项。

为检验公用事业企业对政府补助与营运资本政策的调节作用，在模型

---

① 记入营业外收入的政府补助和记入其他收益的政府补助之和。

② 与第 4 章分析保持一致，本部分采用 WIND 行业进行分类。

（5-1）和模型（5-2）中均加入 UTILITY、UTILITY 和 SUBSIDY 的交乘项，得如下模型：

$$CASH_{i,t} = \alpha_0 + \alpha_1 SUBSIDY_{i,t} + \alpha_2 UTILITY_{i,t} +$$

$$\alpha_3 UTILITY_{i,t} \times SUBSIDY_{i,t} + \sum_{i=4}^{n} CONTROL_{i,t} + \xi \qquad (5-3)$$

$$INVENTORY_{i,t} = \alpha_0 + \alpha_1 SUBSIDY_{i,t} + \alpha_2 UTILITY_{i,t} +$$

$$\alpha_3 UTILITY_{i,t} \times SUBSIDY_{i,t} + \sum_{i=4}^{n} CONTROL_{i,t} + \xi$$

$$(5-4)$$

为进一步从股权集中度、国有第一大股东视角分析政府补助与企业营运资本政策的关系，本章进一步将样本分为股权集中度高组和股权集中度低组、国有第一大股东组和非国有第一大股东组进行研究。第一大股东持股比例大于均值的样本属于股权集中度高组，反之为股权集中度低组。第一大股东为国有股东的样本属于国有第一大股东组，反之为非国有第一大股东组。

5.3 实证检验与分析

5.3.1 描述性统计

表5-2 政府补助与营运资本政策描述性统计

变量	观测值	均值	中位数	最小值	最大值	标准差
CASH	25990	0.19190	0.15128	0.01407	0.70336	0.14065
INVENTORY	25990	0.14838	0.11759	0.00042	0.70136	0.12975
FIRST1	25990	35.52760	33.75000	8.70000	75.52000	14.99570
GUOYOU	25990	0.37938	0.00000	0	1	0.48524
UTILITY	25990	0.03713	0.00000	0	1	0.18908
UTILITY×SUBSIDY	25990	0.00009	0.00000	0.00000	0.03820	0.00086
SUBSIDY	25990	0.00471	0.00298	0.00003	0.03820	0.00563
LNASSET	25990	22.02071	21.84225	18.29297	25.82827	1.28455
TTM	25990	5.99994	5.50130	-16.90860	36.67120	6.04648

变量	观测值	均值	中位数	最小值	最大值	标准差
DUDONG	25990	0.37140	0.33333	0.00000	0.57143	0.05300
SALARY	25990	6.01510	6.00523	4.00733	7.97399	0.73875
TOBINQ	25990	5.23435	3.73960	0.12300	40.26380	5.40754

表 5-2 显示：①样本企业基本都在一定程度上有政府资金支持，不过政府补助力度有显著差异。政府补助中位数小于均值，说明大部分样本企业获取的政府补助水平低于上市公司均值水平。②企业资金流动性差距较大。实务中，货币资金占总资产的比例在 15%~20% 之内较为合适，样本企业整体现金持有水平相对适中。但现金占总资产比重的中位数小于均值，说明大部分样本企业现金持有水平较低，少部分企业存在货币资金过剩问题。存货占总资产比的中位数也小于均值，说明大部分样本企业存货持有水平较低，少部分企业存货可能存在滞销导致的库存过高问题。③从股权结构看，样本企业股权集中度差异显著，但整体股权集中度较高，达 30% 以上，处于相对控股水平。

5.3.2 相关性分析

表 5-3 为模型中各有关变量的 Pearson 相关系数表。表中绝大部分变量之间的相关系数不超过 0.5，极个别的变量之间的相关系数虽然将近 0.6，但不超过 0.8。Ho 和 Wong（2001）认为相关系数不超过 0.8，就不存在严重的多重共线性问题。

表 5-3 中，CASH 与 SUBSIDY 显著正相关，与假设 5-1a 预期相反，由于相关系数并未控制或者说消除其他自变量的效应，故后文将进一步通过回归分析验证二者之间的关系。INVENTORY 与 SUBSIDY 在 1% 的水平上显著负相关，与假设 5-1b 预期一致。UTILITY 与 CASH、INVENTORY 均在 1% 的水平上显著负相关，表明相较于非公用事业企业，公用事业企业的现金持有水平和存货持有水平会更低，这与第 3 章的研究结论"公用事业企业整体是激进型的营运资本政策"相一致。FIRST1 与 UTILITY 在 1% 的水平上显著正相关，隐含着公用事业企业的第一大股东持股比例比非公用事业企业要高，这与第 4 章"公用事业企业股权集中度较高"的研究结论相一致。UTILITY 与 GUOYOU 在 1% 的水平上显著正相关，这进一步印证了第 4 章的研究结论"公用事业企业中国有企业数量占比较高"。

表 5-3　Pearson 相关系数表

变量	CASH	INVENTORY	FIRST1	GUOYOU	UTILITY	UTILITY×SUBSIDY	SUBSIDY	LNASSET	TTM	DUDONG	SALARY	TOBINQ
CASH	1											
INVENTORY	-0.1772*** (0.0000)	1										
FIRST1	0.0246*** (0.0000)	0.0523*** (0.0000)	1									
GUOYOU	-0.1275*** (0.0000)	0.0482*** (0.0000)	0.1953*** (0.0000)	1								
UTILITY	-0.1203*** (0.0000)	-0.1525*** (0.0000)	0.0520*** (0.0000)	0.1702*** (0.0000)	1							
UTILITY× SUBSIDY	-0.0586*** (0.0000)	-0.0717*** (0.0000)	0.0159* (0.0106)	0.0831*** (0.0000)	0.5094*** (0.0000)	1						
SUBSIDY	0.0572*** (0.0000)	-0.0853*** (0.0000)	-0.0517*** (0.0000)	-0.0875*** (0.0000)	-0.0835*** (0.0000)	0.0706*** (0.0000)	1					
LNASSET	-0.2557*** (0.0000)	0.1122*** (0.0000)	0.1828*** (0.0000)	0.3248*** (0.0000)	0.1357*** (0.0000)	0.0242*** (0.0001)	-0.2084*** (0.0000)	1				
TTM	0.1885*** (0.0000)	-0.0720*** (0.0000)	0.1224* (0.0000)	-0.0980*** (0.0000)	-0.0285*** (0.0000)	-0.0308*** (0.0000)	0.0543*** (0.0000)	-0.0218*** (0.0004)	1			
DUDONG	0.0067 (0.2822)	0.0104* (0.0932)	0.0499*** (0.0000)	-0.0533*** (0.0000)	-0.0257*** (0.0000)	-0.0119* (0.0550)	0.0082 (0.1861)	0.0252*** (0.0000)	-0.0265*** (0.0000)	1		
SALARY	-0.0473*** (0.0000)	0.0224*** (0.0000)	-0.0359*** (0.0000)	0.0236*** (0.0000)	-0.0307*** (0.0003)	-0.0449*** (0.0000)	-0.0356*** (0.0001)	0.5363*** (0.0000)	0.1472*** (0.0000)	0.0086*** (0.0000)	1	
TOBINQ	-0.0955*** (0.0000)	-0.0388*** (0.0000)	-0.0604*** (0.0000)	-0.0249*** (0.0001)	0.0101 (0.1025)	0.015** (0.0156)	0.0624*** (0.0000)	-0.1209*** (0.0000)	0.0055 (0.3768)	0.0205*** (0.0009)	-0.0800*** (0.0000)	1

注：***，**，*分别代表在1%、5%和10%的水平上显著，括号内为p值。

5.3.3　回归分析

（1）政府补助和营运资本政策的 OLS 回归分析。

表 5-4　政府补助和营运资本政策 OLS 回归结果

变量	因变量＝CASH	因变量＝INVENTORY
SUBSIDY	−0.61087 ***	−0.58338 ***
	（−4.13）	（−5.02）
LNASSET	−0.02745 ***	0.00699 ***
	（−34.56）	（10.18）
TTM	0.00362 ***	−0.00118 ***
	（24.95）	（−10.37）
DUDONG	0.04044 ***	0.01354
	（2.71）	（1.09）
SALARY	0.01706 ***	−0.00329 **
	（11.66）	（−2.51）
TOBINQ	−0.00353 ***	−0.00024 *
	（−23.54）	（−1.71）
CONSTANT	0.64832 ***	−0.03366 **
	（37.66）	（−2.15）
YEAR	控制	控制
INDU	控制	控制
观测值	25990	25990
R^2	0.1967	0.3173

注：***、**、*分别代表在 1%、5% 和 10% 的水平上显著，括号内为 t 值。

表 5-4 显示，SUBSIDY 在 1% 的水平上显著负向影响 CASH 和 INVENTORY，这说明政府补助显著降低了样本企业的现金持有水平和存货持有水平，假设5-1a 和假设 5-1b 成立。

（2）股权结构、政府补助和营运资本政策的 OLS 回归分析。

进一步将样本分为股权集中度高组和股权集中度低组，分别验证 CASH 和 INVENTORY 在不同的股权集中度水平下与 SUBSIDY 之间的关系，回归结果如表 5-5 所示。

表 5-5　股权集中度、政府补助和营运资本政策 OLS 回归结果

变量	因变量=CASH				因变量=INVENTORY			
	股权集中度高	股权集中度低	股权集中度高	股权集中度低	股权集中度高	股权集中度低	股权集中度高	股权集中度低
	(1)	(2)	(3)	(4)	(5)	(6)	(7)	(8)
SUBSIDY	-1.07064 ***	-0.27139	-1.08427 ***	-0.24975	-0.47868 ***	-0.69943 ***	-0.52849 ***	-0.70414 ***
	(-4.94)	(-1.35)	(-4.93)	(-1.23)	(-2.66)	(-4.66)	(-2.91)	(-4.64)
UTILITY	—	—	-0.03964 ***	-0.04891 ***			-0.04413 ***	-0.06466 ***
			(-6.43)	(-4.34)			(-9.13)	(-6.12)
UTILITY× SUBSIDY	—	—	0.72728	-1.29447	—	—	2.65853 ***	0.28191
			(0.77)	(-1.33)			(5.06)	(0.35)
LNASSET	-0.02539 ***	-0.03158 ***	-0.02538 ***	-0.03158 ***	0.00704 ***	0.00796 ***	0.00710 ***	0.00796 ***
	(-22.51)	(-26.46)	(-22.48)	(-26.46)	(7.10)	(7.95)	(7.15)	(7.95)
TTM	0.00357 ***	0.00337 ***	0.00357 ***	0.00337 ***	-0.00169 ***	-0.00084 ***	-0.00167 ***	-0.00084 ***
	(15.53)	(17.97)	(15.53)	(17.96)	(-9.31)	(-5.72)	(-9.23)	(-5.72)
DUDONG	0.06266 ***	0.00030	0.06261 ***	0.00030	0.04407 **	-0.02034	0.04390 **	-0.02034
	(2.85)	(0.01)	(2.85)	(0.02)	(2.41)	(-1.20)	(2.40)	(-1.20)
SALARY	0.01731 ***	0.01902 ***	0.01731 ***	0.01899 ***	-0.00624 ***	-0.00107	-0.00625 ***	-0.00107
	(7.62)	(9.72)	(7.62)	(9.70)	(-3.07)	(-0.62)	(-3.08)	(-0.62)
TOBINQ	-0.00409 ***	-0.00311 ***	-0.00409 ***	-0.00311 ***	0.00007	-0.00034 *	0.00006	-0.00034 *
	(-17.71)	(-15.87)	(-17.71)	(-15.87)	(0.31)	(-1.90)	(0.29)	(-1.90)
CONSTANT	0.59656 ***	0.74256 ***	0.59619 ***	0.74268 ***	-0.03969 *	-0.01919	-0.04103 *	-0.01922
	(24.89)	(29.23)	(24.86)	(29.24)	(-1.81)	(-0.86)	(-1.87)	(-0.86)
YEAR	控制	控制	控制	控制	控制	控制	控制	控制
INDU	控制	控制	控制	控制	控制	控制	控制	控制
观测值	11992	13998	11992	13998	11992	13998	11992	13998
R^2	0.1972	0.2061	0.1972	0.2062	0.3680	0.2713	0.3682	0.2713
Chow test	—		Prob>chi2 = 0.1373		Prob>chi2 = 0.3453		—	

注：***、**、*分别代表在 1%、5% 和 10% 的水平上显著，括号内为 t 值。

表 5-5 中，第（1）、第（2）、第（5）和第（6）列是不考虑公用事业企业相关变量的回归结果。股权集中度高的样本组中，SUBSIDY 无论对 CASH 还是 INVENTORY 都在 1% 的水平上呈现出负向影响；在股权集中度低的样本组中，SUBSIDY 虽然仍负向影响 CASH，但并不显著，SUBSIDY 与 INVENTORY 仍在

1%的水平上负相关。由此表明，在股权集中度较高时，政府补助力度越大，企业现金消费水平越高，现金持有水平越低，股权集中度高组中政府补助与现金持有水平的负向效应显著大于股权集中度低组，假设 5-2a 成立。为进一步验证股权集中度不同的组别中，政府补助对存货持有水平影响的差异性，表 5-5 进行了Chow 检验。检验结果显示，股权集中度高组和股权集中度低组中，政府补助对存货持有水平的影响没有显著差异，假设 5-3a 没有通过。由于在不同的股权集中度组别中，政府补助对存货持有水平都具有明显的降低作用，这表明：①样本企业可能整体存货决策效率较高，从而使股权集中度对政府补助与存货持有水平二者关系的调节作用不明显。②股权集中度较高的样本企业并未充分发挥集中决策的优势，或者是集中决策的结果不是为了提高公司管理水平，而是为谋求私利或其他方面，或者大股东本身存货管理水平不够以致出现决策失误。结合表 5-2的描述性统计，样本企业存货持有水平差距较大，说明其存货管理水平差异显著，假设 5-3a 不成立的原因，更可能是由于后者。

在表 5-5 股权集中度的不同组别中，进一步加入公用事业企业调节变量，回归结果见第（3）、第（4）、第（7）和第（8）列，发现：在将 CASH 作为因变量时，无论是股权集中度高组还是股权集中度低组，UTILITY×SUBSIDY 都不显著，公用事业这一企业属性不能有效促进或削弱股权集中度对政府补助和现金持有水平的调节作用，假设 5-2b 未通过；将 INVENTORY 作为因变量时，股权集中度高组中，UTILITY×SUBSIDY 在 1% 的水平上显著，股权集中度低组中，UTILITY×SUBSIDY 不显著，说明公用事业这一企业属性显著影响到了股权集中度对政府补助和存货持有水平二者关系的调节作用，假设 5-3b 成立。

值得关注的是，UTILITY×SUBSIDY 在股权集中度高组显著为正，说明公用事业这一企业属性显著削弱了而不是提高了股权集中度对政府补助和存货持有水平二者负向关系的调节作用。根据"存货期末余额＝期初余额＋当期购买、自制等原因的增加额－销售等原因的减少额"，在其他条件一定的情况下，存货期末持有水平增加，意味着当期购买、自制等原因增加的存货数量大于销售等原因减少的存货数量。故部分企业可能存在存货投资过度问题，市场不认可企业的部分产品或市场容量已饱和无法再消化企业的产品，从而使存货持有水平上升。

（3）国有第一大股东、政府补助和营运资本政策的 OLS 回归分析。

表 5-6　国有第一大股东、政府补助和营运资本政策 OLS 回归结果

变量	因变量=CASH				因变量= INVENTORY			
	国有第一大股东	非国有第一大股东	国有第一大股东	非国有第一大股东	国有第一大股东	非国有第一大股东	国有第一大股东	非国有第一大股东
	(1)	(2)	(3)	(4)	(5)	(6)	(7)	(8)
SUBSIDY	-0.42600 **	-0.75109 ***	-0.46436 **	-0.73238 ***	-0.67270 ***	-0.55334 ***	-0.74494 ***	-0.55367 ***
	(-2.04)	(-3.79)	(-2.16)	(-3.69)	(-3.48)	(-3.81)	(-3.75)	(-3.81)
UTILITY	—	—	-0.04272 ***	-0.02183 ***	—	—	-0.03201 ***	-0.05582 ***
			(-7.61)	(-1.62)			(-6.77)	(-4.61)
UTILITY× SUBSIDY	—	—	1.08066 *	-3.30095 *	—	—	2.03490 ***	0.05813
			(1.79)	(-1.75)			(4.16)	(0.04)
LNASSET	-0.01706 ***	-0.03564 ***	-0.01702 ***	-0.03564 ***	0.00410 ***	0.01019 ***	0.00418 ***	0.01019 ***
	(-14.72)	(-29.52)	(-14.67)	(-29.51)	(3.98)	(9.73)	(4.04)	(9.73)
TTM	0.00373 ***	0.00332 ***	0.00374 ***	0.00332 ***	-0.00171 ***	-0.00086 ***	-0.00170 ***	-0.00086 ***
	(14.79)	(18.47)	(14.80)	(18.47)	(-7.98)	(-6.29)	(-7.93)	(-6.29)
DUDONG	0.03612 *	0.02050	0.03605 *	0.02092	0.03083	0.00330	0.03070	0.00330
	(1.77)	(1.01)	(1.77)	(1.03)	(1.48)	(0.21)	(1.47)	(0.21)
SALARY	0.020529 ***	0.01689 ***	0.02051 ***	0.01685 ***	0.00088	-0.00652 ***	0.00085	-0.00652 ***
	(9.56)	(8.48)	(9.55)	(8.46)	(0.42)	(-3.84)	(0.41)	(-3.84)
TOBINQ	-0.00239 ***	-0.00370 ***	-0.00239 ***	-0.00369 ***	-0.00006	-0.00036 **	-0.00005	-0.00036 **
	(-12.53)	(-17.57)	(-12.52)	(-17.56)	(-0.26)	(-1.97)	(-0.24)	(-1.97)
CONSTANT	0.38164 ***	0.84238 ***	0.38079 ***	0.84231 ***	-0.02594	-0.02121	-0.02756	-0.02121
	(16.08)	(32.49)	(16.03)	(32.48)	(-1.13)	(-0.92)	(-1.19)	(-0.92)
YEAR	控制	控制	控制	控制	控制	控制	控制	控制
INDU	控制	控制	控制	控制	控制	控制	控制	控制
观测值	9860	16130	9860	16130	9860	16130	9860	16130
R²	0.1925	0.2253	0.1926	0.2254	0.3797	0.2773	0.3800	0.2773
Chow test	Prob > chi2 = 0.2581		Prob> chi2 = 0.0266 **		Prob > chi2 = 0.6209		—	

注：***、**、* 分别代表在 1%、5% 和 10% 的水平上显著，括号内为 t 值。

表 5-6 中，第 (1)、第 (2)、第 (5) 和第 (6) 列是不考虑公用事业企业相关变量的回归结果。在国有第一大股东组中，SUBSIDY 在 5% 的水平上与 CASH 显著负向关，与 INVENTORY 在 1% 的水平上显著负相关。在非国有第一大股东组中，SUBSIDY 与 CASH、INVENTORY 都在 1% 的水平上显著负相关。Chow 检验显示，SUBSIDY 对 CASH、INVENTORY 的影响在国有第一大股东组和非国有第一大股东组中并无显著差异。假设 5-4a 和假设 5-4b 未通过检验。

加入公用事业企业调节变量之后的回归结果见表 5-6 的第（3）、第（4）、第（7）和第（8）列。结果表明：将 CASH 作为因变量时，无论是国有第一大股东组还是非国有第一大股东组，UTILITY×SUBSIDY 系数都在 10% 的水平上显著，国有第一大股东组显著正相关，非国有第一大股东组显著负相关；将 IN-VENTORY 作为因变量时，国有第一大股东组的 UTILITY×SUBSIDY 系数在 1% 的水平上显著为正，非国有第一大股东组的 UTILITY×SUBSIDY 系数不显著。进一步 Chow 检验显示，以 CASH 作为因变量时，国有第一大股东组和非国有第一大股东组 UTILITY×SUBSIDY 系数在 5% 的水平上存在显著差异。假设 5-5a 和假设 5-5b 均成立。进一步分析发现，无论是以 CASH 作为因变量还是以 INVENTORY 作为因变量，国有第一大股东组 UTILITY×SUBSIDY 都是显著为正，说明公用事业这一企业属性显著削弱了股权结构对政府补助和现金持有或存货持有水平的调节作用，国有第一大股东组应适度降低政府补助力度，以避免投资能力过剩。以 CASH 作为因变量时，非国有第一大股东组 UTILITY×SUBSIDY 是显著为负，说明在第一大股东为非国有股东的公用事业企业，政府补助与现金持有水平的负相关关系更强。

5.3.4　稳健性检验

（1）基于固定效应模型的检验。

本部分进一步用固定效应模型检验政府补助与营运资本政策二者之间的关系，以降低模型可能存在的内生性问题，回归结果见表 5-7。SUBSIDY 与 CASH、INVENTORY 均在 1% 的水平上显著负相关，假设 5-1a 和假设 5-1b 仍然成立。

表 5-7　政府补助和营运资本政策 OLS 回归结果

变量	因变量=CASH	因变量= INVENTORY
SUBSIDY	-0.46827 *** （-3.21）	-0.2856 *** （-3.15）
LNASSET	-0.02037 *** （-12.73）	0.005982 *** （6.03）
TTM	0.002591 *** （19.26）	-0.00041 *** （-4.94）
DUDONG	-0.04071 ** （-2.12）	0.012666 （1.06）

续表

变量	因变量=CASH	因变量= INVENTORY
SALARY	0.006191 *** （3.00）	0.002383 * （1.86）
TOBINQ	−0.00343 *** （−22.40）	0.000226 ** （2.38）
CONSTANT	0.62805 *** （19.21）	0.013391 （0.66）
YEAR	控制	控制
INDU	控制	控制
观测值	26069	26069
R^2	0.1662	0.0267
Hausman	chi2 = 294.26 ***	chi2 = 280.70 ***

注：***、**、*分别代表在1%、5%和10%的水平上显著，括号内为 t 值。

（2）替换股权集中度指标后的检验结果。

考虑到上市公司资本规模相对较大，单个股东投资能力有限，本章进一步用前十大股东持股比例作为股权集中度的衡量指标考察股权集中度对公用事业企业政府补助和营运资本政策二者关系的影响效应。

表5-8显示，不考虑企业的公用事业属性时，股权集中度高的样本组中，SUBSIDY 无论对 CASH 还是 INVENTORY 都在1%的水平上呈现出负向影响；在股权集中度低的样本组中，SUBSIDY 与 CASH 在10%的水平上显著负相关，与 INVENTORY 在1%的水平上显著负相关。Chow 检验显示：因变量为 CASH 时，不同组别的 SUBSIDY 系数在10%的水平上存在显著差异，假设5-2a 仍然成立；因变量为 INVENTORY 时，不同组别的 SUBSIDY 系数没有显著差异，假设5-3a 仍然没有通过。

进一步加入公用事业企业调节变量，发现：在将 CASH 作为因变量时，无论是股权集中度高组还是股权集中度低组，UTILITY×SUBSIDY 仍然都不显著，假设5-2b 仍未通过；将 INVENTORY 作为因变量时，股权集中度高组中 UTILITY×SUB-SIDY 系数在1%的水平上显著，股权集中度低组中 UTILITY×SUBSIDY 系数在10%的水平上显著。但 Chow 检验显示两组的 UTILITY×SUBSIDY 系数不存在显著差异，假设5-3b 没有通过。但值得关注的是，UTILITY×SUBSIDY 在股权集中度高组中的系数和显著性仍然都是大于股权集中度低组。这表明，公用事业这一企业属性依然是在一定程度上促进了股权集中度对政府补助和存货持有水平负向关系的调节作用，但影响程度相对较小。

表 5-8　股权集中度、政府补助和营运资本政策 OLS 回归结果

变量	因变量＝CASH				因变量＝INVENTORY			
	股权集中度高	股权集中度低	股权集中度高	股权集中度低	股权集中度高	股权集中度低	股权集中度高	股权集中度低
	（1）	（2）	（3）	（4）	（5）	（6）	（7）	（8）
SUBSIDY	−0.83418 ***	−0.32009 *	−0.84322 ***	−0.30497	−0.50490 ***	−0.77583 ***	−0.52370 ***	−0.80522 ***
	（−3.81）	（−1.72）	（−3.83）	（−1.60）	（−3.23）	（−4.46）	（−3.33）	（−4.54）
UTILITY	—	—	−0.03866 ***	−0.04303 ***	—	—	−0.04618 ***	−0.05541 ***
			（−5.26）	（−4.83）			（−9.30）	（−5.35）
UTILITY× SUBSIDY	—	—	0.96208	−0.59265	—	—	2.00197 ***	1.15180 *
			（0.62）	（−0.87）			（2.65）	（1.76）
LNASSET	−0.02905 ***	−0.02459 ***	−0.02904 ***	−0.02460 ***	0.00499 ***	0.01090 ***	0.00502 ***	0.01091 ***
	（−26.80）	（−20.81）	（−26.77）	（−20.82）	（5.85）	（9.13）	（5.87）	（9.14）
TTM	0.00352 ***	0.00271 ***	0.00352 ***	0.00270 ***	−0.00133 ***	−0.00099 ***	−0.00133 ***	−0.00099 ***
	（15.61）	（14.82）	（15.61）	（14.81）	（−8.36）	（−5.80）	（−8.32）	（−5.78）
DUDONG	0.04806 **	−0.00226	0.04792 **	−0.00230	0.04957 ***	−0.02414	0.04927 ***	−0.02407
	（2.23）	（−0.12）	（2.22）	（−0.12）	（3.07）	（−1.25）	（3.05）	（−1.24）
SALARY	0.01699 ***	0.01708 ***	0.01700 ***	0.01707 ***	−0.00334 **	−0.00479 **	−0.00333 **	−0.00477 **
	（7.76）	（9.35）	（7.76）	（9.34）	（−1.99）	（−2.34）	（−1.98）	（−2.33）
TOBINQ	−0.00493 ***	−0.00212 ***	−0.00493 ***	−0.00212 ***	0.00013	−0.00050 **	0.00013	−0.00049 **
	（−20.31）	（−11.40）	（−20.29）	（−11.41）	（0.70）	（−2.44）	（0.66）	（−2.43）
CONSTANT	0.70623 ***	0.58290 ***	0.70594 ***	0.58305 ***	−0.00207	−0.07834 ***	−0.00267	−0.07863 ***
	（29.49）	（23.30）	（29.47）	（23.30）	（−0.11）	（−3.03）	（−0.14）	（−3.04）
YEAR	控制	控制	控制	控制	控制	控制	控制	控制
INDU	控制	控制	控制	控制	控制	控制	控制	控制
观测值	13523	12299	13523	12299	13523	12299	13523	12299
R²	0.2573	0.1309	0.2573	0.1309	0.3778	0.2692	0.3779	0.2693
Chow test	Prob > chi2 = 0.0734 *		—		Prob>chi2 = 0.2461		Prob>chi2 = 0.3935	

注：***、**、* 分别代表在 1%、5% 和 10% 的水平上显著，括号内为 t 值。

（3）替换股权集中度高组和股权集中度低组划分标准后的检验结果。

一般而言，当第一大股东持股比例超过 50% 时即能达到对被投资企业的绝对控制，30%~50% 为相控控制，低于 30% 则为分散的股权结构。本章进一步将第一大股东持股比例大于 50% 的样本划入股权集中度高组，不高于 50% 的样本列

入股权集中度低组，在此基础上考察股权集中度对公用事业企业政府补助和营运资本政策二者关系的影响效应。

表 5-9 股权集中度、政府补助和营运资本政策 OLS 回归结果

变量	因变量=CASH				因变量= INVENTORY			
	股权集中度高	股权集中度低	股权集中度高	股权集中度低	股权集中度高	股权集中度低	股权集中度高	股权集中度低
	(1)	(2)	(3)	(4)	(5)	(6)	(7)	(8)
SUBSIDY	-1.57768*** (-4.42)	-0.46285*** (-2.85)	-1.57060*** (-4.3)	-0.45674*** (-2.78)	0.10802 (0.32)	-0.68486*** (-5.57)	0.05913 (0.17)	-0.70525*** (-5.68)
UTILITY	—	—	-0.04548*** (-5.86)	-0.04083*** (-5.19)	—	—	-0.04302*** (-7.48)	-0.05687*** (-7.68)
UTILITY× SUBSIDY	—	—	-0.24557 (-0.21)	-0.39198 (-0.52)	—	—	1.69692* (1.92)	1.30796** (2.15)
LNASSET	-0.02358*** (-14.08)	-0.03001*** (-31.82)	-0.02358*** (-14.06)	-0.03001*** (-31.82)	0.00418*** (3.11)	0.00879*** (10.79)	0.00424*** (3.14)	0.00880*** (10.5)
TTM	0.00287*** (7.88)	0.00363*** (22.93)	0.00286*** (7.85)	0.00363*** (22.91)	-0.00212*** (-8)	-0.00097*** (-7.71)	-0.00210*** (-7.91)	-0.00097*** (-7.69)
DUDONG	0.08152** (2.46)	0.02084 (1.25)	0.08156** (2.46)	0.02085 (1.25)	0.09569*** (3.51)	-0.00674 (-0.48)	0.09545*** (3.5)	-0.00676 (-0.48)
SALARY	0.02098*** (6.18)	0.01688*** (10.28)	0.02098*** (6.18)	0.01688*** (10.28)	-0.00309 (-1.06)	-0.00411** (-2.27)	-0.00311 (-1.06)	-0.00409*** (-2.76)
TOBINQ	-0.00445*** (-12.11)	-0.00337*** (-20.56)	-0.00445*** (-12.09)	-0.00337*** (-20.56)	0.00058* (1.79)	-0.00033** (-2.15)	0.00057* (1.75)	-0.00033** (-2.14)
CONSTANT	0.55049*** (15.51)	0.70773*** (35.02)	0.55066*** (15.49)	0.70782*** (35.02)	-0.01329 (-0.43)	-0.04255** (-2.29)	-0.01445 (-0.47)	-0.04285** (-2.31)
YEAR	控制	控制	控制	控制	控制	控制	控制	控制
INDU	控制	控制	控制	控制	控制	控制	控制	控制
观测值	4887	21103	4887	21103	4887	21103	4887	21103
R^2	0.2238	0.1971	0.2239	0.1971	0.4683	0.2770	0.4684	0.2771
Chow test	Prob > chi2 = 0.0044***	—			—		Prob > chi2 = 0.7163	

注：***、**、*分别代表在1%、5%和10%的水平上显著，括号内为t值。

表5-9显示，不考虑企业的公用事业属性时，在股权集中度高组中，SUBSIDY与CASH在1%的水平上显著负相关，但与INVENTORY关系不显著。股权集中度低的样本组中，SUBSIDY无论与CASH还是INVENTORY都在1%的水平上负相关。

Chow 检验显示：因变量为 CASH 时，不同组别的 SUBSIDY 系数在 1%的水平上存在显著差异，假设 5-2a 仍然成立。因变量为 INVENTORY 时，股权集中度高组 SUBSIDY 系数不显著，但股权集中度低组显著为负，与假设 5-3a 预期相反，股权集中度低组中，政府补助与存货持有水平二者之间的负相关关系更显著，假设 5-3a 未通过。

进一步加入公用事业企业调节变量，发现：在将 CASH 作为因变量时，无论是股权集中度高组还是股权集中度低组，UTILITY×SUBSIDY 系数仍然都不显著，假设 5-2b 仍未通过；将 INVENTORY 作为因变量时，股权集中度高组的 UTILITY×SUBSIDY 系数在 10%的水平上显著，股权集中度低组的 UTILITY×SUB-SIDY 在 5%的水平上显著，但 Chow 检验显示两组的 UTILITY×SUBSIDY 系数不存在显著差异，假设 5-3b 没有通过。

综上，基于 50%的控股比例视角考察股权集中度对公用事业企业政府补助和营运资本政策之间的关系发现：股权集中度对政府补助和现金持有水平负相关关系的促进作用凸显，但不同股权集中度组别中，公用事业这一企业属性对政府补助和企业存货持有水平二者的影响效应差距缩小了。

5.4　本章小结

本章针对 2007~2019 年我国 A 股上市公司尤其是公用事业企业政府补助对营运资本政策的影响效应进行了实证检验。研究表明：①政府补助能显著降低企业的现金持有水平和存货持有水平。在政府补助的激励作用下，企业更倾向采用激进的营运资本财务政策。②股权集中度对政府补助和营运资本政策二者之间的关系具有一定的调节作用。股权集中度高的企业，政府补助对现金持有水平具有更强、更稳定的负效应。无论是用第一大股东持股比例，还是用前十大股东持股比例衡量企业的股权集中度；无论是以第一大股东持股比例是否超过 50%，还是用第一大股东持股比例的均值作为股权集中度高组和低组的划分依据，都证明了这一点。股权集中度对政府补助和存货持有水平二者关系的调节效应不稳定。在用第一大股东持股比例衡量企业的股权集中度且以第一大股东持股比例是否超过 50%作为股权集中度高组和低组的划分依据时，政府补助和存货持有水平的关系在不同的股权集中度组别中显著不同。③企业的公用事业企业属性会显著影响股权集中度对政府补助和现金持有水平二者关系的调节作用，但这种影响作用不太稳定。在用第一大股东持股比例衡量股权集中度时，公用事业企业的影响效应较大，在以前十大股东持股比例衡量股权集中度时影响甚微。④公用事业企业属性会显著影响国有第一大股东身份对政府补助和现金持有水平、存货持有水平二者关系的调节作用。

政府补助降低了企业尤其是公用事业企业的现金持有水平和存货持有水平，对零营运资本政策的实施起到了积极的促进作用，这将有益于企业资金使用效率的提高。但激进型的营运资本政策虽然在一定程度上能减少企业资源占用，降低资金机会成本，但也存在较高风险。大量临时性负债到期需要重新举债，重新举债则面临信贷压缩、利率上升等风险。故企业在根据政府补助调整其营运资本水平时，应保持合理的、应有的谨慎，不仅要防止由于预算软约束或财务决策失误导致的投资过度，亦要不断提升营运资本管理能力，避免投资不足。当然，政府补助对营运资本政策作用的有效发挥离不开完善的公司治理机制。股权集中虽然有助于提高企业决策效率，但也会产生因缺乏民主协商而引致的财务决策失败问题。故由于公司治理效率的差异，股权集中度类同的企业，政府补助也可能会对营运资本政策产生不同的影响。营运资本政策的制定，不仅与政府补助体系有关，也受到企业内部控制监督机制、股权结构类型的影响。

6 政府补助与投资政策

投资是特定经济主体（政府、企业、家庭或个人等）基于收益、资本增值等目的，在特定时期内向特定领域提供资金、实物、技术、人力或其他货币等价物的经济行为。投资包括宏观投资和微观投资。宏观投资从国民经济全局即社会角度来考察投资收益，而微观投资是从企业等单个微观经济主体的角度考察投资收益。投资作为拉动经济增长的"三驾马车"之一，在社会就业、企业价值创造和国家税收等方面发挥着积极的作用。

投资政策属于企业的长期财务政策。企业投资包括对内投资和对外投资。对内投资是企业将资金直接投放于自身生产经营活动过程中的长期资产项目上，例如购买固定资产、修建厂房及研发无形资产等，亦称直接投资。对外投资是通过购买股票、债券和基金等金融资产，为其他主体提供生产经营活动资金的经济行为，亦称间接投资。对外投资既包括债权投资，亦包括股权投资。企业的投资政策大致包括稳定型、扩张型、紧缩型和混合型四类。稳定型的投资政策下，企业投资规模和投资方向在特定时期相对不变或变化较小，该政策一般适用于处于成熟期的企业。扩张型的投资政策下，企业投资规模不断扩大，新产品和新项目不断增加、市场份额不断提升，该政策一般适用于处于成长期的企业。紧缩型的投资政策下，企业可能处于衰退期，投资规模不断缩减，产品老化，市场逐渐萎缩。企业的投资政策也可能是上述三种政策的两种或三种的混合，即混合型投资政策。为了规避经营风险，越来越多的企业实行多元化经营策略。而不同投资项目的生命周期具有异质性，故企业针对不同项目制定的投资政策也会有差异，从而形成混合型投资政策。

公用事业企业投资的规模与效率直接关系到社会公共利益的实现水平。我国公用事业投资增长速度近三年起伏较大，但 2019 年增长较快。根据国家统计局公布的数据，2019 年全国固定资产投资（不含农户）551478 亿元，比 2018 年增长 5.4%，其中电力、热力、燃气及水生产和供应业投资增长 4.5%[①]；2018 年全国固定资产投资（不含农户）635636 亿元，比 2017 年增长 5.9%，其中电力、

---

① 数据来源：国家统计局网站，http://www.stats.gov.cn/tjsj/zxfb/202001/t20200117_ 1723385.html。

热力、燃气及水生产和供应业增长-6.7%①；2017 年全国固定资产投资（不含农户）631684 亿元，比 2016 年增长 7.2%，其中电力、热力、燃气及水生产和供应业投资 29794 亿元，增长 0.8%②。从增速看，近三年公用事业企业固定资产投资规模增速低于其他行业，但公用事业上市公司和非上市公司的固定资产投资增速差别较大。据 WIND 数据统计，上市公司 2017 年 1~7 月沪深两市排除金融资产的 3260 家上市公司中，其半年报中涉及购建固定资产、无形资产和其他长期资产支付的现金与取得子公司及其他营业单位支付的现金净额，合计达到 1.13 万亿元；在固定资产投资领域，一些行业呈现出明显的扩张趋势，其中又以基建、公用事业以及房地产等行业最具有代表性；公用事业行业、采掘行业、建筑行业、交通运输行业、电子行业和房地产行业，成为上述两项数据之和最高的六大行业，各自金额占全部 A 股这一领域（非金融）总金额的比例则分别为 10.56%、10.07%、10.05%、7.96%、7.38% 和 7.05%③。本章进一步根据 WIND 数据对 2018 年和 2019 年的固定资产投资情况进行统计后发现，这两年公用事业上市公司的固定资产投资额仍居各行业前列。

表 6-1 2018 年和 2019 年非金融 A 股上市公司固定资产投资行业情况

单位：万元

行业	2018 年			2019 年		
	均值	占比（%）	排名	均值	占比（%）	排名
材料	68300.00	2.98	6	77700.00	3.13	5
电信服务	1020000.00	44.50	1	1080000.00	43.50	1
房地产	120000.00	5.24	4	106000.00	4.27	4
工业	69400.00	3.03	5	68800.00	2.77	6
公用事业	220000.00	9.60	3	233000.00	9.38	3
可选消费	52200.00	2.28	7	47900.00	1.93	8
能源	614000.00	26.79	2	733000.00	29.52	2
日常消费	46600.00	2.03	9	64500.00	2.60	7

① 数据来源：国家统计局网站，http：//www.stats.gov.cn/tjsj/zxfb/201901/t20190121_1645780.html.
② 数据来源：中华人民共和国中央人民政府网站，http：//www.gov.cn/xinwen/2018-01/18/content_5257973.htm.
③ 数据来源：搜狐网，https：//www.sohu.com/a/168745828_115124.

续表

行业	2018 年			2019 年		
	均值	占比（%）	排名	均值	占比（%）	排名
信息技术	48200.00	2.10	8	42000.00	1.69	9
医疗保健	33300.00	1.45	10	29900.00	1.20	10

注：固定资产投资＝购建固定资产、无形资产和其他长期资产支付的现金＋取得子公司及其他营业单位支付的现金净额。

根据第 3 章的研究，我国公用事业企业中，固定资产投资在其总投资中占比较高。可见，公用事业固定投资尤其是公用事业上市公司的固定资产投资具有重要的意义。故本章在研究政府补助与企业对外投资的关系时，以固定资产为代表进行研究。对外投资则针对金融资产投资进行研究。与第 3 章金融资产的界定一致，本章金融资产包括虽然不属于金融资产准则规范的范围，但本质上属于金融资产的长期股权投资。

6.1 理论分析与研究假设

6.1.1 政府补助与投资政策

政府补助通常是国家出于达到某种社会效益的目的，对企业因做出某种承诺或牺牲而产生的成本费用的补偿。并且，为避免企业"脱实向虚"，政府补助资金通常用于弥补企业实体投资方面产生的成本费用。"脱实向虚"指脱离实体经济的投资、生产、流通，转向虚拟经济的投资。2018 年习近平总书记在广东考察时曾指出："实体经济是一国经济的立身之本、财富之源。先进制造业是实体经济的一个关键，经济发展任何时候都不能脱实向虚"[①]。

根据第 3 章的研究，政府补助具有政府倾向性，在一定程度上是国家产业政策的体现，对企业的投资方向和领域具有重要指引作用。向海凌（2020）对 2007~2017 年我国上市公司进行的实证研究显示：地方产业政策有助于抑制企业金融化。韩佳玲和芮明杰（2020）对我国 2011~2017 年 A 股上市公司的实证研究进一步发现：实体部门的产业政策对实体企业金融化有显著的降低作用。田祥

---

① 新华社. 习近平在广东考察 ［EB/OL］. 中华人民共和国中央政府网, http：//www. gov. cn/xinwen/2018－10/25/content_ 5334458. htm, 2018－10－25.

宇等（2020）对沪深两市 2013~2018 年制造业 A 股上市公司进行的实证研究表明：政府补助可以抑制企业金融化，政府补助金额越大，企业金融化程度越低，从而可以一定程度上抑制企业"脱实向虚"。

综上，政府补助有利于企业扩大对实体资产的投资，减少对有价证券等虚拟资产的投资。企业对内固定资产投资是重要的实体投资，而对外金融资产投资则是虚拟经济的重要组成部分。故本章提出假设 6-1。

假设 6-1：政府补助会促进企业固定资产投资，降低金融资产投资。

6.1.2 股权集中度、政府补助与投资政策

政府补助增加了企业的现金流量，提高了企业资产的流动性。企业流动性的改善可能会使企业管理层可支配的自由现金流量增多（陈霞，2008）。自由现金流量是企业现金超过所有净现值为正的项目所需现金之后剩余的部分。一般情况下，公司自由现金流量=息税前利润+折旧和摊销-企业所得税-资本性支出-营运资本增加。故随着政府补助的增加，企业的自由现金流量可能会增多。

根据自由现金流量假说，可支配的自由现金流量的增加将导致管理层以权谋私的动机变得更为强烈。经理层倾向于保留较多的自由现金流量投资于那些并不盈利的项目以实现"帝国构建"，将未使用的借入资金及自由现金流量进行低利润的甚至降低企业价值的合并行为（Jensen，1986）。20 世纪 60 年代末，美国石油行业开始出现繁荣景象，利用积累的大量现金进行了广泛的投资活动，然而管理者的自私动机直接导致了 1975~1985 年大量投资项目的失败。张功富（2007）对我国沪深两市 2000~2005 年的上市公司过度投资行为进行的研究指出：企业自由现金流量每增加 1 元，则将有约 0.19 元用于过度投资。自由现金流量显著正向影响企业过度投资行为（胡建平和干胜道，2007），企业过度投资对当前自由现金流量具有较强的敏感性，而过度投资行为在自由现金流量为正的企业中更为显著（Chen 等，2016）。

企业固定资产多为生产线、厂房、管理用设备和职工宿舍等。企业的市场份额在一定时期内是相对稳定的，故企业的生产设备的产能在短时间很难大幅度提高。再则，固定资产使用寿命相对较长，生产设备的投资成本难以在短时间内全部收回。相较于固定资产投资，金融资产虽然投资回收期不稳定，投资风险高，但投资利润空间较大。我国金融业资本回报率较高（王红建等，2017）。管理层可能更倾向于金融资产投资而非固定资产投资。

我国上市公司"一股独大"现象比较普遍，股权集中度较高。股权过于集中的后果则是大股东与管理层合谋以获取控制权私利。故相对制衡的公司股权结

构可能更有利于提高公司治理效率，遏制政府补助的违规或不当使用行为，促进企业理性投资。娄媛（2019）、李建英等（2017）、胡国柳和周德建（2012）、赵卿（2012）的实证研究都不同程度表明股权制衡有利于缓解企业投资过度问题。赵国宇和禹薇（2018）对我国2014~2016年A股民营上市公司进行的实证研究发现：股权制衡的治理结构有利于提高公司的投资效率；大股东控制程度较低的公司，股权制衡能显著约束大股东的掏空行为，减少无效率投资。基于以上研究，本章提出假设6-2a和假设6-2b。

假设6-2a：相较于股权集中度高组，在股权集中度低组中，政府补助对企业固定资产投资的促进作用更强。

假设6-2b：相较于股权集中度高组，在股权集中度低组中，政府补助对企业金融资产投资的抑制作用更强。

不同股权集中度下，公用事业企业对政府补助和投资政策二者关系的影响效应出于以下几个方面的原因也可能存在显著差异：①公用事业企业竞争程度低于非公用事业企业。公用事业企业市场集中程度一般较高。行业集中度是反映市场集中和竞争程度的指标，一般用该行业在特定市场内前n家大企业市场份额的总和代表。市场越集中，竞争程度越低，企业经营风险越小。而企业竞争程度越激烈，收益风险越大，发生亏损的可能性也就越大。固定资产投资具有不可逆性会导致经营风险高的企业削减固定资产投资，提高金融资产投资的比例，以期获取短期收益，缓解企业困境。方明月等（2020）的实证研究即证明了这一点。许良超（2019）亦指出激烈竞争会抑制企业固定资产投资。但是，经营风险低的企业由于缺乏危机意识，开拓或创新精神可能不足，导致产品更新换代较慢，进而导致设备更新速度也比较缓慢，这在一定程度上会抑制固定资产的投资速度。综上，公用事业企业和非公用事业企业之间竞争程度的差异会导致其资金的投资方向和重点显著不同，公用事业一定程度上会促使企业金融投资比例下降，但对固定资产投资的影响效应不确定。②公用事业企业公益性质强于非公用事业企业。由于公用事业企业具有公益性质，金融资产投资有严格限制，政府补助的提高会加剧金融资产在企业总资产中比例的降低。③股权集中度越高，企业决策越能反映大股东的意志。公用事业企业政府补助反映了国家政策导向，在国家控股的情况下，公用事业企业经营风险低、公益性强的特征才能得以充分有效的发挥。故在公用事业企业中，政府补助资金对企业投资政策的影响在股权集中度较高的情况下能更有效地发挥出来。

综上所述，本章提出假设6-3a和假设6-3b。

假设6-3a：股权集中度高组中，公用事业企业政府补助对企业固定资产投资有显著的影响效应，但影响方向不确定。公用事业企业的影响效应显著区别于非公用事业企业。

假设 6-3b：股权集中度高组中，公用事业企业政府补助对金融资产投资的抑制作用强于非公用事业企业。

6.1.3 国有第一大股东、政府补助与投资政策

非金融企业中，实体经济是主业，金融投资是辅业。政府补助资金的增加在一定程度上带动企业的自由现金流量的增加，而企业自由现金流量应优先用于企业实体产业的发展。第一大股东为非国有股东的企业多为民营性质，民营企业融资难、融资贵的问题由来已久。我国相继出台一系列政策、措施解决民营企业融资问题。2019 年国家发布《关于加强金融服务民营企业的若干意见》[①]，进一步强调要"毫不动摇地鼓励、支持、引导非公有制经济发展，平等对待各类所有制企业，有效缓解民营企业融资难、融资贵问题，增强微观主体活力，充分发挥民营企业对经济增长和创造就业的重要支撑作用，促进经济社会平稳健康发展"。鉴于民营企业融资约束大的现状，政府补助资金应更多地优先用于安排企业实体产业的发展，从而使固定资产投资占比提升，金融资产投资占比相对降低。而国有第一大股东企业中，由于要兼顾更多社会目标和行政责任，政策性负担相对较高，故政府补助资金的安排比非国有企业要更为分散。此外，由于国有企业融资约束相对较低，实体产业的资金缺口可能相对民营企业较小，故自由现金流量会被更多地用于安排实体经济以外的用途。狄灵瑜和步丹璐（2021）以我国沪深 A 股国有上市公司 2007~2018 年的数据进行的实证研究表明：企业既有国有大股东又有非国有大股东时的金融化水平比企业只有国有性质大股东时要低。

综上，本章提出假设 6-4a 和假设 6-4b。

假设 6-4a：相较于第一大股东为国有股东的企业，第一大股东为非国有股东的企业，其政府补助更能促进企业固定资产投资。

假设 6-4b：相较于第一大股东为国有股东的企业，第一大股东为非国有股东的企业，其政府补助更能降低企业金融资产投资。

公用事业企业资本成本较低，融资约束程度不高。故在非国有第一大股东组中，公用事业企业的自由现金流量水平可能会高于公用事业企业，从而导致企业实体产业资金缺口会低于非公用事业企业。在既定自由现金流量水平内，公用事业企业用于非固定资产投资的资金比例可能会低于非公用事业企业。基于此，本

---

① 见中华人民共和国中央政府网，http://www.gov.cn/zhengce/2019-02/14/content_5365818.htm.

章进一步在假设 6-4a 的基础上提出假设 6-5a。

假设 6-5a：非国有第一大股东组中，公用事业这一企业属性会削弱政府补助和企业固定资产投资的正相关关系。

虽然在非国有第一大股东组中，企业的公用事业企业属性一定程度上能缓解企业的融资约束，为金融资产投资提供资金条件。但公用事业属于政府规制较多的行业，政府补助是其主要的资金来源，而政府补助是补贴性质，主要目的是为补贴、刺激企业的生产经营活动。公用事业企业政府补助的增加使得企业总资产规模中金融资产占比反而下降。梁毕明和王娜（2018）对我国 2008~2015 年沪深两市的上市公司的政府补助行为进行了研究，发现政府补助显著降低了企业的对外投资水平。而金融资产投资正是企业对外投资的主要形式。陈冉等（2020）对我国 2008~2015 年非金融类 A 股上市公司进行的实证研究显示：政府补贴使企业金融化参与程度降低，这种影响效应在市场化较低的地区的企业更明显。而公用事业企业市场化程度较非公用事业企业低，故政府补贴会导致公用事业企业金融化参与程度低于非公用事业企业。

综上，本章进一步提出假设 6-5b。

假设 6-5b：非国有第一大股东组中，公用事业这一企业属性一定程度上会促进政府补助与金融投资的负相关关系。

6.2　研究样本、变量及模型

本部分以我国 2007~2019 年间上市公司 A 股样本数据为基础，并剔除了 ST 类公司和金融类公司。研究所需有关原始数据主要来自 WIND 及 CSMAR 数据库。所有连续变量均进行了上下 1% 缩尾处理。相关变量定义见表 6-2。

表 6-2　政府补助与投资政策变量定义表

变量类别	变量名称	变量符号	变量计算
因变量	金融资产投资	FINASSET	（交易性金融资产+债权投资+其他债权投资+其他权益工具投资+长期股权投资）/资产
	固定资产投资	FIXASSET	固定资产/资产
解释变量	政府补助	SUBSIDY	政府补助/资产[①]

---

① 记入营业外收入的政府补助和记入其他收益的政府补助之和。

变量类别	变量名称	变量符号	变量计算
调节变量	公用事业	UTILITY	企业为公用事业企业为1，否则为0
	股权集中度	FIRST1	第一大股东持股比例
	国有股	GUOYOU	第一大股东为国有股为1，否则为0
控制变量	公司规模	INASSET	总资产的对数
	独董比例	DUDONG	独立董事人数/董事会人数
	管理层薪酬	SALARY	管理层年薪的对数
	成长性	TOBINQ	托宾Q
	资产利润率	ROA	息税前利润（TTM）/资产
	年度	YEAR	虚拟变量，属于该年度为1，否则为0
	行业	INDU	虚拟变量，属于该行业为1，否则为0[①]

为验证政府补助与投资政策的关系，本部分建立回归模型如下：

$$FINASSET_{i,t} = \alpha_0 + \alpha_1 SUBSIDY_{i,t} + \sum_{i=2}^{n} CONTROL_{i,t} + \xi \quad (6-1)$$

$$FIXASSET_{i,t} = \alpha_0 + \alpha_1 SUBSIDY_{i,t} + \sum_{i=2}^{n} CONTROL_{i,t} + \xi \quad (6-2)$$

上述两个模型中，i 表示公司样本个体，t 表示年度，ξ 是随机误差项。

为检验公用事业企业对政府补助与投资政策的调节作用，在模型（6-1）、模型（6-2）中均加入 UTILITY、UTILITY 和 SUBSIDY 的交乘项，得如下模型：

$$FINASSET_{i,t} = \alpha_0 + \alpha_1 SUBSIDY_{i,t} + \alpha_2 UTILITY_{i,t} + \alpha_3 UTILITY_{i,t} \times$$

$$SUBSIDY_{i,t} + \sum_{i=4}^{n} CONTROL_{i,t} + \xi$$

$$(6-3)$$

$$FIXASSET_{i,t} = \alpha_0 + \alpha_1 SUBSIDY_{i,t} + \alpha_2 UTILITY_{i,t} +$$

$$\alpha_3 UTILITY_{i,t} \times SUBSIDY_{i,t} + \sum_{i=4}^{n} CONTROL_{i,t} + \xi$$

$$(6-4)$$

为进一步从股权集中度视角分析政府补助与企业投资政策的关系，根据第一

---

① 为与第4章分析保持一致，本部分采用 WIND 行业进行分类。

大股东持股比例均值分别将样本分为股权集中度高组和股权集中度低组，大于均值者划为高组，小于或等于均值者进入低组。此外，还将样本分为国有第一大股东组和非国有第一大股东组进行研究。第一大股东为国有股东的样本属于国有第一大股东组，反之为非国有第一大股东组。

6.3 实证检验与分析

6.3.1 描述性统计

表 6-3 显示：①样本企业整体是以实体投资为主，金融投资为辅。样本企业固定资产投资占比均值高于金融资产投资占比均值，固定资产投资占比大约是金融资产投资占比的 2.5 倍。部分企业甚至没有金融资产投资，但也存在部分企业金融资产投资占比超过总资产的一半。由于样本企业不包括金融类企业，而非金融类企业主营业务并非金融资产投资，可以推测部分企业存在过度金融化现象。部分企业没有金融资产，可能主要基于以下原因：一是企业资金紧张，在不能满足正常生产经营资金周转的情况下，自然难以进行对外金融资产投资；二是企业属于风险反感企业，投资能力较弱或没有投资意识，过分注重资金的安全性，而忽略了资金的机会成本。②政府补助范围较广泛，但企业之间的政府补助力度差别较大。SUBSIDY 最小值为 0.00003，大于 0，说明几乎所有的样本企业都收到了政府补助，政府补助涉及各行各业。但 SUBSIDY 最大值为 0.03820，约是最小值的 1273 倍，行业之间政府补助力度差异较大。并且，SUBSIDY 的中位数小于均值，说明大多数样本企业的政府补助水平相对较低。这进一步反映了政府补助的政策倾向性。

表 6-3　政府补助与投资政策描述性统计

变量	观测值	均值	中位数	最小值	最大值	标准差
FINASSET	5226	0.08233	0.04345	0.00000	0.54244	0.09970
FIXASSET	5226	0.20331	0.17874	0.00245	0.70953	0.13789
SUBSIDY	5226	0.00480	0.00337	0.00003	0.03820	0.00510
FIRST1	5226	35.06653	33.04000	8.70000	75.52000	15.16022
GUOYOU	5226	0.31803	0.00000	0.00000	1.00000	0.46575

续表

变量	观测值	均值	中位数	最小值	最大值	标准差
UTILITY	5226	0.01607	0.00000	0.00000	1.00000	0.12577
UTILITY×SUBSIDY	5226	0.00003	0.00000	0.00000	0.01396	0.00037
LNASSET	5226	22.41726	22.17660	19.08722	25.82827	1.38678
TTM	5226	6.05380	5.52575	−16.90860	36.67120	6.10894
DUDONG	5226	0.37677	0.36364	0.23077	0.57143	0.05606
SALARY	5226	6.27280	6.25059	4.00733	7.97399	0.73305
TOBINQ	5226	4.65198	3.31275	0.12300	40.26380	4.81113

6.3.2 相关性分析

表 6-4 是模型中各有关变量的 Pearson 相关系数表。表中只有极个别变量之间的相关系数超过 0.5，但不超过 0.8。模型中不存在严重的多重共线性问题。SUBSIDY 与 FINASSET 在 1% 的水平上显著负相关，与 FIXASSET 在 5% 的水平上显著正相关，初步说明政府补助越多，企业金融资产投资占比越小，固定资产投资占比越大，这与本章假设 6-1 的预期结论相符。FIRST1 与 FINASSET 在 1% 的水平上显著负相关，与 FIXASSET 在 1% 的水平上显著正相关，说明股权集中度可能会对政府补助与固定资产投资以及政府补助与金融资产投资的关系起到一定程度的调节作用，至于该调节效应在股权集中度高组和股权集中度低组有何差异，本章将在后文通过回归分析进行检验。GUOYOU 与 FINASSET 在 5% 的水平上显著负相关，与 FIXASSET 在 1% 的水平上显著正相关，说明国有第一大股东也可能会对政府补助与固定资产投资以及政府补助与金融资产投资的关系起到一定程度的调节作用，该调节效应在国有第一大股东组和非国有第一大股东组的差异性问题也将在后文通过回归分析进行检验。UTILITY 与 GUOYOU、FIRST1、LNASSET 均在 1% 的水平上显著正相关，初步确定本样本中的公用事业企业多为国有第一大股东企业，第一大股东持股比例较高，企业的规模相对较大。具体公用事业企业对不同股权集中度、不同性质的第一大股东组别中政府补助与投资政策关系的影响效应，亦将在后文通过回归分析进一步验证。

表6-4 Pearson 相关系数表

变量	FINASSET	FIXASSET	SUBSIDY	FIRST1	GUOYOU	UTILITY	UTILITY×SUBSIDY	LNASSET	TTM	DUDONG	SALARY	TOBINQ
FINASSET	1											
FIXASSET	-0.2233*** (0.0000)	1										
SUBSIDY	-0.0436*** (0.0016)	0.0355** (0.0103)	1									
FIRST1	-0.086*** (0.0000)	0.0865*** (0.0000)	-0.0597*** (0.0000)	1								
GUOYOU	-0.0309** (0.0254)	0.1292*** (0.0000)	-0.077*** (0.0000)	0.2217*** (0.0000)	1							
UTILITY	0.047*** (0.0007)	0.1805*** (0.0000)	-0.0752*** (0.0000)	0.0366*** (0.0082)	0.0597*** (0.0000)	1						
UTILITY×SUBSIDY	0.0068 (0.6209)	0.0807*** (0.0000)	-0.0002 (0.9884)	-0.0105 (0.4477)	0.0103 (0.4561)	0.6109*** (0.0000)	1					
LNASSET	0.0041 (0.7697)	0.1013*** (0.0000)	-0.2033*** (0.0000)	0.2378*** (0.0000)	0.3732*** (0.0000)	0.0990*** (0.0000)	0.0214 (0.1216)	1				
TTM	0.0515*** (0.0002)	-0.0268* (0.0528)	0.055*** (0.0001)	0.1002*** (0.0000)	-0.1022*** (0.0000)	0.0083 (0.5507)	-0.0093 (0.5022)	0.0012 (0.9335)	1			
DUDONG	0.0159 (0.2496)	-0.0651*** (0.0000)	-0.001 (0.9450)	0.0673*** (0.0000)	0.0281** (0.0426)	0.0091 (0.5106)	0.0484*** (0.0005)	0.0886*** (0.0000)	-0.0437*** (0.0016)	1		
SALARY	0.0819*** (0.0000)	-0.077*** (0.0000)	-0.044*** (0.0015)	-0.0308** (0.0259)	0.0481*** (0.0005)	-0.0053 (0.7008)	-0.0365*** (0.0083)	0.5507*** (0.0000)	0.1565*** (0.0000)	0.0345** (0.0127)	1	
TOBINQ	-0.0253* (0.0670)	-0.076*** (0.0000)	0.0539*** (0.0001)	-0.0513*** (0.0002)	-0.0511*** (0.0002)	-0.02 (0.1482)	0.0032 (0.8181)	-0.0936*** (0.0000)	0.0248* (0.0734)	0.0257* (0.0631)	-0.0147 (0.2887)	1

注: ***、**、* 分别代表在 1%、5% 和 10% 的水平上显著，括号内为 p 值。

6.3.3 回归分析

（1）政府补助和投资政策 OLS 回归分析。

表 6-5　政府补助和投资政策 OLS 回归结果

变量	因变量=FINASSET		因变量＝FIXASSET	
	（1）	（2）	（3）	（4）
SUBSIDY	−1.34073***	−1.31806***	2.61096***	2.66510***
	（−5.18）	（−5.09）	（7.38）	（7.51）
UTILITY	—	0.07860***	—	0.12411***
		（−5.09）		（4.12）
UTILITY×SUBSIDY	—	−7.54333**	—	−18.01893**
		（−2.38）		（−2.16）
LNASSET	−0.00195*	−0.00201*	0.00959***	0.00946***
	（−1.75）	（−1.80）	（5.54）	（5.48）
TTM	0.00065***	0.00065***	−0.00100***	−0.00101***
	（2.48）	（2.46）	（−3.48）	（−3.53）
DUDONG	0.02288	0.02516	−0.12276***	−0.11733***
	（1.01）	（1.10）	（−4.12）	（−3.94）
SALARY	0.00384	0.00379	−0.01017***	−0.01029***
	（1.60）	（1.58）	（−3.34）	（−3.37）
TOBINQ	−0.00064**	−0.00063**	−0.00202***	−0.00200***
	（−2.32）	（−2.29）	（−5.89）	（−5.82）
CONSTANT	0.07277***	0.07354***	0.25754***	0.25938***
	（2.71）	（2.74）	（6.43）	（6.49）
YEAR	控制	控制	控制	控制
INDU	控制	控制	控制	控制
观测值	5226	5226	5226	5226
R^2	0.0891	0.0895	0.2545	0.2559

注：***、**、*分别代表在1%、5%和10%的水平上显著，括号内为 t 值。

表 6-5 的第（1）和第（3）列中的回归结果显示，SUBSIDY 与 FINASSET 在 1% 的水平上显著负相关、与 FIXASSET 在 1% 的水平上显著正相关，说明政府补助资金越多，企业金融资产投资占比越小，固定资产投资占比越大，假设 6-1

成立。这表明，政府补助在企业"脱虚向实"的政策引导方面发挥着积极、有效的作用。第（2）列和第（4）列进一步加入了 UTILITY 和 UTILITY×SUBSIDY 变量后，SUBSIDY 与 FINASSET 依然在 1% 的水平上显著负相关，SUBSIDY 与 FIXASSET 依然在 1% 的水平上显著正相关。政府补助和企业的投资政策的关系比较稳定。第（2）列中，UTILITY×SUBSIDY 符号显著为负，表明相较于非公用事业企业，公用事业企业更能有效地利用政府补助资金引导企业的产业发展，避免过度金融化现象的发生。第（4）列中，UTILITY×SUBSIDY 符号显著为负，在公用事业企业中，政府补助资金反而拉低了对固定资产的投资水平。公用事业企业中相当一部分企业主要服务于社会公众日常生活的基本需求，如水、电和燃气等，产能在一定时期内会相对稳定，一定程度上会影响固定资产的更新速度。第 3 章的图 3-14 显示公用事业企业固定资产占总资产比重各年相对较为平稳，从侧面印证了公用事业企业固定资产投资相对稳定的现状。政府补助提升了企业的资产规模，固定资产占比会相对下降。此外，公用事业企业经营风险低，具有一定的垄断性，也会影响到该行业产品、资产的更新换代。故政府补助资金可能被更多地用于固定资产以外的非金融资产投资方面。根据第 3 章的图 3-15，无形资产投资在公用事业企业的对内投资中也占有相当比例，并且在样本期间逐年上升，说明公用事业企业的政府补助资金越来越多地被用于研发创新方面。研发创新风险高，收益和回收期都具有较强的不确定性，但从长期来看，企业"脱虚向实"必须依靠不断创新、不断改革。只有这样，企业才能进一步提高固定资产等实体资产的投资效益，在市场中立于不败之地。

（2）股权集中度、政府补助和投资政策 OLS 回归分析。

进一步将样本分为股权集中度高组和股权集中度低组，回归结果见表 6-6。第（1）、第（2）、第（5）和第（6）列是不考虑公用事业企业相关变量时政府补助与投资政策的回归结果，在因变量为 FIXASSET 时，第（5）和第（6）列显示：无论股权集中度高组还是股权集中度低组，SUBSIDY 仍在 1% 的水平上与 FIXASSET 显著正相关。进一步的 Chow 检验显示，两组中的 SUBSIDY 系数不存在显著差异。假设 6-2a 没有通过。虽然如此，但股权集中度低组的系数要大于股权集中度高组的系数，这说明，股权集中度低组中政府补助对固定资产投资的影响要大于股权集中度高组，只不过没有达到显著差异的地步。在因变量为 FINASSET 时，第（1）和第（2）列数据显示：无论股权集中度高组还是股权集中度低组，SUBSIDY 均在 1% 的水平上与 FINASSET 显著负相关。进一步的 Chow 检验表明两组中的 SUBSIDY 系数存在显著差异，股权集中度低组回归系数的绝对值显著大于股权集中度高组，说明股权集中度低组中政府补助对金融资产投资的影响要远大于股权集中度高组，假设 6-2b 成立。可见，股权集中度低组的企业，更能有效利用政府补助资金引导企业"脱虚向实"，避免过度金融化。此外，虽然政府补助对固定资产投资的促进作用在两组企业中没有显著差异，但两组中的政府补助都显著提升了企业固定资产投资的热情和能力，样本企业整体上非常重视实体产业投资。

表 6-6 第（3）、第（4）、第（7）和第（8）列是考虑公用事业企业相关变量时政府补助与投资政策的回归结果。因变量为 FIXASSET 时，股权集中度高组中 UTILITY×SUBSIDY 的系数在 5% 的水平上显著为负，但股权集中度低组中的 UTILITY×SUBSIDY 的系数不显著。这表明，在股权集中度高组，公用事业这一企业属性使得政府补助对固定资产投资的促进作用显著降低。而在股权集中度低组，公用事业这一企业属性对政府补助和固定资产投资的作用没有显著影响。两组中公用事业企业对政府补助和固定资产投资的调节作用有显著差异，假设6-3a 成立。因变量为 FINASSET 时，在股权集中度高组，UTILITY×SUBSIDY 的系数在 10%的水平上显著为负，而股权集中度低组中 UTILITY×SUBSIDY 的系数不显著。这表明，在股权集中度高组，公用事业这一企业属性使得政府补助对金融资产投资的降低作用显著提升。而在股权集中度低组，公用事业这一企业属性对政府补助和金融资产投资的关系没有显著影响。两组中公用事业企业对政府补助和金融资产投资的调节作用有显著差异，假设 6-3b 成立。

表 6-6　股权集中度、政府补助和投资政策 OLS 回归结果

变量	因变量 = FINASSET				因变量 = FIXASSET			
	股权集中度高	股权集中度低	股权集中度高	股权集中度低	股权集中度高	股权集中度低	股权集中度高	股权集中度低
	（1）	（2）	（3）	（4）	（5）	（6）	（7）	（8）
SUBSIDY	-0.99597 ***	-6.71953 ***	-0.97030 ***	-6.72744 ***	2.59482 ***	3.84719 ***	2.65177 ***	3.83690 ***
	（-3.83）	（-4.87）	（-3.73）	（-4.87）	（7.09）	（2.80）	（7.22）	（2.79）
UTILITY	—	—	0.08387 ***	-0.04817	—	—	0.12788 ***	0.05094
			（5.47）	（-1.19）			（4.20）	（0.68）
UTILITY× SUBSIDY	—	—	-8.24996 *	11.87297	—	—	-18.30495 **	15.44653
			（-2.56）	（0.51）			（-2.26）	（0.44）
LNASSET	-0.00181	0.01298	-0.00187 *	0.01298 *	0.00944 ***	-0.00361	0.00930 ***	-0.00361
	（-1.60）	（1.79）	（-1.6）	（1.78）	（5.28）	（-0.41）	（5.21）	（-0.41）
TTM	0.00081 ***	0.00075	0.00081 ***	0.00075	-0.00129 ***	-0.00008	-0.00131 ***	-0.00009
	（3.06）	（0.75）	（3.03）	（0.74）	（-4.28）	（-0.09）	（-4.33）	（-0.09）

变量	因变量 = FINASSET				因变量 = FIXASSET			
	股权集中度高	股权集中度低	股权集中度高	股权集中度低	股权集中度高	股权集中度低	股权集中度高	股权集中度低
	（1）	（2）	（3）	（4）	（5）	（6）	（7）	（8）
DUDONG	0.04096*	−0.11618	0.04355*	−0.11871	−0.11968***	−0.23935**	−0.11394***	−0.24264**
	（1.75）	（−1.17）	（1.86）	（−1.19）	（−3.85）	（−2.26）	（−3.66）	（−2.26）
SALARY	0.00216	0.00072	0.00209	0.00068	−0.00936***	−0.00488	−0.00952***	−0.00492
	（0.86）	（0.06）	（0.83）	（0.05）	（−2.92）	（−0.35）	（−2.97）	（−0.35）
TOBINQ	−0.00067**	−0.00106	−0.00066**	−0.00106	−0.00188***	−0.00441***	−0.00186***	−0.00440***
	（−2.41）	（−0.95）	（2.38）	（−0.94）	（−5.25）	（−4.68）	（−5.19）	（−4.67）
CONSTANT	0.06800**	−0.14046	0.06891***	−0.13948	0.27122***	0.40129**	0.27324***	0.40256**
	（2.49）	（−1.06）	（2.52）	（−1.05）	（6.60）	（2.23）	（6.67）	（2.23）
YEAR	控制	控制	控制	控制	控制	控制	控制	控制
INDU	控制	控制	控制	控制	控制	控制	控制	控制
观测值	4833	393	4833	393	4833	393	4833	393
R^2	0.0927	0.2258	0.0934	0.2260	0.2635	0.2573	0.2651	0.2575
Chow test	Prob > chi2 = 0.0000***		—		Prob > chi2 = 0.3617		—	

注：***、**、*分别代表在1%、5%和10%的水平上显著，括号内为t值。

（3）国有第一大股东、政府补助和投资政策 OLS 回归分析。

表 6-7 进一步将样本分为国有第一大股东组和非国有第一大股东组考察政府补助和投资政策二者的关系。第（1）、第（2）、第（5）和第（6）列是不考虑公用事业企业相关变量时政府补助与投资政策的回归结果。表 6-7 中，在因变量为 FIXASSET 时，无论是哪个组别，SUBSIDY 与 FIXASSET 都在 1% 的水平上显著正相关。进一步 Chow 检验显示，两组 SUBSIDY 系数在 10% 的水平上存在显著差异，非国有第一大股东组的系数显著大于国有第一大股东组。以上表明，非国有第一大股东组中，政府补助更能显著促进企业固定资产投资。假设 6-4a 成立。在因变量为 FINASSET 时，无论是哪个组别，SUBSIDY 与 FINASSET 都在 1% 的水平上显著负相关。但进一步 Chow 检验显示，两组 SUBSIDY 系数不存在显著差异。假设 6-4b 没有通过。虽然如此，但两组中 SUBSIDY 均显著为负，且非国有第一大股东组中系数的绝对值要大于国有第一大股东组。这说明，虽然影响不大，但非国有企业属性在一定程度上还是促进了政府补助对金融资产投资的抑制作用。整体而言，无论是国有第一大股东组还是非国有第一大股东组，政府补助资金都被优先安排用于固定资产投资，非国有企业中，政府补助对投资政策的引

导作用被更显现地发挥出来。

表6-7第（3）、第（4）、第（7）和第（8）列是考虑公用事业企业相关变量时政府补助与投资政策的回归结果。根据第（7）和第（8）列的回归结果，在因变量为 FIXASSET 时，无论是国有第一大股东组，还是非国有第一大股东组，UTILITY×SUBSIDY 的系数都不显著。这表明，无论企业第一大股东股权性质是国有还是非国有，公用事业这一企业属性都不能够显著影响政府补助和固定资产投资之间的关系。假设 6-5a 不成立。根据第（3）和第（4）列的回归结果，在因变量为 FINASSET 时，非国有第一大股东组中 UTILITY×SUBSIDY 系数在 1% 的水平上显著为负，而国有第一大股东组 UTILITY×SUBSIDY 系数不显著，说明公用事业这一企业属性在非国有第一大股东组更能促进政府补助对企业金融资产投资的降低作用。假设 6-5b 成立。公用事业企业在非国有第一大股东组能更有效地利用政府补助降低企业的金融化程度。

表 6-7 国有第一大股东、政府补助和投资政策 OLS 回归结果

变量	因变量＝FINASSET				因变量＝FIXASSET			
	国有第一大股东	非国有第一大股东	国有第一大股东	非国有第一大股东	国有第一大股东	非国有第一大股东	国有第一大股东	非国有第一大股东
	(1)	(2)	(3)	(4)	(5)	(6)	(7)	(8)
SUBSIDY	−1.11057***	−1.53457***	−1.11658***	−1.50067***	1.68810***	2.90935***	1.72939***	2.92847***
	(−2.81)	(−4.54)	(−2.83)	(−4.44)	(2.79)	(6.76)	(2.85)	(6.79)
UTILITY	—	—	0.07539***	0.07493***	—	—	0.13015***	0.09494***
			(3.78)	(3.04)			(3.35)	(2.61)
UTILITY×SUBSIDY	—	—	2.41718	−10.81580***	—	—	−16.59606	−6.10117
			(0.25)	(−2.59)			(−1.38)	(−0.75)
LNASSET	−0.00680***	0.00078	−0.00680***	0.00078	0.00198	0.00714***	0.00198	0.00714***
	(−3.93)	(0.42)	(−3.93)	(0.42)	(0.66)	(3.20)	(0.66)	(3.20)
TTM	0.00102**	0.00055*	0.00102**	0.00055*	−0.00204***	−0.00059*	−0.00206***	−0.00060*
	(1.98)	(1.77)	(1.98)	(1.75)	(−3.14)	(−1.90)	(−3.17)	(−1.91)
DUDONG	0.01382	0.02921*	0.01370	0.03352	−0.08656	−0.10798***	−0.08576	−0.10555***
	(0.42)	(0.94)	(0.41)	(1.08)	(−1.60)	(−3.11)	(−1.59)	(−3.03)
SALARY	0.00540	0.00224	0.00544	0.00218	−0.01355**	−0.00127	−0.01388**	−0.00130
	(1.52)	(0.69)	(1.53)	(0.67)	(−2.40)	(−0.35)	(−2.45)	(−0.36)
TOBINQ	−0.00110**	−0.00043	−0.00111***	−0.00042	−0.00233***	−0.00232***	−0.00227***	−0.00231***
	(−2.59)	(−1.18)	(−2.59)	(−1.16)	(−3.08)	(−6.35)	(−3.00)	(−6.34)

续表

变量	因变量=FINASSET				因变量= FIXASSET			
	国有第一大股东	非国有第一大股东	国有第一大股东	非国有第一大股东	国有第一大股东	非国有第一大股东	国有第一大股东	非国有第一大股东
	（1）	（2）	（3）	（4）	（5）	（6）	（7）	（8）
CONSTANT	0.16017***	0.04235	0.15995***	0.04120	0.51096***	0.18367***	0.51247***	0.18303***
	(4.21)	(0.96)	(4.20)	(0.94)	(8.07)	(3.61)	(8.12)	(3.60)
YEAR	控制	控制	控制	控制	控制	控制	控制	控制
INDU	控制	控制	控制	控制	控制	控制	控制	控制
观测值	1662	3564	1662	3564	1662	3564	1662	3564
R^2	0.1440	0.0932	0.1441	0.0941	0.4161	0.1719	0.4169	0.1721
Chow test	Prob > chi2 = 0.4114		—		Prob > chi2 = 0.0973*		—	

注：***、**、*分别代表在1%、5%和10%的水平上显著，括号内为 t 值。

6.3.4 稳健性检验

（1）基于固定效应模型的检验。

本部分进一步用固定效应模型检验政府补助与投资政策二者之间的关系，回归结果见表6-8。SUBSIDY 与 FIXASSET 在1%的水平上显著正相关，与 FINASSET 在10%的水平上显著负相关。假设6-1 依然得到验证。

表6-8 政府补助与投资政策回归结果

变量	因变量=FINASSET	因变量= FIXASSET
SUBSIDY	−0.43937*	0.674377***
	(−1.86)	(2.67)
LNASSET	−0.009717***	−0.018077***
	(−3.47)	(−6.05)
TTM	−0.000357*	−0.00167***
	(−1.72)	(−7.56)
DUDONG	0.10765***	0.041607
	(3.92)	(1.42)
SALARY	0.00287	−0.01120***
	(0.92)	(−3.36)

续表

变量	因变量＝FINASSET	因变量＝FIXASSET
TOBINQ	−0.00011 (−0.42)	−0.00059 ** (−2.20)
CONSTANT	0.23839 *** (4.09)	0.68834 *** (11.06)
YEAR	控制	控制
INDU	控制	控制
观测值	5227	5227
R^2	0.1315	0.0873
Hausman	chi2＝69.41 ***	chi2＝289.44 ***
模型	固定效应	固定效应

注：***、**、*分别代表在1%、5%和10%的水平上显著，括号内为t值。

（2）替换股权集中度指标后的检验结果。

本章进一步用前十大股东持股比例作为股权集中度的衡量指标考察股权集中度对公用事业企业政府补助和投资政策二者关系的影响效应，回归结果见表6-9。

表6-9中的第（1）、第（2）、第（5）和第（6）列是不考虑公用事业企业相关变量时政府补助与投资政策的回归结果。第（5）和第（6）列的回归结果显示：在因变量为FIXASSET时，无论股权集中度高组还是股权集中度低组，SUBSIDY仍在1%的水平上与FIXASSET显著正相关。进一步的Chow检验显示，两组中的SUBSIDY系数不存在显著差异。假设6-2a仍然没有通过。但与表6-6的回归结果一样，股权集中度低组系数的绝对值依然大于股权集中度高组，这说明股权集中度仍对政府补助和固定资产投资关系有一定的影响。第（1）和第（2）列的回归结果显示：在因变量为FINASSET时，无论股权集中度高组还是股权集中度低组，SUBSIDY仍在1%的水平上与FINASSET显著负相关。但进一步的Chow检验显示，两组中的SUBSIDY系数不存在显著差异。假设6-2b没通过。但股权集中度低组的系数的绝对值依然大于股权集中度高组。股权集中度由第一大股东持股比例改为前十大股东持股比例，使得股权集中度不再对政府补助和金融资产投资二者关系起到显著的调节作用。

表6-9中的第（3）、第（4）、第（7）和第（8）列是考虑公用事业企业相关变量时政府补助与投资政策的回归结果。第（7）和第（8）列的回归结果显示：因变量为FIXASSET时，股权集中度高组中UTILITY×SUBSIDY的系数在5%的水平上显著为负，股权集中度低组中UTILITY×SUBSIDY的系数在1%的水平上

显著为负。但 Chow 检验显示两组的 UTILITY×SUBSIDY 的系数不存在显著差异。假设 6-3a 没有通过。第（3）和第（4）列的回归结果显示：因变量为 FINASSET 时，在股权集中度高组，UTILITY×SUBSIDY 的系数在 5% 的水平上显著负相关，而股权集中度低组中 UTILITY×SUBSIDY 的系数不显著，假设 6-3b 依然成立。

表 6-9　股权集中度、政府补助和投资政策 OLS 回归结果

变量	因变量=FINASSET				因变量=FIXASSET			
	股权集中度高	股权集中度低	股权集中度高	股权集中度低	股权集中度高	股权集中度低	股权集中度高	股权集中度低
	（1）	（2）	（3）	（4）	（5）	（6）	（7）	（8）
SUBSIDY	−1.07878 ***	−1.75934 ***	−1.04043 ***	−1.75015 ***	2.47379 ***	2.72309 ***	2.53732 ***	2.76784 ***
	（−3.23）	（−4.61）	（−3.11）	（−4.58）	（4.74）	（5.62）	（4.83）	（5.70）
UTILITY	—	—	0.07705 ***	0.07729 ***	—	—	0.10739 ***	0.15617 ***
			（4.61）	（2.87）			（3.06）	（3.46）
UTILITY * SUBSIDY	—	—	−7.80050 **	−6.17174			−12.92512 **	−30.03698 ***
			（−2.11）	（−0.98）			（−1.97）	（−3.20）
LNASSET	−0.00006	−0.00145	−0.00012	−0.00146	0.00760 ***	0.00698 **	0.00750 ***	0.00690 **
	（−0.04）	（−0.63）	（−0.09）	（−0.63）	（3.62）	（2.38）	（3.57）	（2.36）
TTM	0.00130 ***	0.00045	0.00130 ***	0.00045	−0.00123 ***	−0.00126 ***	−0.00124 ***	−0.00128 ***
	（3.93）	（1.09）	（3.91）	（1.08）	（−3.23）	（−2.84）	（−3.26）	（−2.89）
DUDONG	−0.02684	0.08713 **	−0.02291	0.08763 **	−0.09457 **	−0.17468 ***	−0.08806 **	−0.17222 ***
	（−0.98）	（2.32）	（−0.83）	（2.33）	（−2.28）	（−4.15）	（−2.12）	（−4.09）
SALARY	0.00184	0.00571	0.00175	0.00568	−0.00577	−0.00720	−0.00591	−0.00733
	（0.59）	（1.49）	（0.56）	（1.49）	（−1.45）	（−1.52）	（−1.48）	（−1.55）
TOBINQ	−0.00099 ***	−0.00066	−0.00098 ***	−0.00066	−0.00105 **	−0.00282 ***	−0.00103 **	−0.00279 ***
	（−3.01）	（−1.50）	（−2.98）	（−1.4）	（−2.25）	（−5.61）	（−2.22）	（−5.53）
CONSTANT	0.02731	0.05898	0.02790	0.05934	0.30859 ***	0.24337 ***	0.30956 ***	0.24514 ***
	（0.89）	（1.14）	（0.91）	（1.15）	（6.19）	（3.97）	（6.22）	（4.00）
YEAR	控制	控制	控制	控制	控制	控制	控制	控制
INDU	控制	控制	控制	控制	控制	控制	控制	控制
观测值	2727	2484	2727	2484	2727	2484	2727	2484
R^2	0.1700	0.0605	0.1709	0.0606	0.3063	0.2236	0.3074	0.2258
Chow test	Prob > chi2 = 0.1773		—		Prob > chi2 = 0.7250		Prob > chi2 = 0.1332	

注：*** 、** 、* 分别代表在 1%、5% 和 10% 的水平上显著，括号内为 t 值。

（3）替换股权集中度高组和股权集中度低组划分标准后的检验结果。

本章进一步将第一大股东持股比例大于 50% 的样本划入股权集中度高组、不高于 50% 的样本列入股权集中度低组，在此基础上考察股权集中度对公用事业企业政府补助和投资政策二者关系的影响效应，回归结果见表 6-10。

表 6-10 中的第（1）、第（2）、第（5）和第（6）列是不考虑公用事业企业相关变量时政府补助与投资政策的回归结果。第（5）和第（6）列的回归结果显示：在因变量为 FIXASSET 时，股权集中度高组中 SUBSIDY 与 FIXASSET 系数不显著，股权集中度低组中 SUBSIDY 仍在 1% 的水平上与 FIXASSET 显著正相关。假设 6-2a 通过。第（1）和第（2）列的回归结果显示：在因变量为 FINASSET 时，股权集中度高组中 SUBSIDY 与 FINASSET 系数不显著，但股权集中度低组中 SUBSIDY 仍在 1% 的水平上与 FINASSET 显著负相关。假设 6-2b 依然成立。

表 6-10 中的第（3）、第（4）、第（7）和第（8）列是考虑公用事业企业相关变量时政府补助与投资政策的回归结果。第（7）和第（8）列的回归结果显示：因变量为 FIXASSET 时，无论股权集中度高组还是低组，UTILITY × SUBSIDY 的系数均在 10% 的水平上显著为负。但 Chow 检验显示两组的 UTILITY×SUBSIDY 的系数不存在显著差异。假设 6-3a 虽然没有通过，但股权集中度高组中 UTILITY×SUBSIDY 的系数绝对值仍大于股权集中度低组，表明股权集中度高组中公用事业这一企业属性对政府补助和企业固定资产投资二者的正相关关系的削弱作用还是更大的，只不过作用有限。第（3）和第（4）列的回归结果显示：因变量为 FINASSET 时，股权集中度高组中 UTILITY×SUBSIDY 的系数不显著，而股权集中度低组中 UTILITY×SUBSIDY 的系数在 1% 的水平上显著为负。假设 6-3b 依然成立。

表 6-10　股权集中度、政府补助和投资政策 OLS 回归结果

变量	因变量=FINASSET				因变量= FIXASSET			
	股权集中度高	股权集中度低	股权集中度高	股权集中度低	股权集中度高	股权集中度低	股权集中度高	股权集中度低
	（1）	（2）	（3）	（4）	（5）	（6）	（7）	（8）
SUBSIDY	-0.26123 (-0.43)	-1.48545 *** (-5.24)	-0.27328 (-0.45)	-1.46035 *** (-5.15)	1.32001 (1.19)	2.69561 *** (7.20)	1.37670 (1.24)	2.73844 *** (7.29)
UTILITY	—	—	0.08378 ** (2.40)	0.06045 *** (3.26)	—	—	0.13933 ** (2.20)	0.15679 *** (4.40)
UTILITY× SUBSIDY	—	—	11.85265 (0.52)	-7.98247 *** (-2.60)	—	—	-55.77034 * (-1.73)	-13.61580 * (-1.76)

续表

变量	因变量 = FINASSET				因变量 = FIXASSET			
	股权集中度高	股权集中度低	股权集中度高	股权集中度低	股权集中度高	股权集中度低	股权集中度高	股权集中度低
	(1)	(2)	(3)	(4)	(5)	(6)	(7)	(8)
LNASSET	-0.00071 (-0.34)	-0.00018 (-0.12)	-0.00065 (-0.31)	-0.00021 (-0.14)	0.00276 (0.77)	0.01032*** (4.90)	0.00252 (0.70)	0.01027*** (4.87)
TTM	0.00103* (1.77)	0.00068** (2.36)	0.00104* (1.78)	0.00068** (2.35)	0.00057 (0.73)	-0.00138*** (-4.52)	0.00052 (0.67)	-0.00139*** (-4.54)
DUDONG	-0.00039 (-0.01)	0.04724* (1.71)	-0.00093 (-0.03)	0.05020* (1.81)	-0.11293* (-1.80)	-0.12338*** (-3.66)	-0.11036* (-1.78)	-0.11833*** (-3.50)
SALARY	-0.00441 (-0.81)	0.00413 (1.52)	-0.00437 (-0.80)	0.00405 (1.49)	0.00503 (0.70)	-0.01104*** (-3.22)	0.00486 (0.67)	-0.01118*** (-3.26)
TOBINQ	-0.00110** (-1.99)	-0.00051 (-1.63)	-0.00110** (-1.99)	-0.00050 (-1.61)	-0.00092 (-1.01)	-0.00218*** (-6.01)	-0.00091 (-1.00)	-0.00217*** (-5.97)
CONSTANT	0.06777 (1.50)	0.04285 (1.23)	0.06647 (1.47)	0.04296 (1.23)	0.34899*** (4.64)	0.19579*** (4.06)	0.35510*** (4.74)	0.19597*** (4.07)
YEAR	控制	控制	年度	控制	控制	控制	控制	年度
INDU	控制	控制	行业	控制	控制	控制	控制	行业
观测值	935	4291	935	4291	935	4291	935	4291
R²	0.1921	0.0780	0.1927	0.0786	0.3990	0.2286	0.4030	0.2296
Chow test	—		—		—		Prob > chi2 = 0.1957	

注：***、**、*分别代表在1%、5%和10%的水平上显著，括号内为t值。

综上，基于50%的控股比例视角考察股权集中度对公用事业企业政府补助和投资政策之间的关系发现：股权集中度对政府补助和企业金融资产投资负相关关系的抑制作用凸显，但不同股权集中度组别中，公用事业这一企业属性对政府补助和企业固定资产投资二者的影响效应差距缩小了。但整体而言，股权集中度对公用事业企业政府补助与金融资产投资、固定资产投资之间关系的影响方向并未受到影响。

（4）基于政府补助对投资政策长期效应的检验。

本章前面部分的回归检验仅考虑了政府补助对企业投资政策短期内产生的影响，故回归模型中涉及的相关变量均属于当期数据。鉴于投资政策影响时间比较长，政府补助对其产生的影响效应也可能比较长，故本章进一步将政府补助变量滞后一期，以更深层次地考察政府补助与投资政策二者之间的关系以及股权结构对政府补助与投资政策二者关系的影响效应。下列相关模型中，模型（6-5）、模型（6-6）用于检验政府补助与投资政策二者之间的关系，模型（6-7）和模型（6-8）用于检验公用事业企业对政府补助与投资政策二者之间关系的影响。

$$FINASSET_{i, t} = \alpha_0 + \alpha_1 SUBSIDY_{i, t-1} + \sum_{i=2}^{n} CONTROL_{i, t} + \xi \quad (6-5)$$

$$FIXASSET_{i, t} = \alpha_0 + \alpha_1 SUBSIDY_{i, t-1} + \sum_{i=2}^{n} CONTROL_{i, t} + \xi \quad (6-6)$$

上述两个模型中，i 表示公司样本个体，t 表示年度，ξ 是随机误差项。

$$FINASSET_{i, t} = \alpha_0 + \alpha_1 SUBSIDY_{i, t-1} + \alpha_2 UTILITY_{i, t} + \alpha_3 UTILITY_{i, t} \times$$

$$SUBSIDY_{i, t-1} + \sum_{i=4}^{n} CONTROL_{i, t} + \xi$$

$$(6-7)$$

$$FIXASSET_{i, t} = \alpha_0 + \alpha_1 SUBSIDY_{i, t-1} + \alpha_2 UTILITY_{i, t} + \alpha_3 UTILITY_{i, t} \times$$

$$SUBSIDY_{i, t-1} + \sum_{i=4}^{n} CONTROL_{i, t} + \xi$$

$$(6-8)$$

1）政府补助和投资政策回归分析。

表6-11 中，SUBSIDY 与 FIXASSET 在1%的水平上显著正相关，与 FINASSET 在10%的水平上显著负相关。政府补助资金显著影响到一年之后企业的投资方向。假设6-1 依然得到验证。

表6-11　政府补助和投资政策的 OLS 回归结果

变量	因变量 = FINASSET	因变量 = FIXASSET
SUBSIDY	-1.69016 *** (-3.44)	2.03430 *** (3.85)
LNASSET	-0.00201 (-1.31)	0.00606 ** (2.48)
TTM	-0.00002 (-0.05)	-0.00097 ** (-2.32)
DUDONG	0.00982 (0.29)	-0.14542 *** (-3.54)
SALARY	0.00210 (0.59)	-0.00642 (-1.49)

续表

变量	因变量＝FINASSET	因变量＝FIXASSET
TOBINQ	−0.00081 * （−1.78）	−0.00230 *** （−4.62）
CONSTANT	0.08618 ** （2.20）	0.31199 *** （5.46）
YEAR	控制	控制
INDU	控制	控制
观测值	2424	2424
R^2	0.0810	0.2694

注：***、**、*分别代表在1%、5%和10%的水平上显著，括号内为t值。

2）股权结构、政府补助和投资政策的OLS回归分析。

表6-12中的第（1）、第（2）、第（5）和第（6）列是不考虑公用事业企业相关变量时政府补助与投资政策的回归结果。第（5）和第（6）列的回归结果显示：在因变量为FIXASSET时，股权集中度高组中和股权集中度低组中，SUBSIDY与FIXASSET均在1%的水平上显著正相关。进一步的Chow检验显示两组的SUBSIDY系数存在显著差异，股权集中度低组显著大于股权集中度高组，假设6-2a成立。第（1）和第（2）列的回归结果显示：在因变量为FINASSET时，股权集中度高组中SUBSIDY与FINASSET在5%的水平上显著负相关，股权集中度低组中SUBSIDY与FINASSET在1%的水平上显著负相关。Chow检验显示股权集中度低组中SUBSIDY的系数绝对值显著大于股权集中度高组，政府补助对金融资产投资的负向效应仍然在股权集中度低组中更为显著，与假设6-2b预期依然相符。

表6-12中的第（3）、第（4）、第（7）和第（8）列是考虑公用事业企业相关变量时政府补助与投资政策的回归结果。第（7）和第（8）列的回归结果显示：在因变量为FIXASSET时，股权集中度高组中，UTILITY×SUBSIDY系数在10%的水平上显著为负，而在股权集中度低组中，UTILITY×SUBSIDY系数在1%的水平上显著为正。Chow检验显示两组UTILITY×SUBSIDY系数差异显著。假设6-3a成立。第（3）和第（4）列的回归结果显示：在因变量为FINASSET时，股权集中度高组中UTILITY×SUBSIDY系数在1%的水平上显著为负，而在股权集中度低组中不显著。股权集中度高组中，公用事业企业能有效地发挥其对政府补助和金融资产投资二者负相关关系的促进作用，而在股权集中度低组中影响力甚微，假设6-3b依然成立。

表 6-12　股权集中度、政府补助和投资政策 OLS 回归结果

变量	因变量=FINASSET				因变量=FIXASSET			
	股权集中度高	股权集中度低	股权集中度高	股权集中度低	股权集中度高	股权集中度低	股权集中度高	股权集中度低
	(1)	(2)	(3)	(4)	(5)	(6)	(7)	(8)
SUBSIDY	-1.07651**	-7.82687***	-1.03639**	-7.83174***	1.75065***	6.18350***	1.84808***	6.11253***
	(-2.12)	(-4.82)	(-2.04)	(-4.80)	(3.1)	(5.02)	(3.25)	(4.94)
UTILITY	—	—	0.09580***	-0.02584	—	—	0.11530***	-0.22084***
			(4.92)	(-0.44)			(2.76)	(-5.15)
UTILITY× SUBSIDY	—	—	-8.05373***	8.88008	—	—	-19.55570*	129.53560***
			(-3.04)	(0.24)			(-1.93)	(5.20)
LNASSET	-0.00211	0.02434*	-0.00223	0.02435*	0.00524**	-0.00789	0.00495**	-0.00775
	(-1.35)	(1.95)	(-1.43)	(1.95)	(2.07)	(-0.56)	(1.96)	(-0.55)
TTM	0.00036	-0.00133	0.00034	-0.00132	-0.00127***	-0.00134	-0.00130***	-0.00119
	(0.91)	(-0.78)	(0.88)	(-0.77)	(-2.84)	(-1.00)	(-2.92)	(-0.89)
DUDONG	0.03683	-0.13519	0.04160	-0.13710	-0.15026***	-0.18861	-0.13868***	-0.21635
	(1.09)	(-0.87)	(1.22)	(-0.87)	(-3.49)	(-1.14)	(-3.21)	(-1.31)
SALARY	0.00001	-0.00200	-0.00004	-0.00211	-0.00479	0.00087	-0.00491	-0.00080
	(0.00)	(-0.09)	(-0.01)	(-0.09)	(-1.06)	(0.03)	(-1.09)	(-0.03)
TOBINQ	-0.00063	-0.00303	-0.00062	-0.00305	-0.00224***	-0.00277*	-0.00221***	-0.00309*
	(-1.38)	(-0.99)	(-1.36)	(-0.98)	(-4.35)	(-1.71)	(-4.31)	(-1.87)
CONSTANT	0.07463*	-0.13179	0.07594*	-0.13074	0.34367***	0.41258*	0.34686***	0.42802*
	(1.91)	(-0.62)	(1.94)	(-0.61)	(5.78)	(1.87)	(5.84)	(1.95)
YEAR	控制	控制	控制	控制	控制	控制	控制	控制
INDU	控制	控制	控制	控制	控制	控制	控制	控制
观测值	2245	179	2245	179	2245	179	2245	179
R^2	0.0783	0.3199	0.0792	0.3200	0.2832	0.3236	0.2857	0.3345
Chow test	Prob > chi2 = 0.0000***		—		Prob > chi2 = 0.0005***		Prob > chi2 = 0.0000***	

注：***、**、*分别代表在 1%、5% 和 10% 的水平上显著，括号内为 t 值。表中股权集中度高组和低组的划分标准为第一大股东持股比例的均值。

　　综上，在政府补助变量滞后一期时，四个假设全部得到验证。企业股权结构对政府补助和投资政策的效应在长期范围内被更全面地激发出来。

　　3）国有第一大股东、政府补助和投资政策的回归分析。

　　表 6-13 进一步将样本分为国有第一大股东组和非国有第一大股东组。第

（1）、第（2）、第（5）和第（6）列是不考虑公用事业企业相关变量时政府补助与投资政策的回归结果。第（5）和第（6）列的结果显示：在因变量为 FIXASSET 时，国有第一大股东组中的 SUBSIDY 在 1% 的水平上与 FIXASSET 显著正相关，非国有第一大股东组中的 SUBSIDY 在 5% 的水平上与 FIXASSET 显著正相关，Chow 检验显示两组 SUBSIDY 系数无显著差异。第（1）和第（2）列的结果显示：在因变量为 FINASSET 时，国有第一大股东组中的 SUBSIDY 在 1% 的水平上与 FINASSET 显著负相关，非国有第一大股东组中的 SUBSIDY 在 5% 的水平上与 FINASSET 显著负相关，Chow 检验显示两组 SUBSIDY 系数无显著差异。综上，国有第一大股东组和非国有第一大股东组中，政府补助和投资政策的关系都不再具有显著差异，与假设 6-4a 和假设 6-4b 的预期都不符。并且，SUBSIDY 的回归系数的绝对值在国有第一大股东组相对较大，而此前的表 6-7 显示是非国有第一大股东组更大。

表 6-13 第（3）、第（4）、第（7）和第（8）列是考虑公用事业企业相关变量时政府补助与投资政策的回归结果。第（7）和第（8）列的结果显示：在因变量为 FIXASSET 时，非国有第一大股东组中 UTILITY×SUBSIDY 系数显著为负，而国有第一大股东组中 UTILITY×SUBSIDY 系数不显著。公用事业这一企业属性仅在国有第一大股东组会显著削弱政府补助和企业固定资产投资的正相关关系。第（3）和第（4）列的结果显示：在因变量为 FINASSET 时，国有第一大股东组中 UTILITY×SUBSIDY 系数显著为正，非国有第一大股东组中 UTILITY×SUBSIDY 系数显著为负，两组的 UTILITY×SUBSIDY 系数在 1% 水平上存在显著差异。以上结果与假设 6-5a 和假设 6-5b 都不相符。

综上，在政府补助变量滞后一期时，与国有第一大股东有关的 4 个短期效应假设均不再成立。国有第一大股东是否一定不存在对政府补助和投资政策关系的长期效应呢？表 6-13 中显示，国有第一大股东组中的 SUBSIDY、UTILITY×SUBSIDY 系数的绝对值要大于非国有第一大股东组；而此前表 6-7 中显示绝大多数情况下，国有第一大股东组中的 SUBSIDY、UTILITY×SUBSIDY 系数的绝对值要大于非国有第一大股东组。这意味着，短期内非国有第一大股东组的效应较强，但随着时间的推移，政府补助在国有第一大股东组中的作用逐渐加强，而在非国有第一大股东组中的作用逐渐减弱。第一大股东为国有股东的企业在长期内能更有效地利用政府补助引导产业的发展。

表 6-13　国有第一大股东、政府补助和投资政策 OLS 回归结果

变量	因变量＝FINASSET				因变量＝FIXASSET			
	国有第一大股东	非国有第一大股东	国有第一大股东	非国有第一大股东	国有第一大股东	非国有第一大股东	国有第一大股东	非国有第一大股东
	（1）	（2）	（3）	（4）	（5）	（6）	（7）	（8）
SUBSIDY	-1.95620 ***	-1.64306 ***	-1.98727 ***	-1.57564 **	2.69094 ***	1.45718 **	2.74199 ***	1.46293 **
	（-3.66）	（-2.37）	（-3.72）	（-2.27）	（2.65）	（2.48）	（2.69）	（2.48）
UTILITY	—	—	0.03231 **	0.10108 ***	—	—	0.20865 ***	0.05813
			（1.99）	（3.08）			（3.71）	（1.14）
UTILITY× SUBSIDY	—	—	43.09331 ***	-10.85001 ***	—	—	-70.78771 **	-0.92588
			（4.77）	（-3.06）			（-1.99）	（-0.13）
LNASSET	-0.00922 ***	0.00578 **	-0.00913 ***	0.00572 **	0.00057	0.00388	0.00042	0.00388
	（-3.96）	（2.09）	（-3.94）	（2.07）	（0.15）	（1.19）	（0.11）	（1.19）
TTM	0.00005	-0.00029	0.00007	-0.00031	-0.00224	-0.00026	-0.00226 **	-0.00027
	（0.08）	（-0.58）	（0.10）	（-0.62）	（-2.45）	（-0.60）	（-2.47）	（-0.61）
DUDONG	0.01516	0.00064	0.01074	0.00853	-0.08258	-0.12331 **	-0.07531	-0.12264 **
	（0.34）	（0.01）	（0.24）	（0.18）	（-1.25）	（-2.41）	（-1.14）	（-2.39）
SALARY	0.01384 ***	-0.00621	0.01399 ***	-0.00634	-0.01587 **	0.00606	-0.01612 **	0.00605
	（3.00）	（-1.21）	（3.03）	（-1.23）	（-2.14）	（1.19）	（-2.17）	（1.19）
TOBINQ	-0.00162 ***	-0.00040	-0.00161 ***	-0.00037	-0.00270 **	-0.00268 ***	-0.00272 **	-0.00267 ***
	（-2.61）	（-0.66）	（-2.60）	（-0.62）	（-2.44）	（-5.32）	（-2.45）	（-5.31）
CONSTANT	0.17528 ***	-0.00467	0.17391 ***	-0.00524	0.50665 ***	0.22782 ***	0.50890 ***	0.22777 ***
	（3.33）	（-0.07）	（3.31）	（-0.08）	（5.76）	（2.94）	（5.80）	（2.94）
YEAR	控制	控制	控制	控制	控制	控制	控制	控制
INDU	控制	控制	控制	控制	控制	控制	控制	控制
观测值	890	1534	890	1534	890	1534	890	1534
R^2	0.1815	0.0754	0.1857	0.0768	0.4482	0.1810	0.4517	0.1810
Chow test	Prob > chi2 =0.7175		Prob > chi2 = 0.0000 ***		Prob > chi2 = 0.2868		—	

注：*** 、** 、* 分别代表在1%、5%和10%的水平上显著，括号内为 t 值。

6.4　本章小结

　　本章基于上市公司数据围绕政府补助和投资政策的关系进行了调查研究，研究期间为 2007～2019 年。研究表明：①政府补助能有效引导企业的投资行为。政府补助无论在短期内还是在长期内都能积极引导企业大力发展实业，避免过度

金融化，有效提高企业投资政策的科学性和合理性。②股权集中度显著影响政府补助对企业投资政策的引导能力。一般而言，股权集中度相对较低的企业能更有效地促进政府补助加大固定资产投资、减少金融资产投资；股权集中度相对较高的企业中，从事公用事业行业的企业能更有效地利用政府补助调节企业的投资方向。股权集中度不仅对政府补助和投资政策的关系具有短期效应，而且具有长期效应，股权集中度对政府补助和投资政策二者关系的影响效应在长期范围内能被更有效地激发出来。③政府补助对企业投资政策的引导能力因企业第一大股东的性质不同而具有显著差异。短期范围内，非国有第一大股东的企业中，政府补助更能促进企业的固定资产投资，发展实业；非国有第一大股东的企业中，公用事业企业能更有效地利用政府补助资金引导企业去金融化。长期范围内，非国有第一大股东企业中，公用事业企业仍能更有效地利用政府补助资金引导企业去金融化，但国有第一大股东企业中，公用事业企业更大程度上削弱了政府补助对金融投资的抑制作用，同时也削弱了政府补助对固定资产投资的促进作用；国有第一大股东利用政府补助引导企业产业投资的作用在长期范围内逐渐凸显出来。

金融投资有利于企业发展，但归根结底，金融依托于实业且服务于实业。正如 2017 年 3 月，习近平总书记在参加十二届全国人大五次会议辽宁代表团审议时强调的"不论经济发展到什么时候，实体经济都是我国经济发展、在国际经济竞争中赢得主动的根基"。政府补助资金整体上有利于促进实业投资，避免过度金融化，是经济"脱虚向实"发展的一个重要杠杆。不过，本章的研究也显示，政府补助对企业投资政策的作用是双向的，既引导企业重实业，也能在企业过度投资时抑制固定资产的投资，这是政府作为宏观经济调控者应有的职能。鉴于不同股权结构下政府补助对企业投资政策产生的影响具有显著差异，公用事业在不同的股权结构下也会对政府补助和投资政策的关系产生不同的影响效应，本章的研究对企业基于产业结构优化目的的股权结构改革具有一定的理论借鉴意义。

7 政府补助与融资政策

资金是经济活动的助推器，是企业生存和社会发展的基础。企业资金主要来源于债务融资和股权融资。债务融资和股权融资区别主要在于：①资金偿还的紧迫性不同。企业债务通常要按期支付固定利息，而股东的股息和红利一般并没有强制性的支付要求，企业可以视经营情况决定是否支付或支付多少。并且，在企业破产清算时，债权人有优先清偿权，股东只拥有剩余权益，故股东投资的风险一般比债务人要大。站在企业的角度，其股权融资成本要大于债务融资成本。②对企业经济管理活动权利的影响不同。债权人不参与企业的经营管理，故采用债务融资方式时，不会丧失企业的经营管理权。但在股权融资方式下，股东拥有企业重要经营管理活动的决策权，股东和管理者之间的冲突增加。现实中存在一些中小企业、家族企业难以做大做强，这与其融资方式具有一定的联系。家族企业通常重视企业家族传承，企业控制权通常掌握在家族股东手中。公开向社会募股会导致家族企业控制权的旁落，这是家族企业选择融资方式时常担心的问题。但家族资产通常有限，仅靠家族资产难以满足企业扩张过程的资金需求。这是家族企业，也是很多中小企业发展过程中不可避免的问题。随着社会的发展，企业的公司治理制度需要不断改革、完善以适应不同企业的发展需求。实务中，不少企业为解决创始人和外部大股东的矛盾，在公司治理结构改革方面进行了有益的尝试，如阿里的合伙人制度、京东的双重股权结构制度均在一定程度上为企业提供了有益的借鉴。

选择债务融资还是股权融资，并非完全是企业的主观意愿，国家政策法规对不同的融资方式有不同的要求和规定。例如，根据《中华人民共和国证券法》[①]，公司首次公开发行新股，应当符合下列条件：①具备健全且运行良好的组织机构；②具有持续经营能力；③最近三年财务会计报告被出具无保留意见审计报告；④发行人及其控股股东、实际控制人最近三年不存在贪污、贿赂、侵占财产、挪用财产或者破坏社会主义市场经济秩序的刑事犯罪；⑤经国务院批准的国务院证券监督管理机构规定的其他条件。公开发行公司债券，应当符合下列条

---

① 2019 年中华人民共和国主席令第三十七号。

件：①具备健全且运行良好的组织机构；②最近三年平均可分配利润足以支付公司债券一年的利息；③国务院规定的其他条件。公开发行公司债券筹集的资金，必须按照公司债券募集办法所列资金用途使用；改变资金用途，必须经债券持有人会议做出决议。公开发行公司债券筹集的资金，不得用于弥补亏损和非生产性支出。2021 年 1 月 1 日起施行的《中华人民共和国民法典》第三百九十五条指出，债务人或者第三人有权处分的下列财产可以抵押：①建筑物和其他土地附着物；②建设用地使用权；③海域使用权；④生产设备、原材料、半成品、产品；⑤正在建造的建筑物、船舶、航空器；⑥交通运输工具；⑦法律、行政法规未禁止抵押的其他财产。第三百九十六条规定，企业、个体工商户、农业生产经营者可以将现有的以及将有的生产设备、原材料、半成品、产品抵押，债务人不履行到期债务或者发生当事人约定的实现抵押权的情形，债权人有权就抵押财产确定时的动产优先受偿。企业财产抵押价值与其债务融资能力密切相关。

　　总之，企业融资能力不仅与自身的业绩有关，也与其信用、抵押能力、资产类型等有关系，企业的风险偏好、政府环境也都在一定程度上制约着企业的融资行为。政府补助缓解了企业的融资约束问题，也因而能带动企业资产结构的变化，也有利于企业在生产经营过程中争取更多的资源和机会，从而带动企业融资能力的提高，进而改变企业的资本结构。在公用事业企业中，政府补助是企业目前主要的资金来源。对公用事业企业 2007~2019 年政府补助年均水平、负债年均水平趋势对比后发现，公用事业企业政府补助和负债水平的线性趋势线几乎是平行的，如图 7-1 所示。

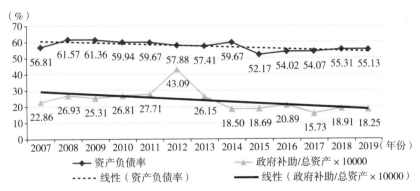

图 7-1　公用事业上市公司 2007~2019 年政府补助与负债水平年度趋势

　　综上，本章进一步针对政府补助和企业融资政策的关系进行了探讨。研究过程中主要涉及以下问题：政府补助是否影响企业的资本结构，这种影响在公用事业和非公用事业企业之间有无显著差异？企业的股权结构是否会对政府补助的融资效应产生促进或抑制作用？政府补助在流动负债和非流动负债融资过程中的作用是否有显著差异？

7.1 理论分析与研究假设

7.1.1 政府补助与融资政策

政府补助代表了国家的产业政策导向，从而向外界传递了"企业是受政府支持、享受政策优惠"的信息，投资者信心因而会提升。受产业政策扶持的企业在外部筹资面临的摩擦程度会降低，从而可以获得更多的资金支持（崔海红和张敦力，2021）。车嘉丽和薛瑞（2017）对我国2001~2015年上市公司的实证研究证明产业政策激励在我国上市公司的确存在缓解融资约束的作用。政府补助的这些作用在负债融资中体现得会更明显。银行贷款是负债融资中最为普遍的一种形式，资金供给者与资金需求者通过商谈、洽约形成债权债务关系，在利率、还款方式和还款期限等方面弹性相对较大，贷款流程相对简单，从申请贷款到贷款划拨周期相对较短。对于上市公司而言，权益融资最重要的形式就是增发股票。发行股票需要严格遵守国家规定的首发、增发、配股等条件且历时较长。投资者因政府补助对企业形成的主观印象会转好，但国家对企业的首发、增发、配股等权益融资条件并不因此而变。故政府补助更有利于激发企业债务融资的需求。

此外，政府补助资金的注入扩大了企业资产规模，提高了企业资金的流动性，也为企业优化资产结构提供了条件，企业的信用和资产担保能力也在一定程度上会得到改善。企业在日常生产经营活动过程中，商业信用的提高进而会带动经营性负债比例的提升，从而促进负债融资规模的扩大。资产实力的提高也使企业在与银行洽谈过程中掌握了更多的主动权，谈判实力增强，企业融资成功的概率提高。林学海（2019）针对我国2010~2017年上市公司节能环保行业进行了一项实证研究，发现政府补贴能帮助企业获得更多的长期债务融资。基于此，本章提出假设7-1。

假设7-1：政府补助越多，企业负债融资规模越大。

7.1.2 股权集中度、政府补助与融资政策

股东和管理者的矛盾冲突是现代公司治理结构下的主要代理问题之一。其矛盾的根源在于股东和管理者具有不同的效用函数。为什么管理者和股东的个人效

用函数不一致？毫无疑问，任何个体的效用都应是关于其未来收益及风险的一个函数。股东和管理者的风险程度是不一样的。我们通常假定投资者是理性的，采取了投资分散化策略，所以股东对任何一个企业的投资所涉及的风险只有系统风险，没有关于企业的特定风险。而企业管理者的收入、财富、名誉、地位等各方面是受企业特定风险影响的。如果企业在规避企业特定风险时触动了股东的利益，管理者是会毫不犹豫地坚持自己的策略的。个人效用函数的不同，再加之双方财务目标的差异，导致管理者和股东之间不断出现冲突，这也是代理冲突中最为我们关注的地方。由于管理者在信息上处于优势，其与股东之间的冲突更多地表现在管理者对股东的利益侵害方面。例如，管理人员过度在职消费、盲目扩张以规避企业风险、抑制负债规模等。因为管理者通常并不拥有公司 100% 的股权，如果企业的自由现金流量用于对外进行投资，其所获取的收益需要与股东分享。特别是投资一旦失败，管理者的收入在与业绩挂钩的情况下会受到很大的影响。管理者因此总是倾向于通过在职消费这种方式安全地将企业收益 100% 纳入自己囊中。企业一旦破产，管理者便面临失业问题。企业经营品种比较单一，规模比较小时，企业风险程度就高。因此，好大喜功的管理者可能非常热衷于上品种、上项目、对外兼并等，以图扩大企业规模。负债增加了企业的破产风险，管理者总是避免企业负债过高，致使企业财务杠杆效用不能充分发挥，损害了股东利益。

故当股权集中度较低时，股东与管理层的代理成本相对较高。负债融资减少了企业的自由现金流量，会在一定程度上约束管理层的私利行为，从而降低股权代理成本。王仲玮等（2016）对我国 2009~2014 年 A 股上市公司数据的实证研究表明：资产负债率越高，代理成本越低。龙建辉等（2014）对我国 A 股市场房地产行业 2003~2011 年的实证研究表明：企业的银行负债与控股股东代理成本呈显著负相关关系。徐子慧和池勤伟（2013）基于我国上市公司 2001~2010 年的数据证实经营性负债在抑制经理人对股东的代理成本，提高公司价值方面发挥着重要作用。由此可知，股权集中度越低，为了降低股权代理成本，企业可能会有更强烈的负债融资动机。田爱国和刘宇（2020）对我国 2014~2018 年制造业的民营上市公司进行实证研究发现：当负债的监督作用受到限制，提高股权集中度可以有效抑制经理人对股东代理成本的升高。公用事业大量政府补助资金的注入提高了其债务担保能力，降低了其负债融资门槛，这为股权集中度低组进行负债融资进一步提供了现实条件。而股权集中度高，股权代理成本相对较低，负债融资对股权代理成本降低的作用有限。

但是，股权集中度高的企业，第一大股东持股比例较高，故第一大股东同时也是控股股东的情况要比股权集中度低组多。作为控股股东，其投资目的不仅仅是投资报酬率的问题，还包括长期拥有对被投资企业经营管理活动的控制权。在这种情况下，控股股东一般不希望企业再增发股票。因为新股东认购增发的股票之后，原有股东的控制权将会被稀释，而负债融资则不会出现这种问题。基于控制权目的，股权集中度高组的企业反而更倾向于债务融资。公用事业企业政府补助对债务融资的促进作用在股权集中度高组会更显著。

综上，本章提出假设 7-2a 和假设 7-2b。

假设 7-2a：基于融资约束视角，股权集中度低组，公用事业企业这一企业属性更能促进政府补助与负债融资规模二者之间的正向关系。

假设 7-2b：基于控制权视角，股权集中度高组，公用事业企业这一企业属性更能促进政府补助与负债融资规模二者之间的正向关系。

7.1.3 国有第一大股东、政府补助与融资政策

国有经济的特征决定了其在行政扶持、资源分配等方面比非国有经济具有优势。非国有经济的融资贵、融资难一直是其经济发展的主要障碍。余静文（2011）的研究表明：相较于国有企业，非国有企业具有较强的信贷约束。政府隐性担保是造成信贷资源向国有经济倾斜的重要原因（李成等，2014）。国内债券市场上，民营企业融资成本显著高于国有企业（汪敏和陈东，2020）。政府补助资金有助于非国有经济在信贷融资时提高话语权，从而提高其负债融资规模。国有经济融资约束相对较小，政府补助资金对其负债融资的影响要弱于对非国有经济的影响。基于此，本章提出假设 7-3。

假设 7-3：政府补助越多，非国有第一大股东组负债融资规模越大，政府补助对非国有第一大股东组负债融资规模的影响要强于对国有第一大股东组负债融资规模的影响。

非国有第一大股东组由于融资约束问题更为严重，故相较于国有第一大股东组，政府补助相对较多的公用事业企业更有助于缓解非国有第一大股东组企业的融资约束问题。但负债融资规模又受制于企业投资机会，投资机会越多，负债融资动机会越强烈，否则可能造成资金过剩。公用事业作为政府规制行业，其投资机会相对稳定且投资风险相对较小，更能激发企业的融资意愿，尤其是国有公用事业企业。所以从该角度分析，相较于非国有第一大股东的公用事业企业，国有第一大股东的公用事业企业更能促进政府补助与负债融资规模二者之间的正向关系。故本章进一步提出假设 7-4a 和假设 7-4b。

假设 7-4a：基于融资约束视角，非国有第一大股东组中，公用事业企业这一企业属性更能促进政府补助与负债融资规模二者之间的正向关系。

假设7-4b：基于投资机会视角，国有第一大股东组中，公用事业企业这一企业属性更能促进政府补助与负债融资规模二者之间的正向关系。

7.2 研究样本、变量及模型

本部分以我国2007~2019年间上市公司A股样本数据为基础，并剔除了ST类公司、金融类公司、样本缺失的公司。研究所需有关原始数据主要来自WIND及CSMAR数据库。所有连续变量均进行了上下1%缩尾处理。

表7-1 变量定义表

变量类别	变量名称	变量符号	变量计算
被解释变量	负债融资	IABILITY	负债/资产
解释变量	政府补助	SUBSIDY	政府补助/资产[①]
调节变量	股权集中度	FIRST1	第一大股东持股比例
	国有股	GUOYOU	第一大股东为国有股为1，否则为0
控制变量	公司规模	INASSET	总资产的对数
	独董比例	DUDONG	独立董事人数/董事会人数
	管理层薪酬	SALARY	管理层年薪的对数
	成长性	TOBINQ	托宾Q
	资产利润率	ROA	息税前利润（TTM）/资产
	年度	YEAR	虚拟变量，属于该年度为1，否则为0
	行业	INDU	虚拟变量，属于该行业为1，否则为0[②]

为验证政府补助与融资政策的关系，本部分建立回归模型如下：

$$IABILITY_{i,t} = \alpha_0 + \alpha_1 SUBSIDY_{i,t} + \sum_{i=2}^{n} CONTROL_{i,t} + \xi \qquad (7-1)$$

上述模型中，i表示公司样本个体，t表示年度，ξ是随机误差项。

为检验公用事业企业对政府补助与融资政策的调节作用，在模型（7-1）中加入UTILITY、UTILITY和SUBSIDY的交乘项，得如下模型：

$$IABILITY_{i,t} = \alpha_0 + \alpha_1 SUBSIDY_{i,t} + \alpha_2 UTILITY_{i,t} +$$

$$\alpha_3 UTILITY_{i,t} \times SUBSIDY_{i,t} + \sum_{i=4}^{n} CONTROL_{i,t} + \xi \qquad (7-2)$$

---

① 记入营业外收入的政府补助和记入其他收益的政府补助之和。

② 为与第4章分析保持一致，本部分采用WIND行业进行分类。

为进一步从股权集中度视角分析政府补助与企业融资政策之间的关系，根据第一大股东持股比例均值分别将样本分为股权集中度高组和股权集中度低组，大于均值者划为高组，小于或等于均值者进入低组。此外，还将样本分为国有第一大股东组和非国有第一大股东组进行研究。第一大股东为国有股东的样本属于国有第一大股东组，反之为非国有第一大股东组。

7.3　实证检验与分析

7.3.1　描述性统计

通常，企业的资产负债率在50%左右相对比较安全。资产负债率过高，企业破产概率会上升，资产负债率过低，表明企业融资能力较差。表7-2显示，样本企业负债融资比例差异较大，高的几乎达到100%，低的不足10%。样本企业可能存在过度负债、融资能力不足或投资机会较少现象。

表7-2　股权结构、政府补助与融资政策的 OLS 描述性统计

变量	观测值	均值	中位数	最小值	最大值	标准差
IABILITY	25035	43.01135	42.31230	5.40980	92.73900	20.59290
SUBSIDY[①]	25035	0.47164	0.29856	0.00255	3.82039	0.56279
FIRST1	25035	35.45303	33.67000	8.70000	75.52000	15.01784
GUOYOU	25035	0.38602	0	0	1.00000	0.48684
UTILITY	25035	0.03807	0	0	1.00000	0.19136
UTILITY×SUBSIDY	25035	0.00871	0	0	3.82039	0.08653
LNASSET	25035	22.07129	21.89512	18.29297	25.82827	1.27815
TTM	25035	5.97348	5.47490	−16.90860	36.67120	6.04569
DUDONG	25035	0.37135	0.33333	0.00000	0.57143	0.05303
SALARY	25035	43.01135	6.02715	5.40980	92.73900	20.59290
TOBINQ	25035	82.32142	3.74620	26.15370	100.00000	17.33906

7.3.2　相关性分析

表7-3是模型中各有关变量的 Pearson 相关系数表。表中只有极个别变量之

---

① 为便于更好解释回归结果，本部分政府补助变量在原始数据的基础上乘以了100。

表 7-3 Pearson 相关系数表

变量	IABILITY	SUBSIDY	FIRST1	GUOYOU	UTILITY	UTILITY×SUBSIDY	LNASSET	TTM	DUDONG	SALARY	TOBINQ
IABILITY	1										
SUBSIDY	-0.1231*** (0.0000)	1									
FIRST1	0.0653*** (0.0000)	-0.0539*** (0.0000)	1								
GUOYOU	0.3016*** (0.0000)	-0.0925*** (0.0000)	0.2024*** (0.0000)	1							
UTILITY	0.1351*** (0.0000)	-0.0859*** (0.0000)	0.0537*** (0.0000)	0.1716*** (0.0000)	1						
UTILITY×SUBSIDY	0.0726*** (0.0000)	0.071*** (0.0000)	0.0164*** (0.0094)	0.0838*** (0.0000)	0.5059*** (0.0000)	1					
LNASSET	0.474*** (0.0000)	-0.2167*** (0.0000)	0.1894*** (0.0000)	0.3235*** (0.0000)	0.1346*** (0.0000)	0.0229*** (0.0003)	1				
TTM	-0.2723*** (0.0000)	0.0509*** (0.0000)	0.1244*** (0.0000)	-0.0933*** (0.0000)	-0.0283*** (0.0000)	-0.0309*** (0.0000)	-0.0188*** (0.0030)	1			
DUDONG	-0.0125** (0.0479)	0.0137** (0.0300)	0.0491*** (0.0000)	-0.0494*** (0.0000)	-0.0266*** (0.0000)	-0.0125** (0.0489)	0.0274*** (0.0000)	-0.0225*** (0.0004)	1		
SALARY	0.0834*** (0.0000)	-0.0359*** (0.0000)	-0.0345*** (0.0000)	0.0146** (0.0212)	-0.0324*** (0.0000)	-0.0457*** (0.0000)	0.5249*** (0.0000)	0.1516*** (0.0000)	0.0102*** (0.0004)	1	
TOBINQ	0.192*** (0.0000)	0.0607*** (0.0000)	-0.0583*** (0.0000)	-0.0352*** (0.0000)	0.0091 (0.1493)	0.0162** (0.0105)	-0.1252*** (0.0000)	0.01 (0.1126)	0.0191*** (0.0025)	-0.0781*** (0.0000)	1

注：***、**、* 分别代表在 1%、5%和 10%的水平上显著，括号内为 p 值。

间的相关系数超过 0.5，但不超过 0.8。模型中不存在严重的多重共线性问题。与预期不同的是，IABILITY 与 SUBSIDY 的相关系数显著为负，相关性分析没有为假设 7-1 提供证据支持。FIRST1 与 IABILITY 在 1% 的水平上显著正相关，表明第一大股东持股比例较高的企业倾向于负债融资，这隐含着控制权理论具有一定的适用性，股权集中度可能是政府补助和融资决策关系的一个重要调节变量。GUOYOU 与 IABILITY 也在 1% 的水平上显著正相关，第一大股东为国有股东的企业负债水平相对较高。UTILITY 与 GUOYOU、LNASSET 均在 1% 的水平上显著正相关，初步表明本样本中公用事业企业的第一大股东为国有股东的较多，也多为大规模企业。具体公用事业企业对不同股权集中度、不同性质的第一大股东组别中政府补助与融资政策关系的影响效应，将在后文通过回归分析进一步验证。

7.3.3　回归分析

（1）政府补助和融资政策回归分析。

表 7-4 的整体回归显示，SUBSIDY 与 IABILITY 在 1% 的水平上显著相关，表明政府补助越多，企业负债融资比例越大，政府补助有效提升了企业的负债融资能力。假设 7-1 成立。此外，在加入 UTILITY 和 UTILITY×SUBSIDY 变量之后，发现 UTILITY×SUBSIDY 的回归系数在 1% 的水平上显著为正。可见，在公用事业企业中，政府补助对企业负债融资的促进作用要比非公用事业企业大。

表 7-4　股权结构、政府补助与融资政策 OLS 回归结果

变量	因变量 = IABILITY（整体回归）	因变量 = IABILITY（分组回归）	
		股权集中度高	股权集中度低
SUBSIDY	0.86363 ***（4.08）	0.78687 ***（3.67）	0.56635 *（1.88）	0.97549 ***（3.25）
UTILITY	—	7.56968 ***（9.22）	6.12836 ***（6.04）	6.57925 ***（4.96）
UTILITY×SUBSIDY	—	4.31280 ***（4.37）	1.32911（1.02）	5.19641 ***（4.63）
LNASSET	8.64591 ***（87.18）	8.65305 ***（87.28）	8.03318 ***（58.47）	9.75998 ***（64.56）
TTM	−0.84975 ***（−38.14）	−0.84842 ***（−38.09）	−0.94125 ***（−31.54）	−0.76185 ***（−23.61）

续表

变量	因变量 = IABILITY（整体回归）		因变量 = IABILITY（分组回归）	
			股权集中度高	股权集中度低
DUDONG	-6.76963 ***	-6.78511 ***	-12.23052 ***	-0.30889
	(-3.82)	(-3.83)	(-5.01)	(-0.12)
SALARY	-2.06450 ***	-2.06248 ***	-1.52703 ***	-2.95775 ***
	(-11.31)	(-11.30)	(-5.88)	(-11.24)
TOBINQ	1.05305 ***	1.05276 ***	1.00843 ***	1.08764 ***
	(43.08)	(43.03)	(26.43)	(34.21)
CONSTANT	-128.79140 ***	-128.95500 ***	-117.53470 ***	-145.43610 ***
	(-58.57)	(-58.64)	(-39.45)	(-43.99)
YEAR	控制	控制	控制	控制
INDU	控制	控制	控制	控制
观测值	25035	25035	11560	13475
R^2	0.4502	0.4504	0.4762	0.4382

注：*** 、** 、* 分别代表在 1%、5% 和 10% 的水平上显著，括号内为 t 值。

（2）股权结构、政府补助和融资政策回归分析。

表 7-4 中，进一步将样本分为股权集中度高组和股权集中度低组后的回归结果显示：UTILITY×SUBSIDY 的系数在股权集中度高组中不显著，但在股权集中度低组中在 1% 的水平上与 IABILITY 显著正相关，说明在股权集中度低组中的公用事业企业，政府补助对企业负债融资比例的正影响效应更大，可见融资约束效应大于控制权效应。假设 7-2a 成立。

（3）国有第一大股东、政府补助和融资政策回归分析。

表 7-5 进一步从第一大股东的性质考察政府补助与融资政策之间的关系。在不加入公用事业企业相关变量时，国有第一大股东组 SUBSIDY 系数不显著，但在非国有第一大股东组中，SUBSIDY 与 IABILITY 在 1% 的水平上显著正相关。此表明，相较于国有第一大股东组，在非国有第一大股东组中，政府补助更能激励企业采取负债融资政策，提高负债融资规模，假设 7-3 成立。

加入公用事业企业相关变量后，UTILITY×SUBSIDY 系数在国有第一大股东组中与 IABILITY 在 1% 的水平上显著正相关，公用事业这一企业属性促进了政府补助与负债融资二者之间的正相关关系，但在非国有第一大股东组中 UTILITY×SUBSIDY 系数不显著。可见，在国有第一大股东组中，公用事业这一企业属性对政府补助与负债融资二者之间的正相关关系的促进作用更强，这与假设 7-4b 的预期结论一致。这说明，国有第一大股东公用事业企业和非国有第一大股东公用事业企业在投资机会优势对负债融资的促进作用方面的差异更大，要大于这两类企业在融资约束对负债融资的促进作用方面的差异，从而导致由于公用事业的介入，国有第一大股东组中政府补助对负债融资的作用更加凸显。

表 7-5　国有第一大股东、政府补助与融资政策 OLS 回归结果

变量	因变量 = IABILITY		因变量 = IABILITY	
	国有第一大股东	非国有第一大股东	国有第一大股东	非国有第一大股东
SUBSIDY	0.41754 (1.23)	0.88968 *** (3.25)	0.26115 (0.75)	0.88928 *** (3.24)
UTILITY	—	—	7.85580 *** (8.53)	4.52401 *** (2.94)
UTILITY×SUBSIDY	—	—	4.34456 *** (4.45)	0.06835 (0.03)
LNASSET	7.14422 *** (48.45)	9.36345 *** (63.98)	7.16005 *** (48.52)	9.36345 *** (63.98)
TTM	-1.10776 *** (-26.52)	-0.67755 *** (-25.68)	-1.10551 *** (-26.47)	-0.67755 *** (-25.68)
DUDONG	-4.04524 (-1.45)	-3.94869 * (-1.72)	-4.07596 (-1.46)	-3.94950 * (-1.72)
SALARY	-1.92333 *** (-6.47)	-2.08507 *** (-8.95)	-1.92710 *** (-6.48)	-2.08499 *** (-8.95)
TOBINQ	1.11983 *** (30.74)	1.00127 *** (30.44)	1.12037 *** (30.74)	1.00126 *** (30.43)
CONSTANT	-98.47244 *** (-31.33)	-140.24000 *** (-42.65)	-98.80704 *** (-31.40)	3.288258 *** (-42.65)
YEAR	控制	控制	控制	控制
INDU	控制	控制	控制	控制
观测值	9664	15371	9664	15371
R^2	0.4200	0.4106	0.4206	0.4106

注：***、**、* 分别代表在 1%、5% 和 10% 的水平上显著，括号内为 t 值。

7.3.4 稳健性检验

（1）基于固定效应模型的检验。

本部分进一步用固定效应模型检验政府补助与融资政策二者之间的关系，回归结果见表7-6。SUBSIDY 仍然与 IABILITY 在1%水平上显著正相关，假设 7-1依然成立。

表 7-6 政府补助与融资政策 OLS 回归结果

变量	因变量 = IABILITY
SUBSIDY	1. 21575 *** (8. 29)
LNASSET	7. 18122 *** (44. 38)
TTM	− 0. 46755 *** (−34. 81)
DUDONG	0. 22278 (0. 12)
SALARY	− 2. 04564 *** (−9. 94)
TOBINQ	0. 68022 *** (44. 87)
CONSTANT	− 99. 73470 *** (−30. 12)
YEAR	控制
INDU	控制
观测值	25035
R^2	0. 2034
Hausman	chi2 = 4380. 26 ***
模型	固定效应

注： *** 、 ** 、 * 分别代表在1%、5%和10%的水平上显著，括号内为 t 值。

（2）替换股权集中度指标后的检验结果。

本章进一步用前十大股东持股比例作为股权集中度的衡量指标考察股权集中度对公用事业企业政府补助和融资政策二者关系的影响效应，回归结果见表7-7。

表 7-7 中，UTILITY×SUBSIDY 的系数在股权集中度高组中不显著，但在股权集中度低组中与 IABILITY 在 1% 的水平上显著正相关。假设 7-2a 依然成立。

表 7-7　股权结构、政府补助与融资政策 OLS 回归结果

变量	因变量 = IABILITY	
	股权集中度高	股权集中度低
SUBSIDY	0. 66364 ** (2. 51)	0. 77576 ** (2. 36)
UTILITY	8. 24876 *** (8. 07)	3. 80118 *** (2. 96)
UTILITY×SUBSIDY	1. 48964 (0. 74)	4. 25560 *** (3. 67)
LNASSET	8. 13282 *** (66. 21)	9. 96973 *** (60. 15)
TTM	−0. 89714 *** (−31. 53)	−0. 73413 *** (−20. 83)
DUDONG	−5. 21849 ** (−2. 29)	−5. 28023 ** (−1. 98)
SALARY	−1. 16712 *** (−4. 82)	−3. 34314 *** (−12. 46)
TOBINQ	0. 94393 *** (26. 23)	1. 15907 *** (34. 77)
CONSTANT	−123. 4075 *** (−45. 51)	−147. 19770 *** (−40. 35)
YEAR	控制	控制
INDU	控制	控制
观测值	12982	11903
R^2	0. 5000	0. 4254

注：***、**、*分别代表在 1%、5% 和 10% 的水平上显著，括号内为 t 值。

（3）替换股权集中度高组和股权集中度低组划分标准后的检验结果。

进一步将第一大股东持股比例大于 50% 的样本划入股权集中度高组、不高于 50% 的样本列入股权集中度低组，在此基础上考察股权集中度对公用事业企业政府补助和融资政策二者关系的影响效应，回归结果见表 7-8。

表 7-8 股权结构、政府补助与融资政策 OLS 回归结果

变量	因变量 = IABILITY	
	股权集中度高	股权集中度低
SUBSIDY	0. 50555 (1. 01)	0. 83863 *** (3. 55)
UTILITY	6. 43247 *** (5. 05)	6. 16714 *** (5. 93)
UTILITY×SUBSIDY	− 3. 63364 * (− 1. 84)	6. 39864 *** (5. 60)
LNASSET	6. 99288 *** (34. 15)	9. 44737 *** (80. 27)
TTM	− 0. 98537 *** (− 21. 05)	− 0. 80042 *** (− 31. 69)
DUDONG	− 4. 54443 (− 1. 25)	− 5. 42949 *** (− 2. 69)
SALARY	− 1. 56654 *** (− 3. 94)	− 2. 43286 *** (− 11. 76)
TOBINQ	0. 93402 *** (15. 14)	1. 08489 *** (40. 86)
CONSTANT	− 96. 83756 *** (− 21. 46)	− 142. 12640 *** (− 55. 06)
YEAR	控制	控制
INDU	控制	控制
观测值	4661	20374
R^2	0. 4679	0. 4525
Chow test	Prob > chi2 = 0. 0000 ***	

注： ***、 **、 *分别代表在1%、5%和10%的水平上显著，括号内为t值。

表 7-8 显示：股权集中度高组中，UTILITY×SUBSIDY 的系数在 10% 的水平上与 IABILITY 显著负相关，在股权集中度低组中与 IABILITY 在 1% 的水平上显著正相关。虽然股权集中度高组中 UTILITY×SUBSIDY 的系数为负数，但 Chow 检验显示股权集中度低组 UTILITY×SUBSIDY 的正向效应更强，假设 7-4b 依然成立。

（4）基于政府补助对负债融资结构效应的检验。

本章前面部分的回归检验仅考虑了政府补助对企业负债融资总水平的影响，并未深入考察政府补助对企业负债结构的影响。本章进一步将负债分为流动负债和非流动负债，进一步考察政府补助与不同类型的负债之间的关系以及股权结构对政府补助与不同类型负债关系的影响效应。下列相关模型中，模型（7-3）和模型（7-4）分别用于检验政府补助与流动负债融资政策、政府补助与非流动负债融资政策之间的关系。

$$\text{LIABILITY}_{i,t} = \alpha_0 + \alpha_1 \text{SUBSIDY}_{i,t} + \sum_{i=2}^{n} \text{CONTROL}_{i,t} + \xi \qquad (7\text{-}3)$$

$$\text{FIABILITY}_{i,t} = \alpha_0 + \alpha_1 \text{SUBSIDY}_{i,t} + \sum_{i=2}^{n} \text{CONTROL}_{i,t} + \xi \qquad (7\text{-}4)$$

上述模型中 LIABILITY 为流动负债占总负债比重，FIABILITY 为非流动负债占总负债比重，i 表示公司样本个体，t 表示年度，ξ 是随机误差项。

为检验公用事业企业对政府补助与流动负债融资政策，以及政府补助与非流动负债融资政策的调节作用，在模型（7-3）、模型（7-4）中加入 UTILITY、UTILITY 和 SUBSIDY 的交乘项，得模型（7-5）和模型（7-6）。

$$\text{LIABILITY}_{i,t} = \alpha_0 + \alpha_1 \text{SUBSIDY}_i + \alpha_2 \text{UTILITY}_{i,t} + \qquad (7\text{-}5)$$
$$\alpha_3 \text{UTILITY}_{i,t} \times \text{SUBSIDY}_i + \sum_{i=4}^{n} \text{CONTROL}_{i,t} + \xi$$

$$\text{FIABILITY}_{i,t} = \alpha_0 + \alpha_1 \text{SUBSIDY}_i + \alpha_2 \text{UTILITY}_{i,t} + \qquad (7\text{-}6)$$
$$\alpha_3 \text{UTILITY}_{i,t} \times \text{SUBSIDY}_i + \sum_{i=4}^{n} \text{CONTROL}_{i,t} + \xi$$

1）政府补助和负债融资结构回归分析。

表7-9 中第（1）和第（3）列显示：SUBSIDY 与 LIABILITY 在 1% 的水平上显著负相关，与 FIABILITY 在 1% 的水平上显著正相关。这表明，政府补助在更大程度上促进了企业非流动负债融资规模的增长，从而使非流动负债占总负债的比重增加，流动负债占总负债的比重下降。结合假设 7-1 的回归结果可知，流动负债占总负债比重的下降程度低于非流动负债占总负债比重的上升幅度，从而导致企业总负债率上升。流动负债主要用于缓解企业经营资金的压力，解决企业面临的短期资金紧张问题，而非流动负债通常用于企业的大型固定资产投资和改造等。综合表7-9 的回归结果，可知政府补助的主要目的不在于解决企业临时资金周转困难问题，而是为了帮助企业减轻长期项目融资压力，提升其长期盈利能力。此亦"鱼"和"渔"的区别。政府补助不是让企业一味依赖政府，而是在政府的引领下逐渐成长，提高生存能力。

表 7-9 政府补助与负债融资结构 OLS 回归结果

变量	因变量=LIABILITY		因变量=FIABILITY	
	（1）	（2）	（3）	（4）
SUBSIDY	−1.45225 *** （−7.22）	−1.59919 *** （−7.98）	1.45118 *** （7.21）	1.59850 *** （7.97）
UTILITY	—	−20.37861 *** （−20.25）	—	20.41443 *** （20.25）
UTILITY×SUBSIDY	—	8.25484 *** （4.47）	—	−8.27660 *** （−4.48）
LNASSET	−4.02610 *** （−38.72）	−4.01244 *** （−38.59）	4.02790 *** （38.69）	4.01420 *** （38.56）
TTM	0.12961 *** （7.79）	0.13216 *** （7.95）	−0.12967 *** （−7.79）	−0.13222 *** （−7.95）
DUDONG	−1.99026 （−1.09）	−2.01990 （−1.10）	1.98302 （1.08）	2.01274 （1.10）
SALARY	1.16399 *** （6.47）	1.16785 *** （6.49）	−1.16533 *** （−6.47）	−1.16920 *** （−6.50）
TOBINQ	−0.21173 *** （−10.20）	−0.21230 *** （−10.21）	0.21184 *** （10.19）	0.21241 *** （10.21）
CONSTANT	163.84270 *** （73.49）	163.52950 *** （73.35）	−63.87095 *** （−28.63）	−63.55694 *** （−28.48）
YEAR	控制	控制	控制	控制
INDU	控制	控制	控制	控制
观测值	25035	25035	25035	25035
R^2	0.2038	0.2051	0.2038	0.2050

注：***、**、* 分别代表在 1%、5% 和 10% 的水平上显著，括号内为 t 值。

表 7-9 进一步加入公用事业企业相关变量后的回归结果见第（2）和第（4）列。虽然政府补助整体上对企业长期负债融资激励的程度要高于非流动负债，但在公用事业企业和非公用事业企业中效应却有明显差别。因变量为 LIABILITY 时，U-TILITY×SUBSIDY 在 1% 的水平上显著为正，因变量为 FIABILITY 时，UTILITY×SUBSIDY 在 1% 的水平上显著为负。由此可知，政府补助对公用事业企业非流动负债融资的正向激励效应要低于非公用事业企业，对公用事业企业流动负债融资的

负向激励效应要低于非公用事业企业。可见，政府对公用事业企业的短期经营活动和长期项目投资的支持程度差距相对较小，对非公用事业企业短期经营活动和长期项目投资的支持程度差距相对较大。政府资助对非公用事业企业更倾向于长期投资项目的支持，故而会导致公用事业企业非流动负债占总负债的比重提升程度小于非公用事业企业，公用事业企业流动负债占总负债的比重提升程度大于非公用事业企业。公用事业企业的公益性质可能在一定程度上促进了上述情况的发生。公用事业关系国计民生，政府规制在其发展中的重要作用不言而喻，政府对该行业政策的倾斜程度相对会高。

2）股权结构、政府补助和负债融资结构的回归分析。

本章进一步按第一大股东持股比例的均值将样本分为股权集中度高组和股权集中度低组，考察不同股权集中度下公用事业企业对政府补助和负债融资结构关系的调节效应的差异，回归结果如表7-10所示。

因变量为LIABILITY时，不同的股权集中度组别中，UTILITY×SUBSIDY的回归系数均在1%的水平上显著为正，两组的Chow检验不显著。因变量为FIABILITY时，不同的股权集中度组别中，UTILITY×SUBSIDY的回归系数均在1%的水平上显著为负，两组的Chow检验亦不显著。这表明，无论是股权集中度高组还是低组，政府补助对公用事业企业非流动负债融资的正向激励效应均低于非公用事业企业，对公用事业企业流动负债融资的负向激励效应均低于非公用事业企业。

不同股权集中度组别中，公用事业企业对政府补助和负债融资结构的调节效应没有显著差异，但前面假设7-2a的回归结果显示：股权集中度低组中，公用事业这一企业属性更能促进政府补助与负债融资规模二者之间的正向关系。为什么会出现这种情况？进一步观察，在因变量为LIABILITY时，股权集中度低组中UTILITY×SUBSIDY的系数要小于股权集中度高组，说明公用事业企业对政府补助和流动负债融资占比关系的削弱作用在股权集中度高组稍高，公用事业企业在股权集中度高组更能提高流动负债融资的规模，只不过提高的程度不显著。在因变量为FIABILITY时，股权集中度低组中UTILITY×SUBSIDY的系数的绝对值要小于股权集中度高组，说明公用事业企业对政府补助和非流负债融资占比关系的削弱作用在股权集中度高组稍高，公用事业企业在股权集中度低组更能提高非流动负债融资规模，只不过提高的程度不显著。由此可知，假设7-2a之所以成立，是由于下面两个差额所致。假设a1=公用事业企业在股权集中度低组中因对政府补助和流动负债融资的负向关系有抑制作用而导致负债增加的部分，a2=公用事业企业在股权集中度低组中因对政府补助和非流动负债融资的正向关系有抑制作用而导致负债减少的部分，b1=公用事业企业在股权集中度高组中因对政府补助和流动负债融资的负向关系有抑制作用而导致负债增加的部分，b2＝公用事业企业在股权集中度高组中因对政府补助和非流动负债融资的正向关系有抑制作用而导致负债减少的部分。当 a1-a2>b1-b2 时，则可能出现假设 7-2a 的结论。

表 7-10　股权结构、政府补助与融资政策 OLS 回归结果

变量	因变量＝LIABILITY		因变量＝FIABILITY	
	股权集中度高	股权集中度低	股权集中度高	股权集中度低
	（1）	（2）	（3）	（4）
SUBSIDY	−1.89138***	−1.62169***	1.89157***	1.62049***
	（−5.90）	（−6.28）	（5.90）	（6.27）
UTILITY	−20.35865***	−21.78630***	20.40104***	21.81459***
	（−16.24）	（−12.81）	（16.24）	（12.81）
UTILITY× SUBSIDY	8.55472***	8.51619***	−8.58231***	−8.53038***
	（3.48）	（3.10）	（−3.48）	（−3.10）
LNASSET	−3.95997***	−4.04789***	3.96193***	4.04881***
	（−26.56）	（−26.37）	（26.55）	（26.35）
TTM	0.10694***	0.13965***	−0.10692***	−0.13978***
	（4.12）	（6.21）	（−4.11）	（−6.21）
DUDONG	−1.11826	−2.75961	1.10806	2.75627
	（−0.42）	（−1.08）	（0.42）	（1.08）
SALARY	1.32618***	1.10432***	−1.32737***	−1.10527***
	（4.75）	（4.56）	（−4.75）	（−4.56）
TOBINQ	−0.27953***	−0.16621***	0.27965***	0.16632***
	（−7.70）	（−6.52）	（7.70）	（6.52）
CONSTANT	160.74940***	166.76820***	−60.78244***	−66.77988***
	（50.53）	（51.98）	（−19.09）	（−20.80）
YEAR	控制	控制	控制	控制
INDU	控制	控制	控制	控制
观测值	11411	13405	11411	13405
R^2	0.2436	0.1747	0.2436	0.1747
Chow test	Prob > chi2 = 0.9917		Prob > chi2 = 0.9888	

注：***、**、* 分别代表在 1%、5% 和 10% 的水平上显著，括号内为 t 值。表中股权集中度高组和低组的划分标准为第一大股东持股比例的均值。

3）国有第一大股东、政府补助和负债融资结构的回归分析。

进一步将样本分为国有第一大股东组和非国有第一大股东组，考察第一大股东性质是否影响公用事业企业对政府补助和负债融资结构关系的调节效应，回归结果如表7-11所示。

表7-11中的第（1）、第（2）、第（3）和第（4）列是不考虑公用事业企业相关变量时的结果。在因变量为 LIABILITY 时，无论国有第一大股东组还是非国有第一大股东组，SUBSIDY 与 LIABILITY 均在1%的水平上显著负相关。Chow检验表明，两组的 SUBSIDY 系数在10%的水平上存在显著差异。可知，相较于国有第一大股东组，非国有第一大股东组的政府补助更大程度上降低了企业流动负债融资水平。在因变量为 FIABILITY 时，无论国有第一大股东组还是非国有第一大股东组，SUBSIDY 与 FIABILITY 均在1%的水平上显著正相关。Chow检验表明，两组的 SUBSIDY 系数在10%的水平上存在显著差异。可知，相较于国有第一大股东组，非国有第一大股东组的政府补助更大程度上提高了企业非流动负债融资水平。前面假设7-3的回归结果显示：政府补助越多，非国有第一大股东组负债融资规模越大，政府补助对非国有第一大股东组负债融资规模的影响要强于对国有第一大股东组负债融资规模的影响。由此可知，政府补助之所以对非国有第一大股东组负债融资规模的影响要强于对国有第一大股东组负债融资规模的影响，主要是出于下面两个差额的原因。第一个差额是政府补助对非国有第一大股东组非流动负债融资的促进水平与政府补助对非国有第一大股东组流动负债融资的降低程度的差额。第二个差额是政府补助对国有第一大股东组非流动负债融资的促进水平与政府补助对国有第一大股东组流动负债融资的降低程度的差额。第一个差额大于第二个差额的情况下，将可能会产生假设7-3的结论。

表7-11 国有第一大股东、政府补助与融资政策 OLS 回归结果

变量	因变量=LIABILITY		因变量 = FIABILITY		因变量=LIABILITY		因变量 = FIABILITY	
	国有第一大股东	非国有第一大股东	国有第一大股东	非国有第一大股东	国有第一大股东	非国有第一大股东	国有第一大股东	非国有第一大股东
	（1）	（2）	（3）	（4）	（5）	（6）	（7）	（8）
SUBSIDY	−0.99127***	−1.70734***	0.98978***	1.70639***	−1.27225***	−1.76026***	1.27160***	1.75938***
	（−2.88）	（−6.90）	（2.88）	（6.89）	（−3.71）	（−7.13）	（3.70）	（7.12）
UTILITY	—	—	—	—	−21.11033***	−16.32729***	21.15086***	16.34703***
					（−18.57）	（−7.21）	（18.58）	（7.21）

续表

变量	因变量 = LIABILITY		因变量 = FIABILITY		因变量 = LIABILITY		因变量 = FIABILITY	
	国有第一大股东	非国有第一大股东	国有第一大股东	非国有第一大股东	国有第一大股东	非国有第一大股东	国有第一大股东	非国有第一大股东
	(1)	(2)	(3)	(4)	(5)	(6)	(7)	(8)
UTILITY× SUBSIDY	—	—	—	—	7.80569*** (3.67)	9.17147*** (2.63)	-7.82907*** (-3.68)	-9.18347*** (-2.63)
LNASSET	-3.67653*** (-22.31)	-3.87356*** (-26.02)	3.67945*** (22.31)	3.87400*** (26.00)	-3.64809*** (-22.14)	-3.87394*** (-26.03)	3.65092*** (22.14)	3.87438*** (26.01)
TTM	0.06893** (2.15)	0.14952*** (7.57)	-0.06887** (-2.15)	-0.14963*** (-7.57)	0.07297*** (2.28)	0.14999*** (7.59)	-0.07292** (-2.28)	-0.15010*** (-7.59)
DUDONG	2.96776 (0.98)	-6.86459*** (-2.97)	-2.99112 (-0.98)	6.86866*** (2.96)	2.91257 (0.96)	-6.97309*** (-3.01)	-2.93577 (-0.97)	6.97730*** (3.01)
SALARY	1.32375*** (4.37)	0.93977*** (4.15)	-1.32686*** (-4.38)	-0.93993*** (-4.15)	1.31697*** (4.35)	0.95043*** (4.20)	-1.32006*** (-4.35)	-0.95060*** (-4.20)
TOBINQ	-0.08839*** (-2.87)	-0.28390*** (-10.28)	0.08830*** (2.86)	0.28415*** (10.27)	-0.08741*** (-2.83)	-0.28548*** (-10.32)	0.08732*** (2.83)	0.28573*** (10.31)
CONSTANT	152.49060*** (45.09)	165.09410*** (-10.28)	-52.53017*** (-15.52)	-65.10160*** (-20.13)	151.88940*** (44.92)	165.09670*** (51.10)	-51.92721*** (-15.35)	-65.10428*** (-20.13)
YEAR	控制	控制	控制	控制	控制	控制	控制	控制
INDU	控制	控制	控制	控制	控制	控制	控制	控制
观测值	9664	15371	9664	15371	9664	15371	9664	15371
R^2	0.2420	0.1327	0.2420	0.1327	0.2439	0.1333	0.2439	0.1333
Chow test	Prob > chi2 = 0.0905*		Prob > chi2 = 0.0906*		Prob > chi2 = 0.7376		Prob > chi2 = 0.7401	

注：***、**、*分别代表在1%、5%和10%的水平上显著，括号内为t值。

表7-11中的第（5）、第（6）、第（7）和第（8）列是考虑公用事业企业相关变量时的结果。因变量为LIABILITY时，不同组别中，UTILITY×SUBSIDY的回归系数均在1%的水平上显著为正，两组的Chow检验不显著。因变量为FI-ABILITY时，不同组别中，UTILITY×SUBSIDY的回归系数均在1%的水平上显著为负，两组的Chow检验亦不显著。这表明，无论国有第一大股东组还是非国有第一大股东组，政府补助对公用事业企业非流动负债融资的正向激励效应均低于非公用事业企业，对公用事业企业流动负债融资的负向激励效应均低于非公用事业企业。

不同组别中，公用事业企业对政府补助和负债融资结构的调节效应没有显著差异，但假设 7-4b 显示：基于投资机会视角，国有第一大股东组中，公用事业企业这一企业属性更能促进政府补助与负债融资规模二者之间的正向关系。为什么会出现这种情况？进一步观察，在因变量为 LIABILITY 时，国有第一大股东组中 UTILITY×SUBSIDY 的系数要小于非国有第一大股东组，说明公用事业企业对政府补助和流动负债融资占比关系的削弱作用在非国有第一大股东组稍高，公用事业在非国有第一大股东组更能提高流动负债融资的规模，只不过提高的程度不显著。在因变量为 FIABILITY 时，国有第一大股东组中 UTILITY×SUBSIDY 的系数的绝对值要小于非国有第一大股东组，说明公用事业企业对政府补助和非流负债融资占比关系的削弱作用在非国有第一大股东组稍高，公用事业企业在国有第一大股东组更能提高非流动负债融资规模，只不过提高的程度不显著。由此可知，假设 7-4b 之所以成立，是由于下面两个差额所致。假定 c_1 = 公用事业企业在国有第一大股东组中因对政府补助和流动负债融资负向关系有抑制作用而导致负债增加部分，c_2 = 公用事业企业在国有第一大股东组中因对政府补助和非流动负债融资正向关系有抑制作用而导致负债减少部分，d_1 = 公用事业企业在非国有第一大股东组中因对政府补助和流动负债融资负向关系有抑制作用而导致负债增加部分，d_2 = 公用事业企业在非国有第一大股东组中因对政府补助和非流动负债融资正向关系有抑制作用而导致负债减少部分。当 $c_1-c_2>d_1-d_2$ 时，则可能出现假设 7-4b 的结论。

7.4　本章小结

本章对我国 2007~2019 年公用事业企业政府补助的融资政策效应进行了检验，研究表明：①政府补助是企业进行融资决策的重要考虑因素。政府补助不仅对企业负债融资总规模有重要影响，而且对企业负债结构的调整具有重要作用。整体上，政府补助有利于企业提高负债融资能力，尤其是非流动负债融资能力。②公用事业企业中，政府补助对企业融资决策的影响显著强于非公用事业企业。公用事业企业政府补助有效促进了企业负债融资能力。政府补助对公用事业企业非流动负债融资的正向激励效应要低于非公用事业企业，对公用事业企业流动负债融资的负向激励效应要低于非公用事业企业。③股权结构是政府补助与企业负债融资决策关系的一个重要调节变量。分散的股权结构下，公用事业企业政府补助对企业负债总水平的影响效应更强。④第一大股东性质也是政府补助与企业负债融资决策关系的一个重要调节变量。第一大股东为非国有股东的企业中，政府补助对企业负债总水平的影响效应比非公用事业企业更强。第一大股东为国有股东的企业中，公用事业企业政府补助对企业负债总水平的影响效应比非公用事业企业更强。⑤公用事业企业虽然对政府补助和负债内部结构的关系具有重要的调节效应，但该效应在不同的股权结构下没有显著差异。

本章调研结果一定程度上为从政府补助角度寻求提高企业负债融资能力的途径提供了参考依据。当然，企业负债水平并非越高越好，债务期限结构也要适当。我国上市公司的公司价值与长期债务比例存在倒"U"型关系（蒋杰，2007）①，常莹和宋清（2016）② 在创业板科技型企业中进一步证实了该倒"U"型关系的存在性。本章的研究揭示了不同股权结构下政府补助对企业负债融资影响具有异质性，公用事业企业政府补助和非公用事业企业政府补助对负债总水平的影响也因股权结构的不同而具有显著差异。企业可以通过公司治理结构的调整将政府补助对企业负债融资的影响进行适当的控制，既避免因负债不足丧失投资机会，也在一定程度上防止过度负债。

---

① 蒋杰. 基于固定效应模型的最优债务期限结构研究［D］. 大连理工大学，2007.
② 常莹，宋清. 企业最优债务期限结构研究——以创业板科技型企业为例［J］. 财会通讯，2016（29）：50-53.

8 政府补助与利润分配政策

利润分配是指将企业实现的净利润，按照国家财务制度和企业内部有关规定对实现的净利润在企业与投资者之间进行分配的过程。利润分配的事项主要包括弥补企业以前年度亏损、提取法定盈余公积和任意盈余公积、向投资者分配利润等。其中，弥补企业以前年度亏损、提取法定盈余公积和任意盈余公积仅影响到企业所有者权益内部的变化，而向投资者分配利润则涉及外部投资者的利益。投资者保护是现代公司治理结构下一个非常重要的问题。投资者一旦将资金投入企业，其资金的所有权和使用权便两相分离。企业也因此产生了资本成本，其实质是支付给投资者的报酬。企业只有在其投资报酬率大于投资者要求的报酬率时，其价值才能提升。企业价值增加的前提就是保证投资者的权益得以实现。利润分配提高了投资者的实际报酬率，是对投资者保护的一种重要形式。我们的资本市场是不完美的，没有证据证明任何一个国家或地区的资本市场属于强式有效市场。在公司治理结构不完善、法治不健全的环境下投资者保护有其特殊的意义。故学界围绕利润分配政策的研究主要是针对向投资者分配利润这个问题进行。对于上市公司而言，则主要是围绕股利分配政策进行研究。

在上市公司股利分配的影响因素中，除了投资者保护因素以外，投资机会、融资约束、公司治理等也都不同程度影响着企业利润分配的程度。政府补助改善了企业资源环境，为企业获取更多的投资机会创造了条件，进而会影响到企业利润分配决策。根据第3章的研究，公用事业企业上市公司股利分配的形式主要是现金股利，本章的研究也主要围绕政府补助与现金股利分配政策进行。

8.1 理论分析与研究假设

8.1.1 政府补助与利润分配政策

企业融资约束大时，出于投资性动机或预防性动机，管理层会倾向保留更多的现金流以满足未来的资金需要，相应当期的利润分配数额会减少。由于利润分配项目中盈余公积的提取有一定的刚性，所以管理层多采取减少当期股利水平的办法来缓解融资约束压力。许多研究证实了融资约束与股利支付水平的负向关系。例如，徐寿福等（2016）在对我国2004~2013年A股上市公司的实证研究中发现融资约束程度越低的公司现金股利分配意愿越强，股利分配水平越高；刘卿龙和杨兴全（2018）针对我国2002~2016年A股制造业上市公司的研究证明多元化经营之所以减少了现金股利发放，原因是多元化经营加剧了公司融资约束；全怡和梁上坤（2016）对我国1999~2012年沪深A股盈利上市公司进行的实证研究表明：公司融资约束程度会强化紧缩货币政策和现金股利负向作用。政府补助由于缓解了企业融资约束压力，从而在一定程度上会提高企业的股利支付水平。

但是随着政府补助的增加，企业竞争能力提升，投资机会也会增多，在一定程度上又会减少企业股利分配水平。赵惠芳等（2009）以我国2002~2006年沪深两市仅发行A股的除却金融、保险类的上市公司为样本进行的研究表明：投资机会集代表了企业因行使未来投资决策的选择权而形成的企业价值，投资机会集较好地反映了企业的成长性，投资机会集与现金股利支付水平显著负相关。Rizqia等（2013）对2006~2011年在印度尼西亚证券交易所上市的制造业公司研究也支持投资机会显著减少企业股利水平的结论。

综上，本章提出以下假设：

假设8-1a：基于融资约束假设，政府补助越多，企业股利水平越高。

假设8-1b：基于投资机会假设，政府补助越多，企业股利水平越低。

8.1.2 股权集中度、政府补助与利润分配政策

公用事业企业政府补助资金相应较多，在既定投资规模的情况下，会比非公用事业企业更大程度上促进政府补助与股利支付率的正相关关系。但由于公用事业企业投资机会相应较多且投资风险相对较低，政府补助会更大程度上增加公用事业企业的投资性动机，从而减少当期的股利支付水平。

股权集中度越高，大股东获得控股权私利的机会和动机增加，从而导致股利支付率提高。林川等（2011）对我国2002~2008年沪深A股上市公司的研究表明股权集中度越高，企业现金股利分配倾向越严重。李占雷和吴斯（2011）以我国2004~2009年中小企业板上市公司为样本进行的研究支持了股权集中度对股利分配的正向效应。

但是股权集中度越高，大股东与管理层的代理成本越低，一定程度上又可以减少管理层的私利行为，企业会更加注重未来长期发展。任力和项露菁（2015）对我国2007~2012年沪深A股上市公司的实证研究支持了股权集中度会显著降

低企业的现金股利支付水平这一结论。

综合以上分析，本章进一步提出以下假设：

假设 8-2a：基于政府补助视角和大股东掏空动机，股权集中度高组中的公用事业企业中，政府补助与股利支付率显著正相关。

假设 8-2b：基于投资机会视角和代理成本视角，股权集中度高组中的公用事业企业中，政府补助与股利支付率显著负相关。

8.1.3 国有第一大股东、政府补助与利润分配政策

长期以来，相较于非国有经济，国有经济在发展过程中获取了政府更多的支持，包括政府补助、投资机会等。故相较于非国有第一大股东组，国有第一大股东组中，企业更具有通过政府补助促进股利分配幅度提高的基础和前提条件。汪平和孙士霞（2009）针对我国 2002~2007 年沪深两市国有企业的研究发现，国有股比重越高对企业每股股利和股利支付率都具有显著的正向影响。公用事业行业国有企业较多，且行业关系国计民生，公益性较强，其资源优势特点更加明显。依此而论，国有第一大股东组中的公用事业企业更能促进政府补助对股利支付水平的正向效应。

但从投资机会视角，国有股东投资资源优势使得国有第一大股东组中的企业更需要充分考虑利润分配对未来投资的影响。卢建词和姜广省（2018）对我国 2003~2013 年沪深 A 股国有上市公司的实证研究发现，民营企业参股程度越大，国有企业股利分配意愿越强。这从侧面表明：国有股东更倾向于少发股利，民营股东更倾向多发股利，随着民营股东参股程度的提高，企业的现金股利决策越来越多地体现出民营股东的意志。王政之（2010）对我国 1992~2008 年沪深 A 股上市公司的研究更为直接地证明了国有控股的上市公司分红派现水平低于非国有控股上市公司这一现象的存在。

公用事业企业投资机会相对较多且投资风险相对较低，故国有第一大股东组中的公用事业企业更能促进政府补助对股利支付水平的负向效应。

基于以上分析，本章提出以下假设：

假设 8-3a：基于政府补助视角，相较于非国有第一大股东组，国有第一大股东组更能促进政府补助对股利支付率影响的正效应。公用事业这一企业属性会促进国有第一大股东组中政府补助与股利支付率的正向关系。

假设 8-3b：基于投资机会视角，相较于非国有第一大股东组，国有第一大股东组更能促进政府补助对股利支付率影响的负效应。公用事业这一企业属性会促进国有第一大股东组中政府补助与股利支付率的负向关系。

8.2 研究样本、变量及模型

本部分以我国 2007~2019 年间上市公司 A 股样本数据为基础，并剔除了 ST 类公司、金融类公司、样本缺失的公司。研究所需有关原始数据主要来自 WIND 及 CSMAR 数据库。所有连续变量均进行了上下 1% 缩尾处理。

表 8-1 变量定义表

变量类别	变量名称	变量符号	变量计算
被解释变量	股利支付率	PAYRATIO	现金股利/净利润
解释变量	政府补助	SUBSIDY	政府补助/资产[①]
调节变量	股权集中度	FIRST1	第一大股东持股比例
	国有股	GUOYOU	第一大股东为国有股为 1，否则为 0
控制变量	公司规模	LNASSET	总资产的对数
	独董比例	DUDONG	独立董事人数/董事会人数
	管理层薪酬	SALARY	管理层年薪的对数
	成长性	TOBINQ	托宾 Q
	资产利润率	TTM	息税前利润/资产
	年度	YEAR	虚拟变量，属于该年度为 1，否则为 0
	行业	INDU	虚拟变量，属于该行业为 1，否则为 0[②]

为验证政府补助与利润分配政策的关系，本部分建立回归模型如下：

$$PAYRATIO_{i,t} = \alpha_0 + \alpha_1 SUBSIDY_{i,t} + \sum_{i=2}^{n} CONTROL_{i,t} + \xi \qquad (8-1)$$

上述模型中，i 表示公司样本个体，t 表示年度，ξ 是随机误差项。

为检验公用事业企业对政府补助与利润分配政策的调节作用，在模型（8-1）中加入 UTILITY、UTILITY 和 SUBSIDY 的交乘项，得如下模型：

$$PAYRATIO_{i,t} = \alpha_0 + \alpha_1 SUBSIDY_{i,t} + \alpha_2 UTILITY_{i,t} +$$
$$\alpha_3 UTILITY_{i,t} \times SUBSIDY_{i,t} + \sum_{i=4}^{n} CONTROL_{i,t} + \xi \qquad (8-2)$$

为进一步从股权集中度视角分析政府补助与企业利润分配政策的关系，根据第一大股东持股比例均值分别将样本分为股权集中度高组和股权集中度低组，大

---

① 记入营业外收入的政府补助和记入其他收益的政府补助之和。

② 为与第 4 章分析保持一致，本部分采用 WIND 行业进行分类。

于均值者划为高组，小于或等于均值者进入低组。此外，还将样本分为国有企业组和非国有企业组，国有第一大股东组和非国有第一大股东组进行研究。第一大股东为国有股东的样本属于国有第一大股东组，反之为非国有第一大股东组。

8.3 实证检验与分析

8.3.1 描述性统计

表 8-2 政府补助与利润分配政策描述性统计

变量	观测值	均值	中位数	最小值	最大值	标准差
PAYRATIO[①]	19552	38. 15790	30. 67650	4. 68550	210. 45370	31. 12970
SUBSIDY[②]	19552	0. 46291	0. 00307	0. 00255	3. 82039	0. 52038
FIRST1	19552	36. 49350	35. 06500	8. 70000	75. 52000	15. 04036
GUOYOU	19552	0. 34759	0. 00000	0. 00000	1. 00000	0. 47622
UTILITY	19552	0. 03371	0. 00000	0. 00000	1. 00000	0. 18047
UTILITY×SUBSIDY	19552	0. 00657	0. 00000	0. 00000	3. 44900	0. 06591
LNASSET	19552	22. 09530	21. 90542	18. 67942	25. 82827	1. 29660
TTM	19552	7. 37732	6. 37450	(16. 90860)	36. 67120	4. 90421
DUDONG	19552	0. 37134	0. 33333	0. 00000	0. 57143	0. 05283
SALARY	19552	6. 12200	6. 09629	4. 00733	7. 97399	0. 70426
TOBINQ	19552	4. 65212	3. 54080	0. 12300	40. 26380	4. 22730

从表8-2看，样本企业股利支付率平均水平将近40%，整体上企业的利润分配政策兼顾了股东权益保护和未来投资需求。但样本企业股利支付率差异较大，低者不足5%，高者当期股利水平超过净利润的2倍。这表明，样本企业可能在未来投资机会或盈利水平方面存在较大差异。此外，PAYRATIO的中位数小于均值，说明大部分样本企业股利支付水平低于行业平均水平，只有少数企业股利支付水平较高。

8.3.2 相关性分析

表 8-3 是模型中各有关变量的 Pearson 相关系数表。表中只有极个别变量之

---

① 原始样本中有不分红的企业，本章对原始样本进行了上下 1% 缩尾处理，故此处股利支付率最小值大于 0。

② 为便于更好地解释回归结果，本部分政府补助变量在原始数据的基础上乘以 100。

表8-3 Pearson 相关系数表

变量	PAYRATIO	SUBSIDY	FIRST1	GUOYOU	UTILITY	UTILITY×SUBSIDY	LNASSET	TTM	DUDONG	SALARY	TOBINQ
PAYRATIO	1										
SUBSIDY	0.003 (0.6766)	1									
FIRST1	0.0581*** (0.0000)	-0.0645*** (0.0000)	1								
GUOYOU	-0.0227*** (0.0015)	-0.1271*** (0.0000)	0.2142*** (0.0000)	1							
UTILITY	0.0265*** (0.0002)	-0.0962*** (0.0000)	0.0609*** (0.0000)	0.1833*** (0.0000)	1						
UTILITY×SUBSIDY	0.0098 (0.1698)	0.0393*** (0.0000)	0.0088 (0.2177)	0.0948*** (0.0000)	0.5336*** (0.0000)	1					
LNASSET	-0.0606*** (0.0000)	-0.2294*** (0.0000)	0.1703*** (0.0000)	0.3836*** (0.0000)	0.1583*** (0.0000)	0.0351*** (0.0000)	1				
TTM	-0.1076*** (0.0000)	0.1128*** (0.0000)	0.0839*** (0.0000)	-0.1087*** (0.0000)	-0.0452*** (0.0000)	-0.0364*** (0.0000)	-0.1052*** (0.0000)	1			
DUDONG	-0.011 (0.1241)	0.0175** (0.0146)	0.0583*** (0.0000)	-0.0423*** (0.0000)	-0.0294*** (0.0000)	-0.013* (0.0691)	0.034*** (0.0000)	-0.0257*** (0.0003)	1		
SALARY	-0.0319*** (0.0000)	-0.019*** (0.0078)	-0.0574*** (0.0000)	0.1004*** (0.0000)	-0.0272*** (0.0001)	-0.0483*** (0.0000)	0.5302*** (0.0000)	0.0972*** (0.0000)	0.0012 (0.8631)	1	
TOBINQ	-0.0808*** (0.0000)	0.0513*** (0.0000)	-0.0423*** (0.0000)	-0.0734*** (0.0000)	-0.0159** (0.0262)	-0.0104 (0.1451)	-0.0679*** (0.0000)	0.1543*** (0.0000)	0.0231*** (0.0012)	0.015** (0.0355)	1

注：***、**、* 分别代表在1%、5%和10%的水平上显著，括号内为 p 值。

间的相关系数超过 0.5，但不超过 0.8。模型中不存在严重的多重共线性问题。表 8-3 显示，SUBSIDY 与 PAYRATIO 关系为正向，但不显著，这与预期不太相符。由于表 8-3 列示的是全样本下变量之间的相关系数，政府补助是否与股利支付水平在特定情况下具有显著的相关关系尚不能从本表完全反映出来。政府补助对股利支付水平的影响效应在后文需通过回归分析进一步验证。UTILITY 与 FIRST1、GUOYOU、LNASSET 都在 1% 的水平上显著正相关，本章样本中的公用事业企业仍表现出股权集中度高、国有第一大股东企业居多和规模较大的特征。

8.3.3　回归分析

（1）政府补助和利润分配政策的回归分析。

表 8-4 中，在全样本下，SUBSIDY 与 PAYRATIO 关系不显著。该回归结果既没有支持假设 8-1a，也没有支持假设 8-1b。融资约束理论和投资机会理论都不能有效解释我国上市公司政府补助与股利支付水平二者之间的关系。这表明，我国上市公司整体上股利分配的随意性相对较大。

进一步将样本分为国有企业和非国有企业。国有企业中，SUBSIDY 与 PAYRATIO 在 10% 的水平上显著负相关。此结果证实在国有企业中投资机会效应大于融资约束效应。政府补助有效激励了国有企业的投资热情，调动了企业的生产经营的积极性。政府补助资金被优先用于搞生产、促建设，有利于促进企业长期价值的提升。虽然短期内股东得到的回报有限，但随着企业长期价值的提升，股东权益也会倍增，这更有利于投资者权益的保护。但是在非国有企业中，SUBSIDY 与 PAYRATIO 没有显著的相关关系，政府补助对非国有企业的股利决策没有显著的影响效应。

表 8-4　政府补助与利润分配政策 OLS 回归结果

变量	因变量 = PAYRATIO		
	全样本	国有企业	非国有企业
SUBSIDY	0.10110 (0.24)	-1.25277 * (-1.83)	0.37293 (0.71)
LNASSET	-2.79117 *** (-13.10)	-0.63697 ** (-2.03)	-4.28411 *** (-13.24)
TTM	-0.84038 *** (-15.39)	-1.05018 *** (-11.86)	-0.81854 *** (-11.65)

续表

变量	因变量 = PAYRATIO		
	全样本	国有企业	非国有企业
DUDONG	−1. 67588 （−0.41）	−9. 58471 * （−1.66）	−2. 07710 （−0.38）
SALARY	2. 62016 *** （6. 48）	0. 42464 （0.72）	4. 61147 *** （8. 46）
TOBINQ	−0. 50662 *** （−9. 81）	−0. 29708 *** （−3. 10）	−0. 63996 *** （−10. 11）
CONSTANT	96. 57041 *** （20. 43）	69. 40782 *** （9. 86）	107. 89310 *** （15. 67）
YEAR	控制	控制	控制
INDU	控制	控制	控制
观测值	19552	7125	12427
R^2	0. 0405	0. 0510	0. 0483

注：*** 、** 、* 分别代表在 1%、5% 和 10% 的水平上显著，括号内为 t 值。

（2）股权集中度、政府补助与利润分配政策回归分析。

表 8-5 将样本分为股权集中度高的公用事业企业、股权集中度高的非公用事业企业、股权集中度低的公用事业企业、股权集中度低的非公用事业企业四组，进一步分析股权集中度可能对政府补助与利润分配政策二者关系产生的调节效应。

表 8-5　股权结构、政府补助与利润分配政策 OLS 回归结果

变量	因变量 = PAYRATIO			
	股权集中度高组		股权集中度低组	
	公用事业	非公用事业	公用事业	非公用事业
SUBSIDY	−17. 49838 ** （−2. 43）	−0. 09735 （−0. 15 ）	5. 24167 （1. 64）	0. 01086 （0. 02）
LNASSET	0. 99263 （0. 87）	−2. 86943 *** （−9. 47）	6. 75038 *** （3. 23）	−3. 95520 *** （−12. 06）
TTM	−1. 07486 * （−1. 95）	−0. 67258 *** （−8. 55）	−1. 38733 ** （−2. 33）	−1. 12817 *** （−14. 42）

187

续表

变量	因变量= PAYRATIO			
	股权集中度高组		股权集中度低组	
	公用事业	非公用事业	公用事业	非公用事业
DUDONG	9.62756	−3.40118	−1.86421	−2.10814
	(0.31)	(−0.61)	(−0.06)	(−0.35)
SALARY	3.54219	2.36125 ***	−4.67037	4.14145 ***
	(1.35)	(3.83)	(−1.10)	(7.41)
TOBINQ	−0.30242	−0.37005 ***	0.00627	−0.63200 ***
	(−1.07)	(−4.92)	(0.02)	(−8.59)
CONSTANT	19.59134	100.978 ***	−78.26887 *	107.5636 ***
	(0.69)	(15.05)	(−1.86)	(15.35)
YEAR	控制	控制	控制	控制
INDU	控制	控制	控制	控制
观测值	378	8737	281	10156
R^2	0.1376	0.0411	0.1317	0.0563

注：*** 、** 、* 分别代表在1%、5%和10%的水平上显著，括号内为 t 值。

表8-5 的回归结果显示，在股权集中度高的公用事业企业组，SUBSIDY 与 PAYRATIO 在 5%的水平上显著负相关，而其他组的 SUBSIDY 系数均不显著，股权集中度和公用事业这一企业属性的确对政府补助和股利支付率二者的关系有重要影响。同时表明以下两种影响中，前者大于后者：①基于投资机会视角和代理成本视角，股权集中度和公用事业企业属性对政府补助与股利支付率负相关关系的促进作用；②基于政府补助视角和大股东掏空动机，股权集中度和公用事业企业属性对政府补助与股利支付率正相关关系的促进作用。假设 8-2b 成立。

（3）国有第一大股东、政府补助与利润分配政策回归分析。

表8-6 将样本分为国有第一大股东组和非国有第一大股东组，进一步研究国有第一大股东可能对政府补助与利润分配政策二者关系产生的调节效应。

表8-6 中的第（1）和第（2）列是不考虑公用事业企业相关变量时的回归结果。国有第一大股东组中，SUBSIDY 在 5%水平上与 PAYRATIO 显著负相关，政府补助越多，股利支付率越低。这表明，在政府补助效应和投资机会效应的共同作用下，国有第一大股东因带来更多投资机会使股利分配率下降的幅度要远大于因政府补助缓解融资约束使股利分配率上升的幅度。

表 8-6 中的第（3）和第（4）列是考虑公用事业企业相关变量时的回归结果。国有第一大股东组中 UTILITY×SUBSIDY 系数在 1%的水平上与 PAYRATIO 显著负相关，公用事业这一企业属性显著促进了国有第一大股东组中政府补助与股利支付率的负向关系。假设 8-3b 成立。我国公用事业企业的经营理念在逐步改变，逐渐去行政化、更加市场化，其决策更能体现市场竞争的理念。

表 8-6 国有第一大股东、政府补助与利润分配政策 OLS 回归结果

变量	因变量 = PAYRATIO			
	国有第一大股东	非国有第一大股东	国有第一大股东	非国有第一大股东
	（1）	（2）	（3）	（4）
SUBSIDY	-1.58478 **	0.55767	-1.35376 **	0.51301
	（-2.41）	（1.05）	（-2.02）	（0.96）
UTILITY	—	—	2.23117	2.32426
			（0.87）	（0.61）
UTILITY×SUBSIDY	—	—	-7.56711 ***	16.51820 *
			（-2.78）	（1.65）
LNASSET	-0.39036	-4.56945 ***	-0.42520	-4.57151 ***
	（-1.18）	（-14.93）	（-1.28）	（-14.93）
TTM	-1.08162 ***	-0.82216 ***	-1.08577 ***	-0.82236 ***
	（-12.07）	（-11.85）	（-12.09）	（-11.85）
DUDONG	-7.39941	-4.01861	-7.29094	-4.26210
	（-1.19）	（-0.75）	（-1.17）	（-0.80）
SALARY	0.10184	4.76648 ***	0.09698	4.79145 ***
	（0.17）	（8.94）	（0.16）	（8.98）
TOBINQ	-0.21661 **	-0.64373 ***	-0.21745 **	-0.64366 ***
	（-2.06）	（-10.68）	（-2.07）	（-10.68）
CONSTANT	63.69088 ***	114.34630 ***	64.51458 ***	114.2503 ***
	（8.69）	（17.40）	（8.78）	（17.38）
YEAR	控制	控制	控制	控制
INDU	控制	控制	控制	控制
观测值	6796	12756	6796	12756
R^2	0.0499	0.0511	0.0504	0.0512

变量	因变量 = PAYRATIO			
	国有 第一大股东	非国有 第一大股东	国有 第一大股东	非国有 第一大股东
	（1）	（2）	（3）	（4）
Chow test	—		Prob > chi2 = 0.0204**	

注：***、**、*分别代表在1%、5%和10%的水平上显著，括号内为 t 值。

8.3.4 稳健性检验

（1）基于固定效应模型的检验。

本部分进一步用固定效应模型检验政府补助与利润分配政策二者之间的关系，回归结果如表 8-7 所示。全样本下，SUBSIDY 仍然与 PAYRATIO 关系不显著，假设 8-1a 与假设 8-1b 仍然都没得以验证。进一步将样本分为国有企业组和非国有企业组。在国有企业组，SUBSIDY 与 PAYRATIO 在 10%的水平上负相关，而非国有企业组 SUBSIDY 与 PAYRATIO 仍然是关系不显著。固定效应模型依然揭示了我国国有企业上市公司中，政府补助对公司现金股利支付水平的显著负向影响效应。

表 8-7　政府补助与利润分配政策 OLS 回归结果

变量	因变量 = PAYRATIO		
	全样本	国有企业	非国有企业
SUBSIDY	0.05848 （0.11）	−1.42513* （−1.69）	0.70956 （1.02）
LNASSET	−7.74746*** （−13.05）	−3.88528*** （−4.43）	−10.6672*** （−13.17）
TTM	−1.70486*** （−28.98）	−1.73261*** （−17.67）	−1.70135*** （−23.04）
DUDONG	−9.14003 （−1.44）	−8.63297 （−0.97）	−8.44105 （−0.96）
SALARY	−0.03834 （−0.05）	−2.66141*** （−2.70）	2.031437** （2.09）

续表

变量	因变量 = PAYRATIO		
	全样本	国有企业	非国有企业
TOBINQ	−0.39577 *** (−6.24)	−0.21886 ** (−2.20)	−0.44897 *** (−5.41)
CONSTANT	221.277 *** (18.21)	157.9754 *** (8.40)	262.2727 *** (16.18)
YEAR	控制	控制	控制
INDU	控制	控制	控制
观测值	19584	7146	12438
R²	0.0662	0.0670	0.0741
Hausman	chi2 = 393.51 ***	chi2 = 72.96 ***	chi2 = 350.54 ***
模型	固定效应	固定效应	固定效应

注：*** 、** 、* 分别代表在1%、5%和10%的水平上显著，括号内为 t 值。

（2）替换股权集中度指标后的检验结果。

进一步用前十大股东持股比例作为股权集中度的衡量指标考察股权集中度对公用事业企业政府补助和利润分配政策二者关系的影响效应，回归结果见表8-8。

表8-8 股权结构、政府补助与利润分配政策 OLS 回归结果

变量	因变量 = PAYRATIO			
	股权集中度高组		股权集中度低组	
	公用事业	非公用事业	公用事业	非公用事业
SUBSIDY	−12.55487 (−1.29)	0.20535 (0.34)	2.70935 (0.95)	−0.36611 (−0.57)
LNASSET	1.43945 (0.82)	−2.63822 (−9.09)	2.42742 * (1.88)	−3.75415 *** (−10.19)
TTM	−1.32115 * (−1.94)	−0.58967 (−7.44)	−1.80727 *** (−3.36)	−1.28402 *** (−14.93)
DUDONG	51.95066 (1.58)	0.26360 (0.05)	−98.88561 *** (−3.38)	−11.12812 * (−1.67)
SALARY	2.96732 (0.88)	3.16791 *** (5.40)	3.66614 (1.27)	2.94959 *** (4.86)

续表

变量	因变量＝PAYRATIO			
	股权集中度高组		股权集中度低组	
	公用事业	非公用事业	公用事业	非公用事业
TOBINQ	−0.01468 （−0.05）	−0.50700*** （−7.35）	−0.13792 （−0.39）	−0.58740*** （−6.91）
CONSTANT	3.41031 （0.08）	88.33569*** （13.84）	17.29669 （0.55）	117.47120*** （14.50）
YEAR	控制	控制	控制	控制
INDU	控制	控制	控制	控制
观测值	363	9408	287	8454
R^2	0.0854	0.0345	0.1317	0.0563

注：***、**、*分别代表在1%、5%和10%的水平上显著，括号内为 t 值。

四个组别中，SUBSIDY 的系数均不显著，假设 8−2b 没有得到支持。但进一步观察发现，四个组别中，只有股权集中度高组的公用事业企业以及股权集中度低组的非公用事业企业这两组 SUBSIDY 的系数为负，并且股权集中度高组的公用事业企业这一组 SUBSIDY 的系数绝对值要大于股权集中度低组。这表明，股权集中度高组的公用事业企业，政府补助对企业股利支付水平有一定的抑制作用，且该抑制作用大于其他三组，只不过该作用并不是非常强烈。

（3）替换股权集中度高组和股权集中度低组划分标准后的检验结果。

进一步将第一大股东持股比例大于 50% 的样本划入股权集中度高组、不高于 50% 的样本列入股权集中度低组，在此基础上考察股权集中度对公用事业企业政府补助和融资政策二者关系的影响效应。

表 8−9 回归结果显示，股权集中度低组中，SUBSIDY 系数均不显著。股权集中度高组中的公用事业企业，SUBSIDY 与 PAYRATIO 在 1% 的水平上显著负相关，股权集中度高组中的非公用事业企业，SUBSIDY 与 PAYRATIO 在 10% 的水平上显著负相关。因股权集中度高组中回归结果均显著，故进一步进行了 Chow 检验，结果表明这两组 SUBSIDY 回归系数存在显著差异。

本部分回归结果再次表明股权集中度和公用事业这一企业属性的确对政府补助和股利支付率二者的关系有重要影响。同时表明以下两种影响中，前者大于后者：①基于投资机会视角和代理成本视角，股权集中度和公用事业企业属性对政府补助和股利支付率负相关关系的促进作用；②基于政府补助视角和大股东掏空动机，股权集中度和公用事业企业属性对政府补助与股利支付率正相关关系的促进作用。检验结果依然支持假设 8-2b。

表 8-9　股权结构、政府补助与利润分配政策 OLS 回归结果

变量	因变量 = PAYRATIO	因变量 = PAYRATIO	因变量 = PAYRATIO	因变量 = PAYRATIO
	股权集中度高组		股权集中度低组	
	公用事业	非公用事业	公用事业	非公用事业
SUBSIDY	−23.62140 *** (−2.83)	−1.59834 * (−1.70)	5.51783 (1.60)	0.31754 (0.66)
LNASSET	1.99292 (1.42)	−3.13023 *** (−7.31)	3.81636 *** (2.79)	−3.58590 *** (−13.19)
TTM	−1.50599 ** (−2.25)	−0.53885 *** (−5.05)	−1.37744 *** (−2.57)	−0.99019 *** (−15.31)
DUDONG	30.74013 (0.79)	7.03864 (0.84)	−14.46652 (−0.48)	−5.52779 (−1.17)
SALARY	4.09577 (1.26)	2.07675 ** (2.41)	−0.09449 (−0.03)	3.40817 *** (7.17)
TOBINQ	−0.18356 (−0.55)	−0.28462 *** (−2.57)	−0.17541 (−0.53)	−0.59496 *** (−9.79)
CONSTANT	1.24413 (0.03)	102.6551 *** (11.20)	−31.94963 (−1.03)	110.13340 *** (18.79)
YEAR	控制	控制	控制	控制
INDU	控制	控制	控制	控制
观测值	241	3742	418	15151
R²	0.1309	0.0445	0.1069	0.0488
Chow test	Prob > chi2 = 0.0063 ***		—	

注：***、**、*分别代表在 1%、5% 和 10% 的水平上显著，括号内为 t 值。

8.4　本章小结

本章对我国 2007~2019 年公用事业企业政府补助的利润分配政策效应进行了检验，研究主要围绕现金股利分配政策进行。研究结果表明：①我国上市公司整体上对现金股利分配随意性较大。相对而言，国有企业股利分配相对比较规

范。国有企业现金股利分配更多考虑了企业的投资机会对未来资金的需要，政府补助在一定程度上抑制了国有企业当期股利的分配水平。②股权集中度对政府补助和企业现金股利分配二者的关系具有一定的调节作用。股权集中度高组中的公用事业企业中，政府补助与股利支付率显著负相关。该结论支持了相对集中的股权结构能有效减轻股东代理问题的观点，也从侧面反映出公用事业企业在进行现金股利分配时比较重视企业的长期发展。在用第一大股东持股比例的均值，以及第一大股东持股是否在50%以上作为股权集中度高低的划分标准时，回归结果都有效支持了以上结论。但在用前十大股东持股比例的均值作为股权集中度高低的划分标准时，回归结果没有显著证明股权集中度高组公用事业企业中，政府补助对企业现金股利支付水平的抑制作用。③第一大股东性质对政府补助和企业现金股利分配水平也具有一定的调节作用。企业第一大股东为国有第一大股东时，企业分配现金股利时更多考虑的是投资机会对未来资源流动性的影响。政府补助越多，企业现金股利支付水平越低。国有第一大股东组中，公用事业企业比非公用事业企业能更有效地促进政府补助对股利支付水平的抑制作用。

股东投资本身具有高风险性，被投资企业是否支付股利或支付多少股利并不具有强制性。长期不分红或少分红会打击股东投资的积极性，部分股东可能因此从投资转向投机，从而导致企业权益资金的不稳定性，这对企业的长期发展也是不利的。保护投资者的利益，也是为了提升企业价值。企业价值的提升，也有利于更大程度上保护投资者的利益。但从根本上讲，政府补助的目的并不是提高企业股利支付水平。现金一旦流出企业，以现金红利的形式流入到股东个人手中，只能为股东的个人效用服务，而不能为企业的价值带来增值。政府补助要让企业学会如何利用政府补助资金为企业带来价值的增值。所以，政府补助在于给企业一个创造价值的机会。实务中，许多政府补助是差额补助，政府并不大包大揽，既为企业提供了锻炼的机会和条件，也能充分挖掘企业的潜力。本章的研究中，国有企业、第一大股东为国有股东企业中政府补助与企业股利支付水平的实证研究结果，都明显地体现出政府的这种引导倾向。公用事业行业在促进政府的该导向方面发挥了积极的作用。

9 结论、启示和建议

9.1 结论

本书深入调查了我国公用事业上市公司政府补助现状和财务政策现状，在此基础上进一步对公用事业上市公司政府补助的财务政策效应进行了实证研究，主要研究结论如下：

（1）公用事业企业政府补助力度较大，但行业、地区分布不均衡，具有明显的政策导向性。

随着公用事业企业行业的发展壮大，公用事业企业政府补助总额也在逐年上升。整体而言，公用事业企业的政府补助中，与日常活动有关的政府补助居多且相对稳定，与非日常活动有关的政府补助相对较少且偶然性较强。公用事业企业内部，政府补助具有明显的行业、地区差异。公用事业内部各行业中，电力行业政府补助力度较高，燃气行业相对较低。东部地区政府补助力度较高，其他地区相对较低。政府补助是国家宏观调控的政策工具之一，政府补助的类型、对象及规模在不同的社会经济发展阶段具有一定的差异，在同一时期也会基于国家总体规划的需要在不同地区、行业具有一定的倾斜性。

（2）公用事业营运资本政策和融资政策整体比较激进，投资政策体现了主业突出的经营理念，利润分配政策制定过程中的投资者保护意识逐渐增强。

公用事业企业流动负债融资占整体融资的比例高于非流动负债融资占比，营运资本和净营运资本皆为负，流动负债不仅为流动资产还要为部分永久性资产提供资金来源，企业营运资本政策和融资政策相对都比较激进。公用事业企业整体主业比较突出，实业投资为主，金融投资为辅，与国家"脱虚向实"的政策导向一致。不分红利的现象虽然在公用事业企业中仍然存在，但整体分红的企业数量在不断上升，企业对投资者的保护意识在逐渐提高。

（3）公用事业企业股权结构具有行业异质性。

从股权集中度看，公用事业企业第一大股东持股比例整体显著大于非公用事业企业；公用事业企业间第一大股东持股比例差异呈明显下降趋势，而非公用事业企业相对稳定；规模较大的公用事业企业，第一大股东持股比例较高，但非公用事业企业中的微型企业的第一大股东持股比例也相对较高。

从股权性质看，公用事业企业股本流通性整体强于非公用事业企业；公用事业企业的未流通国有股占比显著高于非公用事业企业；公用事业企业第一大股东股东性质相对单一，主要为国有股东，而非公用事业企业第一大股东性质更为多元化。

（4）政府补助对企业的财务政策选择具有重要影响。

本书的研究表明：在政府补助的激励作用下，企业更倾向采用激进的营运资本财务政策，降低企业的现金持有水平和存货持有水平；对固定资产投资通常采用扩张型的财务政策，对金融资产投资采取紧缩型的财务政策，固定资产占比会增加，金融资产占比会减少。此外，政府补助会促使企业更多地采用扩张型的负债融资政策，增加负债融资，减少留存收益。整体而言，政府补助使企业的财务政策更加激进，在公用事业企业中，这种激进倾向更为明显。

（5）股权结构对公用事业企业基于政府补助的财务政策选择行为有重要影响。

本书的研究表明，整体上股权结构对企业基于政府补助的财务政策选择行为具有重要影响。通常，在政府补助的作用下，股权集中程度高的企业更可能采取激进的现金持有政策；股权集中程度低的企业，政府补助更能促使企业扩大对内固定资产投资，减少对外金融资产投资；第一大股东为国有股东的企业，更注重从未来投资角度分配企业现金资源，减少股利分配；第一大股东为非国有股东的企业，政府补助更能激励企业采取负债融资政策，提高负债融资规模，扩大固定资产投资规模。

股权结构对公用事业企业基于政府补助的财务政策选择行为，以及非公用事业企业基于政府补助的财务政策选择行为的影响也有显著区别，主要体现为：股权集中程度高的企业中，政府补助对公用事业企业存货政策的激进程度低于非公用事业企业；政府补助更大程度上促进了公用事业企业股利水平的下降，留存收益水平的上升。股权集中程度低的企业中，政府补助对公用事业企业固定资产投资的促进作用更强，对公用事业企业金融资产投资的削弱作用更大，公用事业企业更可能由于政府补助采用扩张型的负债融资政策。第一大股东为国有股东的企业中，公用事业企业更可能由于政府补助采用扩张型的负债融资政策；政府补助对非公用事业企业固定资产投资的促进作用越强，对非公用事业企业金融资产投资的削弱作用越大。

撇开公司治理因素，政府补助使公用事业企业的财务政策整体上更为激进。

但在不同的公司治理结构下，政府补助对公用事业企业的激励程度存在显著差异，导致公用事业企业一些财务政策比非公用事业企业更加激进，一些财务政策相对非公用事业企业更为保守。股权结构是影响企业财务政策激进程度的一个重要因素。

9.2 启示和建议

9.2.1 建立基于政府补助的财务政策绩效事前评估机制

在政府补助的激励作用下，企业更可能采取扩张型的财务政策。企业规模的适度扩张，有利于企业的可持续发展，但脱离实际需求的过度扩张也会带来产能过剩问题。郭关科和屈雯（2018）、黄志雄和赵晓亮（2015）的研究都表明政府补助容易产生过度投资问题。乐视、丹东港、沪华信等违约案例都与企业激进的产能扩张及对外投资财务策略有关。政府补助具有无偿性，只要符合资金规定使用范围，一般不需要返还给政府，资本成本等同于零，故很容易使企业产生盲目乐观的情绪，忽视政府补助的再投资收益和风险。企业在基于政府补助制定相关的财务政策时，事先必须充分考虑财务政策进一步对企业产生的经济后果，规范企业的财务政策绩效考评机制，科学合理地使用政府补助资金，不能因剩余政府补助资金要返还给政府就盲目地、过度地采用扩张型的财务政策。

9.2.2 基于创新驱动发展战略，优化公用事业企业财务政策

关于企业的财务目标，西方经济学传统主流观点是"股东财富最大化"。但随着近年来技术垄断、环境污染、劳资纠纷、消费侵权等诸多社会问题的不断出现或加剧，越来越多的研究倾向于从社会价值观的角度探讨企业的财务目标，要求企业综合考虑对内、对外利益相关者的社会责任履行情况。创新是企业发展的源泉，是企业社会责任履行的重要保障。众多国内外学者从不同角度肯定了创新在社会责任目标实施中的作用：社会创新是企业一项重要的社会责任，对企业社会责任方向具有决定性作用（崔健，2011）；基于技术创新的社会责任能显著提升企业的社会绩效并进而影响财务绩效（付强和刘益，2013）；一个企业的创新环境能很好地预示企业的社会责任状况（Übius 和 Alas，2010）；Shen 等（2016）基于美国 2001~2011 年上市公司的实证研究发现创新性较强的公司通常承担了更多的社会责任，并能从社会责任活动中获取更多的经济利益。随着财务目标的变化，作为财务活动执行规范的企业财务政策导向也必将随之调整。创新资本是

一种重要的智力资本（Díez 等，2010；Roos，1998），是企业的核心竞争资源，是社会可持续发展的重要驱动要素。我国作为社会资源相对匮乏的人口大国，创新经济的发展有着极为特殊的意义。党的十八大指出，要营造激励创新的公平竞争环境，打破制约创新的行业垄断和市场分割；到 2020 年，基本形成适应创新驱动发展要求的制度环境和政策法律体系。党的十九大再次强调要坚持实施创新驱动发展战略，从 2020 年到 2035 年，中国跻身创新型国家前列。2017 年中共中央、国务院发布的《国家创新驱动发展战略纲要》，特别提出了要全方位推进开放创新，完善突出创新导向的评价制度等创新战略。基于创新导向对公司财务政策的有效性进行研究具有重要意义。

基于创新驱动发展战略的公司财务目标对于公用事业企业具有特殊意义。在公共实体中，利益相关者的范围比其他私人企业、专业公司、雇主组织、商会等更为广泛（Giacomo，2015），肩负着更重要的社会责任。作为一种公共实体，公用事业企业与社会公共利益、人民生活基本需求密切相关，其创新问题尤为值得关注。过去很长时间内，公用事业企业一方面由于其内在的垄断性特征而保有超额利润的特权，另一方面又因肩负着一定的社会公益责任而享有大量的财政补贴。这种非完全竞争市场导致的公用事业企业竞争机制的缺乏一定程度上制约了其创新能力的发挥，导致社会资源整体使用效率降低。基于创新驱动发展战略对公用事业企业的财务政策进行有效治理是一个紧迫而现实的任务。

随着公用事业企业市场化程度的不断加深，公用事业企业竞争意识逐渐增强，创新热情也日益高涨，突出表现在研发投入方面。本书第 3 章的研究显示：2019 年，公用事业企业上市公司无形资产与开发支出占总资产比重已经达到上市公司的平均水平。但是，在 2007~2019 年整个样本期间，公用事业企业无形资产与开发支出占总资产比重是远低于上市公司平均水平的。与非公用事业企业相比，公用事业企业在研发创新方面还有一定的差距。政府补助虽然短期能刺激企业经济的发展，但从长期来看，会导致企业缺乏竞争意识，不利于企业创新，也有违市场的公平竞争原则。尤其是公用事业企业，政府补助资金相对较多，并具有一定的行业垄断特征，其创新意识要弱于非公用事业企业。创新驱动发展战略是党的十八大针对我国经济新常态提出来的经济发展新战略。创新驱动发展是一定创新政策体系约束下的动态发展过程。公用事业企业虽然数量不多，但客户群体范围较广，与居民的生活质量密切相关，加大智力资本的投入、关注智力产品、服务的创新更具有深远的社会意义。在创新导向下，基于政府补助的公用事业企业财务政策决策机制将更为科学、合理。

9.2.3 合理、有序推进公用事业企业的市场化改革，实现"公益—商业"双赢

企业市场化的前提是企业自身必须具备一定的市场竞争优势。适度竞争能激发企业的危机意识，提高学习的动力，充分发挥其潜能和创新精神，提升企业价值。在一个有效竞争的环境中，企业对政府补助资金的利用将更为谨慎、有效，财务政策也将更为科学、合理。与非公用事业不同的是，公用事业企业的商业性和公益性都较强，政府规制程度相应要高于非公用事业企业。公用事业企业需要市场化，但其市场化需要更为谨慎、有序进行，以实现"公益—商业"双赢。

"公益—商业"双赢蕴含的是一种社会价值投资理念。社会价值投资，亦称"社会影响力投资"，2007 年美国洛克菲勒基金会将其作为一种新的投资形式首次提出，提倡资本通过有经济效益的投资来做公益，以此达到可衡量的社会影响或者环保影响及商业回报。公司治理必须考虑社会责任，并能与公司责任相融合（高汉祥和郑济孝，2010）。2013 年中国国际高新技术成果交易会上，友成基金会首次在国内提出该理念，已得到业内相当认可与响应。该理念也与公用事业企业的职责及其发展目标相适应。通常，国有资本承担更多的公益职责，非国有资本更具有商业性质。国有资本和非国有资本在目的、特性及治理能力方面具有异质性。"公益—商业"双赢理念下，需要对国有资本和非国有资本进行一定程度的融合，充分发挥两类资本各自的优势。党的十八届三中全会指出："国有资本、集体资本、非公有资本等交叉持股、相互融合的混合所有制经济，是基本经济制度的重要实现形式。"与此相适应，2015 年《中共中央、国务院关于深化国有企业改革的指导意见》指出，发展混合所有制经济，要以管资本为主推动国有资本合理流动优化配置，既要引入非国有资本参与国有企业改革，亦要鼓励国有资本以多种方式入股非国有企业。公用事业企业相较于非公用事业企业股权集中度较高，且公用事业企业第一大股东性质多为国有股东，而非公用事业企业第一大股东性质更为多元化。公用事业企业的资本融资具有更大的提升企业价值的潜力，政府补助的财务政策效应也因而具有更大的改善的空间。

从政府补助的财务政策效应看，无论国有第一大股东还是非国有第一大股东，无论是集中的股权结构还是分散的股权结构，都在一定程度上发挥了积极的作用，但是它们各自的作用程度和作用方向具有一定差异。这些作用在公用事业企业和非公用事业企业中也存在明显不同。不同股权结构下，国有资本与非国有资本融合程度的不同，企业基于政府补助采取的财务政策也将有所差异。这也为

通过资本融合调整企业财务政策方向提供了理论依据。完善、合理的公司机制可以在一定程度上避免企业采取过激的财务政策，防止出现过度投资或过度负债、创新不足及对投资者保护不足等问题，更大程度上激发政府补助对企业财务政策的积极效应，也将有利于公用事业企业"公益—商业"双赢目标的实现。

参考文献

［1］Antonelli C. A failure-inducement model of research and development expenditure：Italian evidence from the early 1980s［J］.Journal of Economic Behavior&Organization，1989，12（2）：159-180.

［2］Baker H. K.，Singleton J. C.，Veit E. T. Survey research in corporate finance：Bridging the gap between theory and practice［M］.Oxford University Press，2011.

［3］Beason R.，Weinstein D. E. Growth，economies of scale，and targeting in Japan（1955-1990）［J］.The Review of Economics and Statistics，1996，78（21）：286-295.

［4］Busom I. An empirical evaluation of the effects of R&D subsidies［J］.Economics of Innovation & New Technology，2000，9（2）：111-148.

［5］Chen X.，Sun Y.，Xu X. Free cash flow，over-investment and corporate governance in China［J］.Pacific-Basin Finance Journal，2016（37）：81-103.

［6］Díez J. M.，Ochoa M. L.，Prieto M. B.，et al. Intellectual capital and value creation in spanish firms［J］.Journal of Intellectual Capital，2010，11（3）：348-367.

［7］Ding M.，Suardi S. Government ownership and stock liquidity：Evidence from China［J］.Emerging Markets Review，2019（40）.

［8］Faccio M. Politically connected firms［J］.Social Science Electronic Publishing，2006，96（1）：369-386.

［9］Giacomo D. F. Governance，strategy and innovation of utilities controlled by urbangoverning bodies：Insights for industrial policy［J］.Management Research & Practice，2015，7（3）：5-20.

［10］Ho S. S. M.，Wong K. S. A study of the relationship between corporate governance structures and the extent of voluntary disclosure［J］.Journal of International Accounting，Auditing and Taxation，2001，10（2）：139-156.

［11］Huang W. Government subsidies，dividend and stock market refinancing of Chinese firms［J］.Finance Research Letters，2019：101345.

［12］Jensen M. C. Agency costs of free cash flow，corporate finance，and takeovers[J]. American Economic Review, 1986, 76 (2): 323-329.

[13] Jensen M. C., Meckling W. H. Theory of the firm: Managerial behavior, agency costs and ownership sucture[J]. Journal of Financial Economics, 1976 (55): 305-360.

[14] Megginson W. L., Ullah B., Wei Z. State ownership, soft-budget constraints and cash holdings: Evidence from china's privatized firms[J]. Journal of Banking Finance, 2014 (48): 276-291.

[15] Murphy K. M., Shleifer A., Vishny R. W. Why is rent-seeking so costly to growth[J]. American Economic Review, 1993, 83 (2): 409-414.

[16] Myers S. C., Majluf N. S. Corporatefinancing decisions when firms have information investors do not have[J]. Journal of Financial Economics, 1984, 13 (2): 187-221.

[17] Opler T., Pinkowitz L., Stulz R., et al. The determinants and implications of corporate cash holdings[J]. NBER Working Papers, 1997, 52 (1): 3-46.

[18] Rizqia D. A., Aisjah S., Sumiati. Effect of managerial ownership, financial leverage, profitability, firm size, and investment opportunity on dividend policy and firm value [J]. Research Journal of Finance & Accounting, 2013, 4 (11): 1697-2222.

[19] Shen R., Tang Y., Zhang Y. Does firm innovation affect corporate social responsibility [R]. Harvard Business School Working Paper (16-096), 2016.

[20] Tzelepis D., Skuras D. The effects of regional capital subsidies on firm performance: An empirical study[J]. Journal of Small Business and Enterprise Development, 2004, 11 (1): 121-129.

[21] Übius Ü., Alas R. The Innovation climate-predictor for corporate social responsibility (CSR) [J]. EBS Review, 2010 (27): 70-86.

[22] Joseph T. Kelliher, 俞燕山. 美国的电力监管政策[J]. 能源技术经济, 2010, 22 (2): 1-4.

[23] 〔美〕詹姆斯·R. 麦圭根, R. 查尔斯·莫耶, 弗雷德里克·H. B., 等. 管理经济学 [M]. 李国津等译. 北京: 机械工业出版社, 2000.

[24] 常莹, 宋清. 企业最优债务期限结构研究——以创业板科技型企业为例[J]. 财会通讯, 2016 (29): 50-53.

[25] 车嘉丽, 薛瑞. 产业政策激励影响了企业融资约束吗[J]. 南方经济, 2017 (6): 92-114.

［26］陈金仁．理性预期学派的货币政策及其评析［J］．国际商务财会，2006（4）：7-10.

［27］陈冉，黄送钦，干胜道．政府补贴、地方经济波动与实体企业金融化［J］．重庆大学学报（社会科学版），2020，26（5）：14-29.

［28］陈闻泰．美菱电器的股利分配政策研究［D］．安徽财经大学硕士学位论文，2016.

［29］陈霞．流动性与自由现金流量关系探析——基于股东利益的角度［J］．贵州财经学院学报，2008（2）：25-29.

［30］陈振华．基于大股东控制的融资约束对上市公司投资行为的影响分析［J］．财会通讯，2010（3）：57-59.

［31］崔海红，张敦力．政府补助能缓解企业融资约束吗——基于生猪企业的数据分析［J］．财会通讯，2021（3）：77-82.

［32］崔健．日本的社会创新与企业社会责任关系分析［J］．东北亚论坛，2011，20（1）：107-113.

［33］狄灵瑜，步丹璐．非国有股东参股与国有企业金融化——基于混合所有制改革的制度背景［J］．山西财经大学学报，2021，43（3）：96-111.

［34］范定祥，来中山．企业财务绩效对政府补助与研发投资关系的调节效应——基于华东地区高新技术企业的实证分析［J］．华东经济管理，2019，33（11）：39-46.

［35］方明月，靳其润，聂辉华．中国企业为什么脱实向虚——理论假说和经验检验［J］．学习与探索，2020（8）：131-138+2.

［36］付强，刘益．基于技术创新的企业社会责任对绩效影响研究［J］．科学学研究，2013，31（3）：463-468.

［37］傅利平，李小静．政府补贴在企业创新过程的信号传递效应分析——基于战略性新兴产业上市公司面板数据［J］．系统工程，2014，32（11）：50-58.

［38］高汉祥，郑济孝．公司治理与企业社会责任：同源、分流与融合［J］．会计研究，2010（6）：32-36+95.

［39］龚军姣．政治关联与城市公用事业民营企业成长——基于首家公交民营企业案例研究［J］．经济理论与经济管理，2013（3）：95-104.

［40］郭关科，屈雯．政府补助、市场化进程与过度投资——来自沪深 A 股的经验数据［J］．西安电子科技大学学报（社会科学版），2018，28（3）：12-20.

［41］郭剑花，杜兴强．政治联系、预算软约束与政府补助的配置效率——基于中国民营上市公司的经验研究［J］．金融研究，2011（2）：114-128.

［42］韩佳玲，芮明杰．实体部门产业政策是否降低了企业的金融化？［J］．投资研究，2020，39（7）：4-23.

［43］胡国柳，周德建．股权制衡、管理者过度自信与企业投资过度的实证研究［J］．商业经济与管理，2012（9）：47-55.

［44］胡建平，干胜道．钱多办"坏"事：自由现金流量与过度投资［J］．当代财经，2007（11）：107-110+122.

［45］黄少安，钟卫东．股权融资成本软约束与股权融资偏好——对中国公司股权融资偏好的进一步解释［J］．财经问题研究，2012（12）：3-10.

［46］黄志雄，赵晓亮．财政分权、政府补助与企业过度投资——基于宏观视角与微观数据的实证分析［J］．现代财经（天津财经大学学报），2015，35（10）：3-11.

［47］纪建悦，董辉．公用事业类公司国有股比例与财务绩效关系研究——兼论混合所有制中的价值陷阱［J］．中国海洋大学学报（社会科学版），2016（6）：44-49.

［48］蒋杰．基于固定效应模型的最优债务期限结构研究［D］．大连理工大学硕士学位论文，2007.

［49］李成，黄友希，李玉良．国有企业改革和利率市场化能否改善非国有企业融资困境［J］．金融经济学研究，2014，29（4）：97-106.

［50］李建英，赵美凤，周欢欢．股权制衡、管理者过度自信与过度投资行为［J］．经济与管理评论，2017，33（4）：48-54.

［51］李杰，沈永建．中国企业股权融资偏好的寻租经济理论解释［J］．经济研究参考，2012（22）：80-84.

［52］李信宇．公用事业类上市公司政府补助的法律规制——以竞争中立为视角［J］．财政科学，2019（3）：73-84.

［53］李永壮，刘重庆，何金曙．自由现金流、控股股东与过度投资——基于A股上市公司的实证研究［J］．投资研究，2017，36（5）：131-138.

［54］李占雷，吴斯．中小上市公司治理结构与股利分配研究［J］．商业研究，2011（2）：7-12.

［55］梁毕明，王娜．政府补助对上市公司投资方向的影响研究［J］．会计之友，2018（4）：32-37.

［56］林川，曹国华，陈立泰．公司治理与现金股利分配倾向——来自中国上市公司的经验证据［J］．经济与管理研究，2011（2）：64-71.

［57］林冬冬，计小雪，徐健．大股东持股对过度投资的影响研究——基于

A 股民营上市公司的经验研究[J]. 中国管理信息化, 2014, 17 (24): 3-4.

[58] 林学梅. 政府补贴、创新投入与企业长期负债融资[J]. 中国集体经济, 2019 (25): 95-96.

[59] 刘剑民, 张莉莉, 杨晓璇. 政府补助、管理层权力与国有企业高管超额薪酬[J]. 会计研究, 2019 (8): 64-70.

[60] 刘进, 殷燕楠, 王雷. 政府补助、机构投资者与投资效率[J]. 财会月刊, 2019 (7): 28-37.

[61] 刘俊, 曹向, 欧阳一漪. 政府补助、公司治理与薪酬差距——基于 A 股上市国有企业的数据检验[J]. 财经理论与实践, 2016, 37 (5): 70-74.

[62] 刘卿龙, 杨兴全. 多元化经营与现金股利政策: 代理冲突还是融资约束[J]. 会计与经济研究, 2018, 32 (4): 76-89.

[63] 刘志远, 毛淑珍, 乐国林. 控股股东对上市公司股权集中度影响的实证分析[J]. 财贸研究, 2008 (1): 95-102.

[64] 龙建辉, 贾生华, 雷新途. 银行负债、制度环境与控股股东代理成本[J]. 技术经济与管理研究, 2014 (8): 83-91.

[65] 娄媛. 关联交易、股权制衡与过度投资 [D]. 中南财经政法大学硕士学位论文, 2019.

[66] 卢建词, 姜广省. 混合所有制与国有企业现金股利分配[J]. 经济管理, 2018, 40 (2): 5-20.

[67] 逯东, 林高, 杨丹. 政府补助、研发支出与市场价值——来自创业板高新技术企业的经验证据[J]. 投资研究, 2012 (9): 67-81.

[68] 倪中新, 武凯文. 我国上市公司股权融资偏好的影响因素——基于 Cox 比例危险模型的实证研究[J]. 华东经济管理, 2015, 29 (9): 165-173.

[69] 聂艳红. 内部控制、融资约束与企业现金持有水平[J]. 财会通讯, 2020 (1): 85-88.

[70] 欧阳峰, 曾靖. 从存货管理的视角看中国市场化改革和国企改革——基于制造业上市公司的实证研究[J]. 经济与管理评论, 2016, 32 (3): 61-72.

[71] 潘奇. 基于捐赠的国有企业社会责任表率性考量及其实证研究[J]. 管理学报, 2018, 15 (7): 1048-1058+1068.

[72] 全怡, 梁上坤, 付宇翔. 货币政策、融资约束与现金股利[J]. 金融研究, 2016 (11): 63-79.

[73] 任海云, 聂景春. 企业异质性、政府补助与 R&D 投资[J]. 科研管理, 2018, 39 (6): 37-47.

[74] 任力，项露菁．公司治理结构对现金股利分配的影响[J]．经济学家，2015（5）：43-51．

[75] 申香华．政府补助、产权性质与债务融资效应实证检验[J]．经济经纬，2015（2）：138-143．

[76] 史际春，肖竹．公用事业民营化及其相关法律问题研究[J]．北京大学学报（哲学社会科学版），2004（4）：79-86．

[77] 孙慧．融资约束、市场化进程与超额现金持有价值[J]．郑州航空工业管理学院学报，2020，38（5）：92-107．

[78] 田爱国，刘宇．股权集中度、经营性负债占比与代理成本——以我国民营制造业企业为例[J]．沈阳工业大学学报（社会科学版），2020，13（5）：417-421．

[79] 田素华，刘依妮．中国企业股权融资偏好研究——基于声誉溢价、市场势力和现金分红的视角[J]．上海经济研究，2014（1）：50-62．

[80] 田祥宇，刘峥旭，杜洋洋，等．政府补助会抑制还是促进企业"脱实向虚"[J]．会计之友，2020（23）：73-79．

[81] 汪慧．政府补助对我国工业企业研发投入的影响研究[D]．上海师范大学硕士学位论文，2018．

[82] 汪敏，陈东．民营企业融资被挤压与对国有企业的反向竞争[J]．当代财经，2020（11）：50-62．

[83] 汪平，苏明．资本成本、公正报酬率与中国公用事业企业政府规制[J]．经济与管理评论，2016，32（3）：47-60．

[84] 汪平，孙士霞．我国国有上市公司股权结构与股利政策实证研究[J]．经济与管理研究，2009（5）：63-71．

[85] 汪平，邹颖．公用事业的政府规制与资本运作：以水、电、燃气行业为例[J]．改革，2014（9）：123-134．

[86] 王爱国，张志，王守海．政府规制、股权结构与资本成本——兼谈我国公用事业企业的"混改"进路[J]．会计研究，2019（5）：11-19．

[87] 王含春，秦曦，郑凯．我国电力上市公司股权融资成本的测算与分析——基于三阶段剩余收益贴现模型[J]．管理现代化，2014（1）：81-83．

[88] 王红建，曹瑜强，杨庆，等．实体企业金融化促进还是抑制了企业创新——基于中国制造业上市公司的经验研究[J]．南开管理评论，2017，20（1）：155-166．

[89] 王俊豪．英国公用事业的民营化改革及其经验教训[J]．公共管理学

报，2006（1）：65-70+78+10.

[90] 王理想，姚小涛．嵌入与回馈：国有企业的隶属级别、政府补助与慈善捐赠[J]．当代财经，2019（4）：75-87.

[91] 王丽娜，高绪亮．营运资本政策研究综述[J]．财会研究，2008（17）：50-53.

[92] 王艳，马宁．对西方国家公共服务市场化改革的反思[J]．太原理工大学学报（社会科学版），2006（1）：38-41.

[93] 王振山，王秉阳．股票投机、信息发现与权益成本——对股权融资偏好的再讨论[J]．经济评论，2018（2）：103-118.

[94] 王政之．我国国有股权占比对上市公司现金股利分配影响的实证分析[D]．复旦大学硕士学位论文，2010.

[95] 王仲玮，周旋风．负债期限、负债来源与经理人代理成本——基于2009—2014年我国上市公司数据的实证检验[J]．南方金融，2016（6）：47-53.

[96] 韦浪，宋浩．国有股权参股对民营企业现金持有的影响研究[J]．财经科学，2020（9）：28-39.

[97] 魏成龙，杨松贺．中国公司股权融资偏好的形成机理及治理对策分析[J]．经济学动态，2010（11）：50-53.

[98] 吴莉昀．政府补助与中小企业融资约束——异质性作用结果与机制研究[J]．商业研究，2019（8）：14-24.

[99] 向海凌，郭东琪，吴非．地方产业政策能否治理企业脱实向虚——基于政府行为视角下的中国经验[J]．国际金融研究，2020（8）：3-12.

[100] 肖兴志，陈艳利．公用事业民营化改革：理论基础与政策选择[J]．经济社会体制比较，2004（4）：119-126.

[101] 邢鸿飞，徐金海．论公用事业的法律调整：法域归属与理念定位[J]．法学杂志，2009（8）：59-62.

[102] 徐寿福，邓鸣茂，陈晶萍．融资约束、现金股利与投资—现金流敏感性[J]．山西财经大学学报，2016，38（2）：112-124.

[103] 徐子慧，池勤伟．经营性负债、代理成本与公司价值[J]．科学决策，2013（6）：55-68.

[104] 许罡，朱卫东，孙慧倩．政府补助的政策效应研究——基于上市公司投资视角的检验[J]．经济学动态，2014（6）：87-95.

[105] 许良超．产品市场竞争对股票收益的影响研究[D]．东北财经大学博士学位论文，2019.

［106］严骥．我国公用事业监管的法治路径［J］．人民论坛·学术前沿，2018（11）：95-99.

［107］杨静．国有企业效率考量——基于公益性社会责任视角［J］．河北经贸大学学报，2015，36（4）：63-67.

［108］叶松勤，黄瑾．国有企业政策性负担对信贷资源配置效率的影响［J］．江西社会科学，2020，40（9）：72-82.

［109］余静文．国有企业与非国有企业信贷约束的差异研究——基于现金—现金流敏感度的分析［J］．当代经济科学，2011，33（5）：18-26+124.

［110］张博．政府补助、股权集中度与研发投入［J］．财会通讯，2020（8）：46-50.

［111］张功富．企业的自由现金流量全部用于过度投资了吗——来自中国上市公司的经验证据［J］．经济与管理研究，2007（6）：11-16+35.

［112］张天华，张少华．偏向性政策、资源配置与国有企业效率［J］．经济研究，2016，51（2）：126-139.

［113］赵国宇，禹薇．大股东股权制衡的公司治理效应——来自民营上市公司的证据［J］．外国经济与管理，2018，40（11）：60-72.

［114］赵惠芳，孙亚林，潘立生．投资机会集与股利政策关系的实证研究［J］．安徽大学学报（哲学社会科学版），2009，33（2）：137-142.

［115］赵卿．股权集中、股权制衡与过度投资［J］．金融经济，2012（10）：75-77.

［116］郑斐然．上市公司大股东控制与过度投资行为［J］．当代经济，2010（17）：104-105.

［117］中国注册会计师协会．财务成本管理［M］．北京：中国财政经济出版社，2012.